4 12/23
$2—

D0661727

Collection Témoins

Une femme à Berlin

Anonyme

Journal
20 avril-22 juin 1945

Présentation
de Hans Magnus Enzensberger

Traduit de l'allemand
par Françoise Wuilmart

GALLIMARD

Titre original :
EINE FRAÜ IN BERLIN

Présentation
Hans Magnus Enzensberger

Ce n'est peut-être pas un hasard qu'un livre aussi extraordinaire que *Une femme à Berlin* ait connu un destin hors du commun. Il est peu probable que l'auteur l'ait écrit en vue d'une éventuelle publication. Les « griffonnages personnels » qu'elle consigna entre avril et juin 1945 dans trois cahiers d'écolier (plus quelques feuillets insérés, rédigés à la hâte) lui servirent avant tout à préserver un restant de santé mentale au milieu des ruines et de l'effondrement moral. Ce sont littéralement des *carnets du sous-sol*, écrits dans des abris antiaériens qui offraient aussi une certaine protection contre les tirs d'artillerie, les pillages et les abus sexuels commis par les vainqueurs de l'Armée rouge. Tout ce que l'auteur avait sous la main, c'était un bout de crayon, et elle devait écrire à la lueur d'une bougie, Berlin n'étant plus approvisionné en électricité. Elle survécut dans un bunker où son champ d'observation se trouvait considérablement réduit en raison du manque total d'informations. En l'absence de journaux, de radio et de téléphone, les nouvelles du monde extérieur n'arrivaient que par la voie des rumeurs. C'est quelques mois plus tard seulement, quand un mode d'existence plus ou moins normal reprit son cours dans la ville dévastée, qu'elle put recopier et publier ses notes qui couvraient « cent vint et une pages de papier gris, à texture grossière, tel qu'on en fabriquait durant la guerre ». Comme je suis responsable de la réédition de ce texte qui est resté dans l'oubli plus de quarante ans, il m'incombe tout naturellement de respecter la volonté d'anonymat exprimée par l'auteur. D'un autre côté, je tiens ici à présenter les faits qui garantissent l'authenticité de ce témoignage, démarche qui me semble inévitable dans le monde actuel soumis à l'emprise des médias, où tant de canulars sont pris pour argent comptant.

Le contenu même du témoignage laisse entendre que la femme qui l'a écrit n'était pas une novice : c'était une journaliste chevronnée. Elle fait allusion à plusieurs voyages à l'étranger qu'elle avait entrepris en tant que reporter : parmi ses nombreuses destinations, l'Union soviétique, où elle avait acquis quelques connaissances de russe. Nous présumons qu'après la montée de Hitler au pouvoir elle travailla pour le compte d'un éditeur ou de certains périodiques. Jusqu'en 1943-1944, plusieurs magazines continuaient de paraître, comme *Die Dame* ou *Koralle*, où il était possible d'échapper à toute implication directe dans les campagnes de propagande incessantes imposées par Joseph Goebbels.

Il est probable que ce soit dans ce milieu professionnel que notre anonyme ait rencontré Kurt W. Marek, journaliste et critique né en 1915 à Berlin, dont la carrière débuta en 1932. Durant la période nazie, soucieux de garder profil bas, il travailla pour des hebdomadaires tels que la *Berliner Illustrierte Zeitung*. Il fut appelé sous les drapeaux en 1938 et devint correspondant de guerre en Pologne, en Russie, en Norvège et en Italie. Il fut blessé à Monte Cassino et fait prisonnier par l'armée américaine. Après la guerre il fut réhabilité par le gouvernement militaire et put reprendre sa carrière comme éditeur d'un des premiers journaux autorisés à paraître officiellement en Allemagne ; il travailla ensuite pour Rowohlt, maison d'édition réputée, installée à Hambourg, où il réussit un coup de maître qui lui valut une renommée internationale. Sous le pseudonyme de C. W. Ceram, anagramme de son nom, il publia un best-seller ayant pour sujet l'histoire de l'archéologie, *Des dieux, des tombeaux, des savants*. Quoi qu'il en soit, c'est à Marek que notre auteur confia son manuscrit, après avoir pris soin de changer les noms des personnes qui apparaissent dans le livre et d'éliminer certains détails compromettants. Marek qui, après son succès international, avait choisi d'aller vivre aux États-Unis, en écrivit la postface [1] et réussit à le faire publier en 1954 chez un éditeur

---

1. On trouvera cette postface en annexe.

américain. Ainsi *A Woman in Berlin* parut-il pour la première fois dans une version anglaise, à laquelle succéderont des traductions norvégienne, italienne, danoise, japonaise, espagnole, française et finnoise.

Il fallut attendre cinq autres années pour que l'original allemand voie le jour, pourtant ce ne fut pas un éditeur allemand mais Kossodo, petite maison suisse basée à Genève, qui se chargea de la publication. De toute évidence, le public allemand n'était pas préparé à accepter le récit de faits aussi dérangeants. L'un des rares critiques qui finirent tout de même par en faire état déplora ce qu'il appelait l'immoralité éhontée de l'auteur. Le public féminin allemand n'était pas supposé témoigner de la réalité des viols ; pas plus que les hommes allemands n'étaient censés apparaître comme des spectateurs impuissants devant les vainqueurs russes qui s'emparaient de leurs femmes comme d'un butin de guerre. (Selon les estimations disponibles, plus de cent mille Berlinoises furent victimes de viols en cette fin de guerre).

La position politique de l'auteur fut un facteur aggravant : sans s'apitoyer sur elle-même, elle observe froidement le comportement de ses compatriotes avant et après la chute du régime, et inflige un cinglant camouflet à l'autocompassion et à l'amnésie de l'après-guerre. Il n'est donc pas étonnant que le livre n'ait rencontré que silence et hostilité.

Dans les années 1970, le climat politique avait changé et des photocopies du texte depuis longtemps épuisé commencèrent à circuler à Berlin. Elles furent lues par les étudiants de 1968 et favorablement accueillies par le mouvement féministe naissant. Lorsque je me lançai moi-même dans l'édition, je me dis qu'il était grand temps de rééditer *Une femme à Berlin*, mais la voie se révéla pleine d'embûches. L'auteur anonyme était introuvable, l'éditeur original avait disparu et il était difficile de déterminer qui détenait les droits. Kurt W. Marek était mort en 1972. J'obéis à mon intuition et contactai sa veuve qui connaissait en effet l'identité de l'auteur. Elle m'apprit que l'anonyme ne souhaitait pas voir son livre réédité en Allemagne tant qu'elle était en vie, réaction bien compréhensible étant donné le sort funeste qui avait été réservé à l'ouvrage en 1957.

Finalement, en 2001, Mme Marek me fit savoir que « l'anonyme » était décédée, son livre pouvait donc reparaître après avoir été éclipsé pendant plus de quarante années. Entre-temps, la situation politique en Allemagne et en Europe avait subi de profonds changements. La mémoire refoulée commençait à refaire surface et il était désormais possible d'aborder des questions qui étaient restées taboues pendant si longtemps. Celles qui avaient été occultées par la Shoah, telles que la collaboration largement répandue en France, aux Pays-Bas et ailleurs, l'antisémitisme en Pologne, les bombardements intensifs des populations civiles et la purification ethnique dans l'Europe de l'après-guerre, devenaient des sujets légitimes pour la recherche. Il s'agissait bien sûr de thèmes scabreux, et leur ambiguïté morale était indéniable, il fut donc facile aux révisionnistes de tous bords de les exploiter, mais il y avait incontestablement lieu de mettre ces faits à l'ordre du jour de l'Histoire et d'ouvrir un débat dépourvu de toute intention polémique.

C'est donc dans ce contexte que *Une femme à Berlin*, ainsi que d'autres témoignages sur les cataclysmes du XXe siècle, devraient être lus aujourd'hui. Il est à remarquer que, dans le cas de l'Allemagne, les meilleurs témoignages personnels qui nous soient parvenus sont des journaux et des Mémoires écrits par des femmes (Ruth Andreas-Friedrich, Wolkonskij, Lore Walb, Ursula von Kardorff, Margret Boveri, la princesse Wassilikov, Christabel Bielenberg). Ce sont ces femmes qui surent préserver une certaine santé mentale dans un environnement progressivement livré au chaos. Tandis que les hommes faisaient une guerre meurtrière loin de leurs foyers, les femmes apparaissaient comme les véritables héroïnes de la survie au milieu des ruines de la civilisation. À l'intérieur du mouvement de résistance allemand, ce sont elles qui veillaient à la logistique et, lorsque leurs maris ou leurs amis refirent surface, démoralisés, abrutis et anéantis par la défaite, elles furent les premières à déblayer les ruines. Sans oublier que ces femmes n'avaient joué aucun rôle dans l'univers nazi. Notre anonyme serait pourtant la dernière à trouver à cela des raisons d'ordre moral. Observatrice impitoyable, elle est ennemie de la sentimentalité et du préjugé. Bien qu'elle n'ait guère été au fait de l'étendue de l'holocauste, il était clair à ses yeux que c'est en traitant autrui comme ils l'avaient fait que les Allemands s'étaient attiré leurs malheurs. En dépit de tous les procès de son siècle, elle ne s'est jamais départie ni de son sang-froid ni de sa dignité, témoignant par le fait même d'une décence devenue denrée trop rare dans les ruines du IIIᵉ Reich.

*Chronique commencée le jour
où Berlin vit pour la première fois
la guerre dans les yeux*

Vendredi 20 avril 1945, 16 heures

Oui, c'est bien la guerre qui déferle sur Berlin. Hier encore ce n'était qu'un grondement lointain, aujourd'hui c'est un roulement continu. On respire les détonations. L'oreille est assourdie, l'ouïe ne perçoit plus que le feu des gros calibres. Plus moyen de s'orienter. Nous vivons dans un cercle de canons d'armes braquées sur nous, et il se resserre d'heure en heure.

À intervalles, les longues pauses d'un silence devenu inhabituel. On remarque soudain le printemps. Des ruines noircies du quartier s'élèvent par bouffées les senteurs de lilas oubliés dans des jardins sans maîtres. Devant le cinéma, le moignon d'acacia mousse de verdure. Entre deux hurlements de sirènes, des hommes ont sans doute trouvé le temps de bêcher leur petit jardin familial, car autour des cabanons de la Berliner Strasse la terre est fraîchement retournée. Seuls les oiseaux se méfient de ce mois d'avril ; les moineaux boudent notre gouttière.

Vers 3 heures, le livreur de journaux a fait halte au kiosque. Une vingtaine de personnes y guettaient son arrivée. En un clin d'œil, il avait disparu sous une marée de doigts et de pièces de monnaie. Gerda, la femme du concierge, a fait main basse sur une liasse « d'éditions du soir » et m'en a passé un exemplaire. Ce n'est plus vraiment un journal, plutôt une sorte de numéro spécial imprimé recto verso et encore humide. En poursuivant mon chemin, j'ai lu tout de suite le rapport sur la Wehrmacht. Des noms de lieux nouveaux : Müncheberg, Seelow, Buchholz, qui semblent drôlement proches, quelque part dans la Marche.

Rapide coup d'œil au front de l'ouest. En quoi nous concerne-t-il encore ? C'est de l'est qu'accourt notre destin, celui qui va bouleverser le climat comme à l'époque glaciaire. Pourquoi ? On se bourre la tête de questions qui resteront sans réponses. Moi, je ne me soucie plus que du jour présent, des tâches immédiates.

Tout autour du kiosque des gens agglutinés en petits groupes, des mines défaites, des chuchotements :

« Non, qui aurait cru ça ? »

« Pourtant, on n'avait pas perdu tout espoir ! »

« Ce n'est pas de nous qu'il s'agit, nous, on est les dindons de la farce ! »

Et à propos de la partie ouest de l'Allemagne : « Pour eux tout va bien, ils s'en sont sortis. » Plus personne ne prononce le mot « Russes ». Il reste coincé dans la gorge.

Me revoici dans mon trois-pièces sous les toits. Ce n'est pas vraiment mon chez-moi. Je n'en ai plus. La pièce meublée que les bombes m'ont arrachée n'était pas non plus mon chez-moi. Ce qui n'empêche que tout au long des six mois que j'y ai vécu, je l'ai emplie de mon air vital. De mes livres, de mes cadres et des centaines de petits objets que l'on accumule autour de soi. Mon étoile de mer qui date du dernier été passé dans la paix sur l'île de Norderney. Le kilim que Gerda m'avait rapporté de Perse, le réveille-matin tout cabossé. Des photos, de vieilles lettres, la cithare, mes pièces de monnaie provenant de douze pays différents, le tricot entamé... tous ces souvenirs, peaux, coquilles et autres sédiments : tout le chaleureux bric-à-brac de tant d'années de vie.

Maintenant que tout est parti et qu'il ne me reste plus qu'une valise de vieilles frusques, je me sens nue et légère. Parce que je n'ai plus rien, tout m'appartient. Comme cette mansarde, qui m'est étrangère. À vrai dire pas totalement étrangère. Le propriétaire des lieux est un ancien collègue à moi. Il m'y invitait souvent avant d'être appelé sous les drapeaux. Nous faisions du troc ensemble quand l'occasion se présentait : ses conserves de viande danoises contre mon cognac français, mon savon français contre des bas de Prague. J'ai eu juste le temps de lui faire part de mon sinistre et d'obtenir la permission d'emménager ici. Les dernières nouvelles que j'ai eues de lui venaient de Vienne ; il y travaillait pour la censure à la Wehrmacht. Où peut-il être aujourd'hui ? De toute façon, les mansardes sont peu demandées. Et puis le toit fuit, un grand nombre de tuiles sont cassées ou ont été emportées par le vent.

Ici, je ne parviens pas à rester calme, je trotte sans cesse d'une pièce à l'autre. J'ai fouillé systématiquement toutes les armoires et tous les tiroirs en quête de choses qui puissent m'être utiles : à manger, à boire ou à brûler. Malheureusement, quasi rien trouvé. Mme Weiers, qui faisait le ménage avant mon arrivée, m'a certainement devancée. Aujourd'hui, tout est à tout le monde. On n'a plus qu'un lien très lâche avec les objets et on ne fait plus guère de distinction entre ce qui est à soi ou aux autres.

J'ai trouvé une lettre qui était restée coincée dans les interstices d'un tiroir. Elle était adressée au propriétaire. J'avais honte de la lire, mais je l'ai lue tout de même. Une lettre amoureuse, une lettre d'amour, je l'ai évacuée avec l'eau du bain (nous avons encore de l'eau la plupart du temps). Cœur, douleur, passions, pulsions. Comme tous ces mots me sont devenus étrangers, comme ils viennent de loin. De toute évidence, une vie d'amour raffinée, de qualité, présuppose des repas réguliers et en quantité suffisante. Au moment où j'écris ceci, mon centre de gravité, c'est mon ventre. Toute pensée, tout sentiment, souhait ou espoir passent d'abord par l'estomac.

Deux heures ont passé. Le gaz brûle de ses petites flammes agonisantes. La casserole de pommes de terre (de celles qu'on utilise pour faire de l'eau-de-vie) y est posée depuis des heures. La plus minable patate à trouver dans le pays : elle se décompose tout de suite en bouillie et a un goût de carton. J'en ai mangé une à moitié crue. Ce matin, j'ai commencé de bonne heure à me bourrer l'estomac. Suis allée chez Bolle échanger contre du lait les tickets de rationnement bleu clair que Gerd m'a envoyés à Noël. Il était grand temps. Pour puiser le lait, la vendeuse devait déjà incliner le bidon et elle m'a dit que bientôt il n'y aurait plus de lait à Berlin. Ce qui signifie la mort des petits enfants.

Aussitôt dans la rue, j'en ai bu quelques gorgées. À la maison, je me suis rempli l'estomac d'une bouillie de semoule et là-dessus, je me suis envoyé quelques croûtes de pain. En théorie, je suis rassasiée comme je ne l'ai plus été depuis longtemps. En pratique, je suis tenaillée par une faim de loup. Le fait de manger m'a donné plus faim encore, vraiment faim. Il y a certainement une explication scientifique à cela. Par exemple, que la nourriture stimule les sécrétions gastriques et titille les sucs digestifs. Et quand ils se mettent en action, la petite provision est vite épuisée. Alors les sucs se mettent à grogner.

En fouillant dans la maigre collection de livres du propriétaire (c'est là que j'ai déniché le cahier vierge dans lequel j'écris maintenant), j'ai ouvert un roman. L'histoire se déroule dans les cercles de l'aristocratie anglaise; on peut y lire des phrases comme celle-ci : « Il jeta un regard furtif sur le plat auquel elle n'avait pas touché, se leva et partit... » J'étais déjà dix lignes plus loin, mais je n'ai pu m'empêcher de revenir à cette phrase qui m'attirait comme un aimant. Je l'ai bien relue une douzaine de fois et me suis surprise à gratter les lettres de mes ongles comme pour extraire du bouquin le fameux plat non entamé (qui avait été décrit dans le détail un peu auparavant). C'est quand même fou une chose pareille. Le début d'une sorte de délire de la faim ? Dommage que je ne puisse en apprendre plus à ce propos dans le roman de Hamsun : *La Faim*. Même si je n'avais pas été bombardée, je ne posséderais plus le livre. On me l'a volé il y a plus de deux ans dans le métro. Il était dans mon sac à provisions, recouvert d'une liseuse en raphia. Sans doute le voleur l'a-t-il pris pour une pochette contenant des tickets de rationnement. Le pauvre! Comme il a dû être déçu! Voilà d'ailleurs une histoire qui n'aurait pas déplu à Hamsun lui-même.

Ce matin chez le boulanger les ragots allaient bon train : « Quand ils arriveront, ils prendront tout ce qu'ils trouveront à manger dans nos maisons. Ils ne nous donneront rien. Ils ont décidé que les Allemands devraient d'abord crever de faim pendant huit semaines. En Silésie, les gens vont déjà dans les forêts pour déterrer des racines. Les enfants crèvent. Les vieux bouffent de l'herbe comme des bêtes. »

Voilà pour la *vox populi*. En réalité, on ne sait rien. Plus de *Völkischer Beobachter* sur l'escalier devant la porte. Plus de Mme Weiers au petit déjeuner pour me faire la lecture de tous les potins sur les attentats aux mœurs. « Viol d'une septuagénaire. Religieuse profanée vingt-quatre fois » (qui était sur place

18

pour compter?). Ou autres gros titres du même genre. Sont-ils censés inciter les hommes de Berlin à nous protéger et à nous défendre? Ridicule. Tout ce que ça fait, c'est que d'autres milliers de femmes et d'enfants sans défense sont chassés de la ville et se retrouvent sur les routes qui mènent vers l'ouest, où ils ont le droit de mourir de faim ou sous les bombes. Quand elle lisait, Mme Weiers faisait toujours de gros yeux ronds et son regard brillait. Quelque chose en elle jouissait de l'horreur. À moins que ce ne soit son inconscient qui se félicitait de ne pas être la victime. Car elle a peur, et elle voulait partir à tout prix. Je ne l'ai plus revue depuis avant-hier.

Voilà quatre jours que la radio est morte. On constate, une fois de plus, que les objets dont nous gratifie la technique sont bien peu fiables. Ils n'ont aucune valeur en soi, n'en ont que dans certaines conditions, tant qu'on peut les brancher. Le pain a une valeur absolue. Le charbon a une valeur absolue. Et l'or est toujours de l'or, à Rome, au Pérou ou à Breslau. Par contre la radio, le réchaud à gaz, le chauffage central, la plaque de cuisson, tout ce que nous offrent les temps modernes : ... des objets encombrants et privés de sens dès que la centrale tombe en panne. Nous faisons marche arrière et réintégrons les siècles passés. Nous redevenons des hommes des cavernes.

Vendredi, probablement 19 heures. Vite effectué un dernier trajet en tram, direction hôtel de ville. Grondements et vrombissements, tonnerre incessant des feux d'artillerie. La conductrice s'égosillait pour qu'on l'entende. Je dévorais des yeux les visages des gens autour de moi. Tout s'y trouve sur ces visages, tout ce que personne n'exprime. Nous sommes devenus un peuple de muets. Les gens ne se parlent plus que dans la cave changée en foyer commun. Quand reprendrai-je le tram? Le reprendrai-je jamais? Dans le journal, ils disent qu'à partir de demain les titres de transport de rang I et II, dont ils ont fait tout un foin ces dernières semaines, ne seront plus valables, et que seuls les détenteurs de la carte rouge de rang III seront encore autorisés à utiliser les transports en commun. C'est-à-dire peut-être un sur quatre cents, autrement dit personne, autrement dit : terminé.

Soirée fraîche, robinets à sec. Mes pommes de terre sont toujours en train de cuire sur les flammèches du réchaud à gaz. J'ai un peu tripoté à gauche et à droite, rempli des sacs de pois, d'orge, de farine et d'ersatz de café, puis calé les sacs dans un carton. Encore un colis de plus à traîner à la cave. Ai redéfait tout le paquet quand je me suis aperçue que j'avais oublié le sel. Sans sel, le corps ne peut survivre, du moins pas très longtemps. Et on est bien obligé de s'adapter aux longs séjours dans la cave.

Vendredi, 23 heures, dans la cave, avec une lampe à pétrole, mon cahier sur les genoux. Vers 22 heures, trois à quatre bombes sont tombées coup sur coup. La sirène s'est mise à hurler en même temps. Ce qui signifie qu'on l'actionne maintenant à la main. Plus de lumière. Depuis mardi, on descend l'escalier dans le noir. On tâtonne et on avance en glissant les pieds. On entend le ronronnement d'une petite dynamo manuelle qui projette des ombres géantes sur les parois de la cage d'escalier. Le vent s'infiltre par les vitres brisées et fait claquer les stores d'occultation, que plus personne ne déroule. À quoi bon désormais ?

Des pas nerveux. Des valises qui cognent. Lutz Lehmann crie : « Maman ! » On traverse d'abord la rue en direction de l'entrée latérale, puis on descend quelques marches, on longe un couloir, traverse une cour carrée, avec, par-dessus nos têtes, des étoiles et le bourdonnement des avions. Encore quelques marches à descendre, des seuils, des couloirs. Enfin, derrière une porte de fer horriblement lourde, maintenue fermée par deux leviers et encadrée d'un châssis recouvert de caoutchouc, notre cave. Officiellement baptisée du nom de *Schutzraum*, abri. Mais nous préférons l'appeler caverne, monde souterrain, catacombes de la peur, fosse commune.

Une véritable forêt de troncs, grossièrement dénudés de leur écorce, soutient le plafond. Même dans cet air confiné, ils sentent encore la résine. Schmidt, le vieux Schmidt des rideaux, nous casse les oreilles tous les soirs avec ses calculs statistiques d'après lesquels la forêt de poutres résistera, même si tout le bâtiment s'effondre. C'est-à-dire si les masses de décombres s'écroulent selon certains angles de chute et dans certains rapports de poids. Le maître des lieux, qui devrait le savoir mieux que quiconque, ne pourra pas nous contredire, il s'est tiré, il est allé à Bad Ems et est déjà américain.

Quoi qu'il en soit, dans cette maison, le petit peuple de la cave est convaincu que sa caverne est l'une des plus sûres. Rien de plus étranger qu'une cave étrangère. Moi, j'en fais maintenant partie depuis près de trois mois et pourtant je m'y sens encore étrangère. Chaque cave a ses tabous et ses tics. Dans mon ancienne cave, ils avaient la manie de l'eau, préparée à toute éventualité d'incendie. De tous côtés, on se heurtait à des cruches, des seaux, des bassines, des fûts qui contenaient une eau trouble. Ce qui n'a pas empêché la maison de brûler comme une torche. Tout le liquide prêt à l'emploi aurait juste eu l'effet d'un petit crachat.

Mme Weiers m'a raconté que dans sa cave, c'est la manie du poumon qui sévit. Dès qu'une bombe tombe, ils se penchent tous en avant et respirent faiblement en pressant les mains contre le corps. Quelqu'un leur a dit que cela protégeait des lésions pulmonaires. Dans cette cave-ci, ils ont la manie du mur. Ils s'asseyent tous le dos au mur. La rangée n'est interrompue que sous le clapet de ventilation. Si ça fait *boum*, c'est la manie du linge qui vient s'ajouter à l'autre : ils saisissent tous leur bout de tissu qu'ils se collent sur la bouche et le nez, et qu'ils nouent dans la nuque. Je n'ai vu ça dans aucune autre cave. J'ignore à quoi peuvent servir ces chiffons. Mais si ça les rassure... !

À part cela, tous ceux qui peuplent habituellement les caves, assis sur des sièges en tout genre que l'on trouve habituellement dans les caves, de la chaise de cuisine au fauteuil de brocart. Les gens : un amalgame de petits et de gros bourgeois, entremêlés de quelques éléments prolétaires. Je regarde autour de moi et je note :

En tête, la boulangère, deux grosses joues rouges sous son col de mouton retourné. La veuve du pharmacien qui a suivi une formation de secouriste et qui fait parfois les cartes qu'elle étale pour d'autres femmes sur deux chaises rapprochées. Mme Lehmann, époux porté disparu à l'Est, son bébé endormi contre elle dans un nid d'ange, et sur ses genoux le petit Lutz âgé de quatre ans, qui dort lui aussi, avec ses longs lacets qui pendouillent. Le jeune homme au pantalon gris et aux lunettes d'écaille, qui se révèle être une toute jeune fille, quand on y regarde de plus près. Trois sœurs d'un certain âge, des couturières qui sont blotties l'une contre l'autre et ressemblent à un gros pudding noir. La petite fugitive de Königsberg, Prusse-Orientale, dans ses nippes rafistolées. Schmidt, le sinistré, affecté ici, grossiste en rideaux sans rideaux et radoteur infatigable en dépit de son grand âge. Le couple de libraires qui a vécu plusieurs années à Paris et s'entretient de temps à autre à mi-voix en français...

Je viens d'entendre le récit d'une quadragénaire qui a été bombardée à Adlershof et s'est réfugiée ici, dans la maison, chez sa mère. Une bombe explosive était allée se planter dans le jardin du voisin et avait aussi réduit sa maison en morceaux, fruit de tant d'épargnes. En plus, sa truie bien engraissée avait été catapultée jusque sous les combles. « Il n'y avait plus rien à en retirer. » Le couple de voisins avait été mis, lui aussi, devant le fait accompli. On les avait cherchés dans les décombres de la maison et la gadoue du jardin... et on avait fini par les trouver. Ce fut un bel enterrement. Les choristes de l'union des tailleurs avaient chanté devant leur tombe. Il est vrai qu'à la fin les choses avaient mal tourné. Les sirènes s'étaient mises à hurler en plein *Dieu, que ta volonté...* Les fossoyeurs avaient dû descendre le cercueil en un tour de main. On entendit même le remue-ménage que cela provoquait dans la caisse. Puis la narratrice pouffa de rire avant d'en venir au comble de toute cette histoire, déjà peu drôle jusque-là : « Et figurez-vous... quand trois jours plus tard la fille s'est mise à fouiller dans le jardin au cas où il y aurait encore des choses à récupérer, vous savez ce qu'elle a trouvé derrière le baril d'eau de pluie ? Vrai de vrai, un bras à Papa ! »

Certains ont un peu ri, mais la plupart s'en sont bien gardés. Est-ce qu'ils ont ensuite enterré le bras ?

Poursuivons le tour de la cave. Juste en face de moi, enveloppé dans une couverture, un monsieur âgé, commerçant de métier, qui a de la fièvre et qui transpire. À ses côtés, son épouse qui parle avec l'accent pointu de Hambourg en transformant tous les « ch » en « s », et leur fille de dix-huit ans dont le prénom commence précisément par un S, Stinchen, prononcé « ch » en allemand correct. Puis, main dans la main, une nouvelle venue, une blonde que personne ne connaît, et son sous-locataire tout aussi inconnu. Un couple souffreteux de retraités de la poste, sorte de *pietà* incomplète : elle porte constamment une jambe artificielle sous le bras, une superbe prothèse faite de nickel, de cuir et de bois. Le fils unijambiste qui va avec se trouve — ou se trouvait, on n'en sait rien — dans un hôpital militaire à Breslau. Bossu et recroquevillé comme un nabot dans son fauteuil, le docteur en chimie de la fabrique de limonades. Ensuite, les concierges, comprenant la mère, deux filles et un petit-fils orphelin de père. Puis Erna et Henni, de la boulangerie, qui ne peuvent plus rentrer chez elles et habitent chez le patron. Antoine, le Belge aux boucles noires, qui joue au garçon boulanger et a une affaire avec Henni. La gouvernante délaissée du propriétaire de la maison, qui, bravant toutes les consignes de la défense passive, vient immanquablement avec son vieux fox-terrier sous le bras. Moi-même : blondinette pâlotte, toujours vêtue d'un manteau d'hiver sauvé par hasard ; employée dans une maison d'édition qui a fermé ses portes la semaine dernière et licencié l'employée « jusqu'à nouvel ordre ».

Et, à part cela, tel ou telle sans rien de spécial. Nous sommes tout le saint-frusquin dont ne veulent ni le front ni le Volkssturm. Manque le boulanger, seul détenteur dans cette maison du ticket de tram rouge de rang III qui lui permet de se rendre sur son petit lopin de terre pour y enfouir son argenterie. Manque Mlle Behn, postière, célibataire et culottée, et qui, comme aucune bombe ne tombait, vient de filer en haut pour aller chercher le journal d'aujourd'hui. Manque une femme qui séjourne pour l'instant à Potsdam pour y enterrer sept membres de sa famille, morts au cours de la grande attaque. Manque l'ingénieur du troisième étage, ainsi que sa femme et son fils. Il a embarqué la semaine passée sur un chaland qui doit l'acheminer avec tout son mobilier, sans doute par le Mittellandkanal, jusqu'à Braunschweig, où son usine d'armements a été transférée. Toutes les forces convergent vers le centre. Nul doute qu'un surcroît de pression humaine y menace dangereusement. Sans compter que les Amerloques s'y trouvent peut-être déjà. On ne sait plus rien de rien.

Minuit. Plus de courant. Au-dessus de moi, accrochée à la poutre, la lampe à pétrole qui fume. Dehors un vrombissement soutenu qui enfle. La manie des fichus s'y met. Chacun se couvre le nez et la bouche du bout d'étoffe prêt à l'emploi. Sinistre harem turc, galerie de masques mortuaires à demi voilés. Seuls les yeux sont vivants.

Samedi 21 avril 1945, 2 heures du matin

Des bombes, les murs ont vacillé. Mes doigts qui tiennent le stylo en tremblent encore. Je suis en nage, comme après un dur labeur. Avant, dans la cave, je mangeais de grosses tranches de pain. Depuis le jour où j'ai été bombardée, et où, dans la même nuit, j'ai dû aider à dégager des corps ensevelis, je lutte contre l'angoisse de la mort. Ce sont toujours les mêmes symptômes. D'abord, la sueur qui perle au front, à la racine des cheveux, les lancements dans la moelle épinière qui est comme taraudée, les tiraillements dans la nuque, puis le palais qui se dessèche, et les battements syncopés du cœur. Le regard qui fixe le pied de la chaise d'en face, comme pour m'imprimer son galbe et ses bourrelets dans la rétine. Pouvoir prier en cet instant. Le cerveau s'agrippe à des formules, à des lambeaux de phrases : « *Geh an der Welt vorüber, es ist nichts*[1] »... « *Keines fällt aus dieser Welt*[2] »... *Noli timere*[3]... Jusqu'à ce que la vague se retire.

Ils se sont tous remis à jacasser comme sur commande. Tout le monde riait, parlait plus fort que le voisin, les bons mots fusaient. Mlle Behn a fait son apparition avec le journal en main et nous a lu le discours prononcé par Goebbels à l'occasion de l'anniversaire du Führer (une date que la plupart d'entre nous avaient oubliée). Elle lisait sur un ton très particulier, en insistant sur certains mots et d'une voix qu'on ne lui connaissait pas, narquoise et mauvaise, une voix qui n'avait pas encore résonné ici, en bas. « Les blés d'or dans les champs... des hommes qui vivent dans la paix... » Tu parles, dit le Berlinois. Et « Comme ça serait bien ! » Accents bucoliques qui ne trouvent plus d'oreilles.

Trois heures du matin, la cave somnole. À plusieurs reprises, on annonce la fin de l'alerte, mais juste après, les sirènes se remettent à hurler. Pas de bombes. J'écris, cela fait du bien, cela me divertit. Et Gerd pourra tout lire, s'il revient un jour, si jamais il... Non, barrons tout cela, il ne faut pas provoquer le destin.

La fille qui ressemble à un jeune homme s'est faufilée jusqu'à moi et m'a demandé ce que j'écrivais. Moi : « C'est sans importance, des histoires que je gribouille comme ça, pour m'occuper. »

1. Maria Holschuh, *Ostwind (N.d.T.)*.
2. Conrad Ferdinand Meyer, *Poèmes (N. d. T.)*.
3. Isaïe, XLIII, 1 *(N.d.T.)*.

Après la première vague « Siegismund » a rappliqué, un vieux monsieur du voisinage qu'ils ont arraché à sa cave, et qui a hérité de ce sobriquet sans doute parce qu'il n'arrête pas de parler de *Sieg*, de victoire. Sieg-ismund croit vraiment que la délivrance est proche et que notre victoire est assurée, et que « l'autre » (le dernier surnom que nous avons trouvé pour A. H.) sait très bien ce qu'il fait. Tandis qu'ainsi parle Siegismund, les voisins de chaises se lancent des regards qui en disent long. Personne ne se risque à le contredire. Qui donc discuterait avec un fou ? Sans compter que les fous peuvent être dangereux. Seule la femme du concierge opine énergiquement du bonnet et lance sa prophétie à travers ses deux broches dentaires, certifiant que l'on peut se fier à « l'autre » autant qu'au bon Dieu.

9 heures du matin, dans ma mansarde. (Désormais je n'estime plus le temps qu'à vue de nez ; plus moyen de consulter de montres, je vis donc hors du temps.) Matin gris, pluie battante. J'écris sur le rebord de la fenêtre, c'est devenu mon lutrin. Peu après 3 heures, fin de l'alerte. J'ai ôté robe et chaussures et suis tombée comme une souche sur mon lit, qui reste ouvert en permanence. Cinq heures de sommeil profond. Le gaz est en grève.

Je viens de compter mon argent liquide, 452 marks, je ne vois vraiment pas ce que je pourrais faire d'une telle somme, car pour les quelques rares emplettes encore permises, les pfennigs suffisent largement. J'ai aussi un compte en banque où il doit rester environ mille marks non dépensés, étant donné la pénurie de marchandises. (Quand j'ai ouvert le compte, l'année où la guerre a éclaté, je pensais pouvoir épargner pour le jour où la paix serait revenue, ou pour un voyage autour du monde. C'est loin, loin tout ça.) Ces temps-ci, beaucoup de gens se ruent dans les banques, pour autant qu'elles soient encore ouvertes, et retirent tous leurs avoirs. Mais à quoi bon ? Quand on mettra les voiles, le mark sera condamné à couler. L'argent, c'est-à-dire le papier-monnaie, n'est qu'une fiction, il n'aura plus aucune valeur quand la Banque centrale sera tombée. Je manipule la liasse avec indifférence. J'ai le sentiment qu'elle pourrait bien ne plus avoir qu'une valeur de souvenir. Belles petites images de temps révolus. Je suppose que les vainqueurs apporteront leur argent à eux et nous devrons faire avec. Ou bien qu'on frappera une quelconque monnaie militaire... si tant est qu'on nous laisse en arriver là, et qu'on ne nous condamne pas aux travaux forcés pour une louche de soupe.

Midi. Pluie interminable. Ai parcouru toute la Parkstrasse à pied et suis allée chercher une petite liasse de plus à ajouter à mes « billets-images ». Le fondé de pouvoir m'a remis mon ultime salaire et m'a signifié mon « congé ». La maison d'édition tout entière s'est volatilisée. Et le bureau de placement s'est lui aussi évaporé, plus personne n'y fait la chasse à la main-d'œuvre disponible ; d'une certaine manière, nous sommes donc redevenus maîtres de nous-mêmes.

La bureaucratie m'apparaît comme une affaire de pluie et de beau temps. En tout cas, l'administration s'évapore dès qu'il pleut des éclats d'obus. (Cela dit, pour l'instant tout est calme. Un calme angoissant.) Plus personne n'est là pour nous diriger. Ce qui n'empêche que l'ordre finit toujours par se rétablir de lui-même, partout, dans toutes les caves. Quand j'ai été bombardée, j'ai constaté que même les victimes rescapées des décombres, les blessés, ou les égarés quittaient le théâtre de l'horreur en bon ordre. Ici aussi, dans la cave de la maison, ce sont ceux qui ordonnent et réglementent qui détiennent l'autorité. Ça doit faire partie de la nature humaine. Sans doute l'humanité fonctionnait-elle déjà de la sorte à l'âge de la pierre. Instinct grégaire, instinct de conservation de l'espèce. Chez les animaux, il paraît que ce sont toujours les mâles, les taureaux ou les étalons dominants. Dans cette cave-ci, on devrait plutôt parler des juments dominantes. Mlle Behn en est une ; la tranquille petite femme de Hambourg aussi. Moi, ce n'est pas mon style, dans mon ancienne cave non plus, où régnait pourtant en maître un taureau dominant et tonitruant, un major à la retraite qu'aucune femme ni aucun homme ne pouvaient approcher. Ça m'a toujours répugné de devoir me planquer ainsi dans une cave au milieu d'un troupeau, je me suis toujours isolée, j'ai toujours cherché un petit coin où dormir. Mais dès que l'animal dominant lance son cri, j'obéis et je suis.

Dans la rue, j'ai couru à côté du tramway. Je ne pouvais pas y monter puisque je n'ai pas de carte de rang III. Et pourtant, le tram était presque vide, j'ai dénombré huit personnes dans la voiture, et il y en avait des centaines qui couraient à côté sous une pluie battante, alors que le tram doit de toute façon rouler et aurait très bien pu les embarquer ! Mais non, c'est un principe intangible ! Profondément ancré en nous, et nous obtempérons.

J'ai acheté des petits pains chez le boulanger. Apparemment, les rayons sont encore pleins, et personne ne semble paniquer. Suis ensuite allée chercher mes tickets de ravitaillement. Aujourd'hui, c'était le tour de l'initiale de mon nom pour faire apposer le cachet sur les coupons de pommes de terre, numérotés de 75 à 77. Tout s'est passé étonnamment vite, en dépit du fait qu'il n'y ait eu que deux dames de service au lieu de la troupe habituelle. Elles ne regardaient même pas ce qu'elles faisaient et apposaient mécaniquement les cachets, comme des machines. À quoi servent-ils finalement tous ces cachets ? Personne ne le sait, mais tout le monde se rend quand même là-bas et se dit que ça doit avoir un sens. D'après l'écriteau, c'est le 28 avril que les lettres X, Y et Z fermeront la ronde.

Sous la pluie, des charrettes progressent au pas d'homme vers la ville, elles sont recouvertes de bâches trempées comme une soupe, abritant des soldats. Pour la première fois, j'ai vu des types crottés, à barbe grise, des vrais « poilus », tous des vieux. Le chargement des charrettes : du foin. Plus rien à voir avec la guerre éclair motorisée.

Sur le chemin du retour, je suis entrée dans le jardin abandonné du professeur K. ; derrière la maison noire en ruine, j'ai cueilli des crocus et coupé quelques branches de lilas. J'en ai porté une partie à Mme Golz, une voisine qui habitait dans mon ancienne maison. Nous sommes restées assises l'une en face de l'autre à sa table en cuivre et nous avons bavardé. Ou plutôt, nous avons parlé à tue-tête pour couvrir le vacarme croissant des tirs d'artillerie. Mme Golz, d'une voix cassée : « Quelles belles fleurs, quelles fleurs magnifiques... », et les larmes coulaient sur son visage. Moi aussi je me sentais horriblement mal. Maintenant la beauté fait mal. Tellement la mort nous emplit.

Ce matin, je me suis demandé combien de morts j'avais déjà vus. Le premier c'était M. Schermann. J'avais alors cinq ans, lui soixante-dix, blanc de chaux sur soie blanche, des cierges à hauteur de la tête, surélevée et digne. Cette mort-là était donc auguste et belle. Jusqu'à ce qu'en 1928 Hilde et Käte P. me fassent voir leur frère Hans, mort la veille. Son corps déposé sur le canapé ressemblait à un tas de chiffons, un linge bleu noué autour de la tête lui maintenait le menton serré, ses genoux étaient recroquevillés — un rebut, un moins que rien. Plus tard, ce sont des parents que j'ai vus morts, les ongles des mains bleus parmi les fleurs et les couronnes de roses. Puis, à Paris, l'homme écrasé par une voiture, gisant dans une mare de sang. Et aussi celui retrouvé gelé dans la Moskova...

Des morts oui, mais je n'ai jamais vu mourir. Une expérience que je ne tarderai pas à faire, sans doute. Qu'elle puisse me frapper moi directement, je n'y crois pas. J'ai déjà frôlé la mort tant de fois que je me sens épargnée par elle. C'est un sentiment qui habite sans doute la plupart des gens. Comment s'expliquer sinon cet entrain toujours vivace en plein cœur de la mort? Une chose est certaine, ce qui ne nous tue pas nous rend plus fort. Moi, je brûle plus intensément et d'une flamme plus vive qu'avant cette guerre de bombes. Chaque jour nouveau qui nous trouve en vie est un jour de triomphe. Cette fois encore on a survécu. On tient tête. C'est comme si on se tenait plus droit et plus fermement sur ses pieds. Le jour où nous avons été soufflés par les bombes pour la première fois, j'ai pris un crayon et j'ai inscrit sur le mur quelques mots latins qui m'étaient revenus :

Si fractus illabatur orbis,
Impavidum ferient ruinae.

À l'époque, on pouvait encore envoyer des lettres à l'étranger. Dans l'une d'elles, adressée à mes amis D. de Stockholm, j'ai cité ces vers comme pour vanter ma force, mais peut-être aussi pour me donner du courage, et j'ai parlé de l'intensité de notre existence menacée, sur un ton légèrement teinté de compassion, comme si, arrivée à l'âge adulte et entrée au cœur même de la vie, je parlais à de petits innocents qu'il valait mieux ménager.

Dimanche 22 avril 1945,
1 heure du matin

Je me suis étendue sur mon lit, en haut, dans ma chambre, le vent soufflait par les vitres cassées, je sommeillais, les pieds collés contre une brique réchauffée pendant des heures sur les minus-cules flammèches de gaz. Vers 20 heures, Mme Lehmann a frappé à la porte : « Venez, descendez, pour l'instant il n'y a plus d'alertes ni de sirènes. Les autres sont déjà en bas. »

Descente périlleuse dans l'escalier. Une fois mon talon est resté accroché au rebord d'une marche. J'ai cru mourir de peur, tout juste le temps de m'agripper à la rampe. J'ai continué, les genoux en coton. J'avançais lentement, à tâtons, le cœur battant dans ce corridor où il faisait noir comme dans un four, jusqu'à ce que je trouve enfin les leviers qui ouvrent la porte de la cave.

À l'intérieur, le tableau avait changé. Tous ceux qui arrivaient se fabriquaient aussitôt un lit. Des oreillers partout, des édre-dons, des chaises longues. Je me fraie péniblement un passage jusqu'à ma chaise. La radio est morte, l'aéroport a cessé d'émettre. La lampe à pétrole diffuse sa lueur blafarde et vacil-lante. Chute de quelques bombes, puis accalmie. Siegismund surgit, comme toujours portant haut le flambeau. Le Schmidt des rideaux bredouille quelque chose à propos de Bernau et de Zossen qui seraient occupés par les Russes : Siegismund, au contraire, prophétise un revirement imminent. Nous restons planqués là, tandis que les heures s'étirent. Des coups de canon se succèdent, tantôt proches, tantôt lointains. « Ne remontez plus là-haut, au quatrième », m'exhorte la veuve du pharmacien. Et elle m'offre un gîte dans son appartement situé au premier. Nous y grimpons par un escalier en colimaçon situé à l'arrière du bâtiment. (Autrefois : « Entrée réservée aux domestiques et aux fournisseurs ».) La spirale de l'escalier est très étroite. Des éclats de verre crissent sous mes pieds, le vent siffle par les lucarnes béantes. Je me laisse tomber sur un sofa, devant, dans la pièce attenante à la cuisine, je m'accorde deux heures de sommeil sous une couverture de laine à l'odeur étrangère. Des bombes sont tombées à proximité de la maison jusqu'à près de minuit, nous nous sommes donc précipités une fois de plus dans la cave. Une nuit faite d'heures interminables, trop fatiguée pour continuer à écrire ici, en bas...

Le lendemain matin, vers 10 heures, dans mon trois-pièces sous les toits. Nous sommes restés bloqués dans la cave jusqu'à environ 4 heures. Puis j'ai grimpé seule là-haut. Je me suis réchauffé une soupe de betteraves sur le gaz toujours moribond, ai pelé quelques patates, ai cuit mon dernier œuf, plus exactement, je l'ai mangé à moitié cru, et je me suis ensuite aspergé tout le corps d'un reste d'eau de Cologne. Curieux le nombre de choses que l'on fait désormais pour la dernière fois, c'est-à-dire pour la dernière fois jusqu'à la prochaine qui aura lieu on ne sait trop quand, certainement dans très longtemps. D'où me viendrait un autre œuf ? Ou bien du parfum ? Je savoure donc ces plaisirs en pleine connaissance de cause, leur accorde la plus grande attention. Après cela, je me suis glissée dans mon lit tout habillée, et j'ai dormi d'un sommeil entrecoupé de rêves agités. Maintenant, il faut que je parte faire des courses...

De retour sous mon toit, il est 2 heures de l'après-midi. Dehors, pluie battante, et plus de journaux. N'empêche que la foule est accourue à l'heure prévue pour récolter les nouvelles lancées à la cantonade, probablement glanées sur des panneaux ou dans des éditions spéciales. On dispose maintenant d'une sorte de poste orale. Tout se divulgue de bouche à oreille.

On nous octroie des « avances », comme on dit officiellement, des avances sur la viande, le saucisson, les pâtes, le sucre, les conserves et l'ersatz de café. Je me suis plantée dans une queue dans laquelle j'ai fait le pied de grue pendant deux heures, sous la pluie, pour recevoir finalement 250 grammes de gruau, 250 grammes de flocons d'avoine, 2 livres de sucre, 100 grammes d'ersatz de café et une boîte de chou-rave. Il manque encore la viande et le saucisson, et aussi le café en grains. À la boucherie qui fait le coin, ça grouillait de monde. De chaque côté, des queues interminables sur quatre rangées, et sous des trombes de pluie. Oh non ! Dans ma queue les nouvelles vont de nouveau bon train : Köpenick serait abandonné par les nôtres, et Wünsdorf occupé, les Russes auraient atteint le canal de Teltow. Mais, « de ça », les femmes soudain n'en parlaient plus, comme si elles s'étaient donné le mot.

Après de tels échanges dans les files d'attente, auxquels on est mêlé malgré soi, où la façon de s'exprimer semble y décliner dans la forme et le contenu, et où l'on est immergé dans les sentiments de la masse, je me sens toujours poisseuse et révulsée. Et pourtant, je refuse de me couper de tout cela, je veux me plonger dans cette marée humaine, partager ce qu'elle vit, y participer. Conflit intérieur entre l'orgueilleux isolement dans

30

lequel se déroule habituellement ma vie privée, et l'envie d'être comme les autres, de faire partie du peuple, de subir l'Histoire.

Que faire d'autre sinon ? Attendre, c'est tout. La défense antiaérienne et l'artillerie scandent chacune de nos journées. Parfois, je voudrais que tout soit fini, enfin. Drôle de période. On vit l'Histoire en direct, des choses que plus tard on racontera et on chantera. Mais, quand on est dedans, tout n'est que fardeau et angoisse. L'Histoire est lourde à porter.

Demain, j'irai chercher des orties et je me procurerai du charbon. Les petites provisions nouvellement acquises nous préservent de la faim. Moi, elles me causent du souci comme l'argent aux riches. Elles pourraient être détruites par les bombes, volées, grignotées par les souris, ou tomber aux mains de l'ennemi. J'ai fini par fourrer tout ce bric-à-brac dans une autre caisse destinée à la cave. Ce qui n'empêche que je peux encore descendre et monter toutes mes petites possessions terrestres sans trop de difficultés.

Tard le soir, dans la pénombre. J'ai encore rendu visite à Mme Golz. Son mari était assis près d'elle, revêtu de son manteau et de son écharpe, car dans la pièce l'atmosphère était froide et tempétueuse. Tous deux étaient muets et abattus. Ils ne comprennent plus rien à ce qui se passe ici-bas. Nous avons à peine ouvert la bouche. Dehors, ça n'a pas cessé de pétarader. Par intermittence, des déflagrations de canons antiaériens, comme si on battait de gigantesques tapis entre le ciel et la terre.

L'écho des tirs se répercute dans les cours. Pour la première fois, l'expression « le grondement des canons » prend un sens, jusqu'ici je la plaçais au même niveau que « force colossale » ou « courage héroïque ». L'image est vraiment bonne.

Dehors, averses et tempêtes. Sur le pas de la porte, j'ai suivi du regard des bandes de soldats qui passaient. Ils traînaient les pieds, sans allant. Certains boitaient. En silence, chacun pour soi, ils marchaient d'un pas lourd et non rythmé, en direction de la ville. Le visage mal rasé et émacié, un lourd paquetage sur le dos.

« Que se passe-t-il ? leur criai-je. Où allez-vous comme ça ? »

Pas de réponse. L'un d'eux bougonne quelque chose d'incompréhensible. Un autre proclame haut et fort : « Führer, donne tes ordres. Nous te suivrons jusque dans la mort. »

31

Toutes ces silhouettes sont pitoyables, ce ne sont plus des hommes qu'on voit là. Ils sont à plaindre. Il n'y a plus rien à attendre ou à espérer d'eux. Ils ont l'air d'avoir déjà perdu, d'être déjà captifs. À nous qui sommes sur le bord du trottoir, ils nous lancent des regards absents et hébétés. De toute évidence, nous, le peuple, ou les civils, ou les Berlinois, ou que sais-je, nous leur sommes complètement indifférents, voire indésirables. Je ne crois même pas qu'ils aient honte de leur déchéance. Ils sont trop fatigués, trop abrutis. Fourbus. Je préfère ne plus les regarder.

Sur les murs, de vieilles inscriptions à la craie, à moitié effacées, censées guider les troupes vers un quelconque lieu de ralliement. Sur le tronc de l'érable juste en face, fixés par des punaises, deux avis placardés. Des morceaux de carton arborant des messages soigneusement écrits à la main en bleu et en rouge, avec à l'arrière-plan les noms de « Hitler » et de « Goebbels ». Le premier écriteau met en garde contre toute capitulation éventuelle, sous peine de pendaison ou d'exécution. L'autre, intitulé « Avis aux Berlinois », enjoint de se méfier des étrangers récalcitrants et invite tous les hommes à se battre. Les écriteaux n'attirent pas vraiment l'attention. Les gribouillis manuscrits ne font pas sérieux, ils passent inaperçus, comme des paroles chuchotées.

Oui, la technique nous a gâtés. Ne pas être servis par des rotatives ou informés par des haut-parleurs nous paraît lamentable. Les avis écrits à la main ou les ordres proférés par un individu qui s'égosille... est-ce que c'est bien crédible ? C'est la technique qui a sapé l'impact du discours ou de l'écriture. Les petites voix perçantes, les écriteaux peinturlurés, les quatre-vingt-quinze thèses placardées sur une porte d'église à Wittenberg, jadis, tout cela parvenait pourtant à déclencher des insurrections populaires. Aujourd'hui, nous voulons que tout soit gros, se répercute, soit démultiplié par des appareils qui en augmentent la puissance et en accroissent l'effet. Une femme, qui tournait autour de l'écriteau et l'observait, a résumé cela en une phrase : « Quand on voit ça, on se dit que nos gars sont tombés bien bas. »

Dans la cave, 22 heures. Après la soupe vespérale, je me suis octroyé une petite détente dans mon lit, puis j'ai filé en bas.

Toute la communauté habituelle était au complet. Aujourd'hui, peu de coups de feu et, bien que toutes les conditions soient réunies, jusqu'ici pas d'attaque aérienne. Une sorte de gaieté fébrile se propage dans l'assemblée. Des tas d'histoires se mettent à circuler. Mme W. s'écrie : « Plutôt un Ivan sur le ventre qu'un Amerloque par-dessus la tête. » Un bon mot qui sied mal au crêpe noir qu'elle porte en signe de deuil. Mlle Behn crie à la cantonade : « Allez, faut être honnête... y en a plus tellement de vierges ici... » Aucune réponse. Je me demande en effet qui pourrait encore l'être. Sans doute la plus jeune des filles du concierge, celle qui n'a que seize ans et qu'on surveille de près depuis que sa sœur aînée a fait un faux pas. Et très certainement, si je m'y connais en physionomie de jeunes filles, la petite de dix-huit ans, Stinchen, qui somnole paisiblement de l'autre côté de la pièce. L'affaire semble plus douteuse pour la jeune femme qui a des allures de jeune homme. Mais, c'est sans doute un cas à part.

Aujourd'hui, une nouvelle s'est jointe à nous. Jusqu'ici elle allait toujours six pâtés de maisons plus loin pour trouver un refuge dans le bunker officiel, qui avait la réputation d'être sûr. Elle vit seule dans son appartement, veuve, abandonnée ou séparée, je l'ignore encore. Un eczéma purulent lui mange toute la joue gauche. Elle annonce, d'abord tout bas, puis bien haut, qu'elle a amarré son alliance, une bonne fois pour toutes, à l'élastique de sa culotte. « Une fois qu'ils y seront, l'anneau, je m'en foutrai ! » Éclat de rire général. Et d'ailleurs, un visage mangé par l'eczéma pourrait protéger contre ce type d'agression ! Par les temps qui courent, ça peut être un avantage.

Lundi 23 avril 1945, 9 heures du matin

Nuit étonnamment calme, presque aucun coup de canon. Un nouveau résident a fait son apparition dans la cave, le mari de la femme d'Adlershof, qui a été bombardée et est venue se réfugier dans le giron de sa mère. L'homme est en uniforme, il est ici clandestinement, une heure plus tard, il était en habit civil. Pourquoi ? Personne n'en parle, personne ne lui prête attention. Un dur à cuire venu du front, il respire encore une certaine force, ça nous fait du bien de le voir.

La désertion nous semble soudain aller de soi, on trouve même que c'est une bonne chose. Je ne puis m'empêcher de penser aux trois cents Spartiates de Léonidas qui ont résisté aux Thermopyles et sont tombés, comme le voulait la Loi. Nous avons appris ça à l'école et on nous enjoignait d'être admiratifs. Il se pourrait bien qu'ici ou là trois cents soldats allemands se comportent de la même manière. Mais certainement pas trois millions. Plus gros est le tas, plus sa composition est aléatoire, et moins grande est la chance d'y trouver de l'héroïsme de manuel scolaire. Nous, les femmes, ça ne nous impressionne pas, nous sommes faites comme ça, réfléchies, opportunistes, et nous avons le sens pratique. Nous préférons les hommes en vie.

Vers minuit, j'ai failli dégringoler de ma chaise tant j'étais lasse (où trouverais-je de quoi m'étendre ici?), j'ai escaladé tant bien que mal, jusqu'au premier étage, l'escalier en colimaçon jonché de bris de verre, et je me suis affalée sur le sofa de la veuve du pharmacien où j'ai dormi jusqu'aux environs de 6 heures. Je me suis ensuite laissé dire, à mon grand étonnement, qu'entre-temps les bombes s'étaient succédé. Tout bonnement rien entendu dans mon sommeil.

Chez le boulanger, j'ai trouvé des petits pains, les derniers. C'étaient aussi mes derniers bons. Pas de nouveaux tickets de ravitaillement en vue. Plus d'ordres du tout, plus de nouvelles, rien. Plus aucun salaud pour se soucier de nous. Nous sommes soudain redevenus des individus, fini les concitoyens. Tous les liens sont rompus entre amis et collègues qui sont séparés par la distance, une distance qui souvent ne dépasse pas trois maisons. Des hommes des cavernes, une famille, comme au temps de la préhistoire. L'horizon n'est plus qu'à une centaine de pas.

Chez le boulanger, j'ai entendu dire que les Russes se trouvaient maintenant à proximité de Weissensee et de Rangsdorf. Je me suis souvent baignée à la plage de Rangsdorf. Je tente l'expérience de prononcer la phrase tout haut : « Les Russes sont à Rangsdorf. » Rien à faire, ça sonne mal. À l'est aujourd'hui, un ciel rouge feu, des incendies à n'en plus finir.

13 heures, je rentre d'être allée chercher du charbon. J'ai marché vers le sud et sans doute en direction du front. Le tunnel du tramway est déjà barricadé. Des gens qui se trouvaient à

l'entrée disaient qu'à l'autre bout un soldat avait été trouvé pendu, en caleçon, un écriteau autour du cou portant l'inscription « traître ». L'homme pendait si bas qu'on pouvait lui saisir les pieds et le faire tournoyer. C'est ce que raconte quelqu'un qui l'a vu de ses yeux vu, et a chassé les galopins qui s'amusaient à le faire danser.

La Berliner Strasse est déserte, à moitié éventrée et barricadée de tous côtés. Des queues devant les magasins. Des visages abrutis sous le vacarme des canons. Des camions roulaient en direction de la ville. Derrière se traînaient des silhouettes crasseuses, maculées de boue, couvertes de bandages en lambeaux, des faciès sans expression. Un convoi de chars à foin. Sur les ridelles des têtes grises. Aux barricades, le Volkssturm monte la garde en uniformes rapetassés de pièces de toutes les couleurs. On y voit des enfants d'une jeunesse effarante, des visages blancs comme le lait sous des casques d'acier dix fois trop grands, on perçoit avec horreur le timbre de leurs voix claires. Ils ont tout au plus quinze ans, ont l'air si minces et si frêles dans leur uniforme qui flotte autour de leurs membres.

Pourquoi se hérisse-t-on de la sorte contre ce type d'infanticide ? Il suffit que les enfants soient de trois ou quatre ans plus vieux et cela ne choque plus de les voir fusiller ou déchiqueter. Où se situe la frontière ? Là où la voix mue ? Car dans mon souvenir, ce qui me fait le plus souffrir, c'est le timbre haut et clair des voix de ces pauvres gosses. Jusqu'ici soldat signifiait homme. Et un homme est un géniteur. Que ces gamins soient fauchés avant même d'être mûrs doit bien enfreindre une quelconque loi de la nature, c'est une atteinte à l'instinct, oui, cela va à l'encontre de tout instinct de conservation de l'espèce. Comme ces poissons ou ces insectes qui dévorent leur progéniture. Ça ne devrait pas exister chez l'homme. Mais que cela existe tout de même est bel et bien un symptôme de démence.

À la maison d'édition, désertée maintenant par tous ses employés, les caves sont encore pleines de charbon. La femme bombardée, qui s'est installée au sous-sol, m'a assaillie de questions sur le sort qui nous attendait. Il paraîtrait que sa fille aînée, mère d'un bébé de huit semaines, n'a plus de lait depuis hier. Tout d'un coup, elle a cessé de pouvoir allaiter, et le petit hurle. Comme il n'y a plus de lait de vache à trouver nulle part, tout le monde se préoccupe maintenant de savoir comment faire pour que l'enfant tienne le coup. J'ai proposé à la jeune maman d'essayer les herbes sauvages. Ça aidera peut-être à faire remonter le lait. Tous ensemble, nous nous sommes penchés sur l'herbe du jardin encore humide de pluie, et de nos mains protégées par des mouchoirs, nous avons arraché les jeunes pousses d'orties qui grimpaient sur le mur. Et aussi les pissenlits, ceux qu'on pouvait encore trouver. Parfum d'herbes et odeur de terre mouillée, primevères, buissons en fleurs, rouges, c'est le printemps. Mais les canons tonitruent tout de même.

J'ai rempli de charbon un grand sac à dos, j'ai bien ramené 25 kilos. Ce qui ne m'a pas empêchée de dépasser une troupe de soldats sur le chemin du retour. Cela m'a donné l'occasion de revoir des armes pour la première fois depuis des jours : deux lance-roquettes, un pistolet-mitrailleur, des caisses de munitions. Les jeunes gars portaient la ceinture de munitions comme une parure de barbare.

Aux environs de midi, il y a eu un enterrement dans la rue, je l'ai entendu dire, la veuve du pharmacien y était. Une jeune fille de dix-sept ans, éclats d'obus, une jambe arrachée, hémorragie fatale. Les parents ont enterré leur enfant dans le jardin de la maison, derrière un groseillier. Comme cercueil, ils ont utilisé leur armoire à balais.

Maintenant, nous avons donc la liberté d'inhumer nos morts où bon nous semble, comme au temps de la préhistoire. Cela me rappelle la fois où un grand dogue a rendu l'âme dans le bâtiment dans lequel j'habitais alors, et put finalement être enterré dans le jardin. Mais quelle histoire avant de pouvoir le faire ! Propriétaire, concierge, locataires : tous étaient contre. Ici, il s'agit d'un être humain et personne ne trouve rien à redire, je crois même que pour les parents cette proximité est une consolation. Et je me surprends même à imaginer que je pourrais remplir de tombes notre petite parcelle de jardin située entre les maisons.

16 heures, dans ma mansarde. Je viens de vivre quelque chose de fabuleux. J'ai rendu visite à Mme Golz pour lui remonter le moral et, histoire de m'amuser, j'ai joué avec le téléphone. Quelle ne fut pas ma surprise d'entendre une tonalité, ce qui n'était plus arrivé depuis des jours. J'ai fait le numéro de

Gisela... et elle a répondu, elle qui habite bien à une heure d'ici, à l'ouest de Berlin. Échanges volubiles, on n'en finissait pas. La boîte où travaillait Gisela est partie en eau de boudin. Le patron a mis les voiles, direction l'ouest. Il a abandonné ses gens à leur sort, après leur avoir fait des adieux enflammés. On nous a tous oubliés. Anxieux, nous tendons l'oreille dans le vide, nous sommes seuls.

Au téléphone, Gisela m'a raconté qu'elle avait, quasi au jour près, le même âge que son père quand il est mort à Verdun, lors de la Première Guerre mondiale. Elle ne l'a jamais vu, son père. Elle m'assure que, ces jours-ci, elle ne peut s'empêcher de penser à lui tout le temps, qu'elle lui parle en pensée, comme si son tour allait arriver et qu'elle allait bientôt le retrouver. Jamais nous n'avons abordé de tels sujets auparavant, nous aurions eu honte de mettre ainsi notre cœur à nu. Mais maintenant, ce qu'il y a de plus profond en nous refait surface. Adieu Gisela, nous avons vécu toutes les deux quelque trente années, et peut-être nous reverrons-nous quand même un jour, saines et sauves.

Me revoilà dans notre cave-caverne, lundi, 20 heures. Ce soir, nous avons entendu les premiers points d'impact de l'artillerie, juste au coin de la rue. Ça fusait, ça sifflait, ça crachait. Le feu jaillissait de partout. Cris d'effroi dans la cour. Moi qui avais descendu les escaliers en butant presque à chaque pas, j'ai pu entendre, une fois en bas, que les projectiles atterrissaient devant le cinéma. L'ennemi met tout le paquet sur nous. De plus, le bruit court que les Russes n'envoient que des pruneaux. On se met peu à peu à douter du dernier tapis volant américain, tant redouté — il devrait déjà être arrivé à Berlin et avoir rencontré les Russes.

Une nouvelle histoire circule dans notre cave. L'épouse du liquoriste la tient de source archisûre et archisecrète, elle l'annonce donc à la cantonade et à chaque phrase sa poitrine se soulève : *Ami* et *Tommy* se seraient disputés avec *Ivan* et songeraient maintenant à se rallier à nous pour l'expulser de nouveau du pays. Ricanements et discussions vives. La fabricante de liqueurs est profondément vexée et se répand en invectives dans son accent saxon. Ce n'est qu'hier qu'elle a quitté sa fabrique de liqueurs (assez petite), située derrière la Moritzplatz, où elle avait passé la nuit avec son mari, avant de regagner la maison et de réintégrer notre cave où elle a repris son poste. Son mari a préféré demeurer auprès des bouteilles et des alambics — et aussi, comme chacun le sait ici, auprès d'une rouquine qui se nomme Elvira.

Pour le reste, l'approvisionnement se poursuit. Juste avant la fermeture du magasin, j'ai encore pu obtenir 150 grammes de semoule. Subitement, des cris et un va-et-vient affairé au coin de la rue : chez Bolle, on décharge un camion, on transporte des tonneaux de beurre dans la maison, de la marchandise rance qu'ils ont l'intention de distribuer. Une livre par tête de pipe, et qui plus est : gratuite, c'est plutôt inquiétant ! Tout ce qu'on fait, c'est de nous mettre un cachet sur la carte. Était-ce le premier signe de panique ? Ou bien un trait de lucidité par-delà les actes ? En un clin d'œil, un attroupement s'était formé devant la porte du magasin, échange de coups de poing et de coups de parapluie. Je me suis mêlée quelques minutes à la bousculade, ai pu saisir au passage des nouvelles à propos des réservistes, des renforts, et des blindés allemands qui arriveraient d'on ne sait trop où... Une femme prétend avoir entendu une histoire du genre, la nuit passée, sur son poste à galène. J'ai ensuite laissé le beurre pour ce qu'il était, pas la peine de se battre pour ça. Du moins pas encore. Il faudra peut-être que j'apprenne bientôt.

Nuit paisible. Tirs incessants dans le lointain. Aujourd'hui, le petit peuple de ma cave est complètement à plat. On n'entend plus un son, pas un mot. Rien que des ronflements et la respiration des enfants qui poussent des petits cris dans leur sommeil.

Mardi 24 avril 1945, midi

Plus de nouvelles. On est coupé de tout. Un peu de gaz, en revanche, les conduites d'eau sont à sec. De ma fenêtre j'aperçois, en bas, un attroupement devant les magasins. Toujours la cohue pour le beurre rance gratuit. Cela dit, aujourd'hui on ne distribue plus qu'un quart de livre par carte. Je dénombre quatre flics qui tentent de maîtriser la foule.

Pour l'instant, je suis assise sur le rebord de la fenêtre, au premier étage, chez la veuve du pharmacien. Elle vient de faire irruption dans la pièce, tout en émoi. Un but vient d'être marqué dans la file d'attente devant la boucherie, chez Hefter. Trois morts, dix blessés... mais la queue s'est reformée. La veuve mime ceux qui sont restés debout et ont essuyé avec leur manche les taches de sang qui maculaient leurs cartes. Elle poursuit : « Après tout, rien que trois morts. Qu'est-ce que c'est comparé à un raid aérien ? » Oui, nous sommes des privilégiés.

Pourtant, je suis épatée. Avec toutes ces pièces de bœuf et ces jambonneaux plein la vue, la grand-mère la plus branlante tiendra le coup. Elles sont là, debout, solides comme des rocs, elles qui, menacées par trois avions de chasse, ont traversé au galop toute l'Allemagne centrale pour trouver refuge dans des bunkers. Les femmes de cette trempe se plaquent tout au plus un seau sur la tête, ou un casque en acier. Des familles entières se relaient dans les files d'attente ; chacun tient le coup quelques heures. Je ne me suis pas encore décidée à choisir la file de la boucherie, elle me semble trop longue. Et puis la viande... ce qu'il faut, c'est quand même l'ingurgiter tout de suite, on ne peut en profiter que sur-le-champ. J'ai l'impression que ce dont tous ces gens rêvent, c'est de se bourrer la panse encore une fois, une seule fois, la dernière, de s'offrir le festin du condamné.

14 heures. Le soleil vient de percer. Quelle étourdie ! Je me suis précipitée sur le balcon du côté cour, me suis affalée dans mon fauteuil en osier pour me dorer et me réchauffer un moment sous les rayons. Jusqu'à ce qu'un chapelet de salves me siffle par-dessus la tête. Les déflagrations claquaient coup sur coup. J'avais carrément oublié que c'était la guerre. D'ailleurs, j'ai la tête curieusement vide... en écrivant ça, j'ai sursauté, c'était tombé tout près, une vitre a volé en éclats. La faim me tiraille une fois de plus alors que j'ai l'estomac plein. J'éprouve le besoin pressant de grignoter quelque chose. De quoi peut bien vivre maintenant ce nourrisson privé de lait ? Hier dans la queue, on s'est mis à parler de la mort des nourrissons et une vieille femme a conseillé de remplacer le lait manquant par du pain mâché, bien imprégné de salive.

Un bébé dans une grande ville comme celle-ci, quel pauvre petit diable une fois que l'ingénieux mécanisme de l'allaitement tombe en panne. Mais, même si les mères ont encore de quoi manger et sont capables de les nourrir... une autre source menace de se tarir plus tard, avec ce qui s'avance implacablement vers nous tous. Par bonheur, le bambin de notre cave a déjà un an et demi. Hier, j'ai vu quelqu'un tendre à la mère des petits biscuits pour l'enfant. C'était bien la première fois que l'un de nous tendait quelque chose à un autre dans cette cave. D'habitude, c'est chacun pour soi, on a égaré ou on cache, et hors de question de donner.

Retour à la cave, 21 heures. Dans la soirée, une inconnue est apparue et nous a priées, la veuve et moi, de l'accompagner jusqu'à l'infirmerie pour y prêter main forte.

L'horizon fume et rougeoie. L'est est en feu. Autrement dit, les Russes ont déjà atteint la Braunauer Strasse. Justement Braunau, là où Adolf a vu le jour. Ce qui me rappelle une des blagues de la cave : « Dites, qu'est-ce qu'on aurait été bien si sa mère avait fait une fausse couche ! »

À l'hôpital militaire, on s'est retrouvées dans une salle complètement enfumée. Brouhaha d'hommes affairés dans tous les coins, disputes et cris : « J'ai une blessure par balle au poumon, dehors dans la voiture ! — Fous le camp, poursuis ta route, t'as entendu ? On n'a plus de lit ! » L'ambulancier gueule : « Mais ils m'ont envoyé chez vous ! — Fous le camp, sinon...! » Le sergent-chef brandit un poing menaçant. Le chauffeur, furieux, s'en va en maugréant.

Dans les couloirs se traînent des blessés légers, l'un d'eux est pieds nus, la main ensanglantée enveloppée dans ses chaussettes. Un autre, pieds nus aussi, avance en laissant derrière lui des petites flaques de sang ; ses talons s'y engluent à chaque pas. Des visages cireux et des têtes couvertes de bandages dans lesquels suinte le sang qui s'étale à vue d'œil. Nous visitons encore deux ou trois salles.

Une atmosphère d'hommes, de champ de bataille, fébrile, un air vicié. Un type nous gueule dessus : « Qu'est-ce qu'elles foutent ici ? »

La femme qui est venue nous chercher dit timidement qu'un homme en voiture était passé par là et avait crié qu'on avait besoin de femmes à l'hôpital militaire.

« Foutaises, y'a rien à faire pour vous ici. Rentrez chez vous. »

Curieux ce ton méprisant, condescendant, sur lequel les femmes désireuses de venir en aide sont repoussées ici ! Un peu comme si nous voulions *mordicus* avoir notre place auprès des canons, ou jouer aux petits soldats de gré ou de force. Là aussi, il faut que j'extirpe des poncifs bien ancrés en moi. Jadis, en période de guerre, la femme était considérée comme un ange plein de sollicitude. Elle était là pour faire de la charpie. Pour poser sa main fraîche sur le front fiévreux de l'homme blessé, toujours à l'écart du champ de tir. Maintenant, dans notre pays, les hôpitaux militaires de campagne ne sont plus à l'écart, le front est partout.

Pourtant, cet hôpital-ci fait tout ce qu'il peut pour rester un îlot protégé du tumulte généralisé. Sur le toit sont peintes de gigantesques croix et sur les pelouses, devant l'édifice, de grands draps blancs sont étendus sur le sol, eux aussi en forme de croix. Mais les mines aériennes sont impartiales, et dans le tapis de bombes, il ne se trouve pas de trous de miséricorde. Ceux du lazaret le savent aussi. Sans quoi, leurs caves ne seraient pas si bondées. Par les fenêtres situées au ras du sol, des visages d'hommes guettent derrière les grillages...

Nous revoilà dans la cave, 21 heures. Aujourd'hui, tout le monde est agité, fébrile, nerveux. La femme de Hambourg raconte, avec ses « S » bien typiques et bien sifflés, que ce matin elle a eu une communication téléphonique avec des amis de la Müllerstrasse, au nord de Berlin. « Ça y est, on est russes », a crié l'amie dans le combiné. « Les blindés défilent déjà, ici, en bas. Tous les Ivan débordent de joie. Tout le monde se bouscule sur le trottoir, rit et fait des signes, on tient les enfants à bout de bras... » *Der rote Wedding*, vieux quartier communiste. Ça pourrait bien être vrai. Ces propos déclenchent aussitôt un débat animé. Finalement, déclarent certains, est-ce que la propagande ne nous aurait pas abrutis ? Finalement, « ils » ne sont pas si... Et c'est là qu'intervient la jeune fugitive de Prusse-Orientale, qui jusque-là était restée muette, elle lance maintenant des phrases qu'elle n'achève pas, dans son dialecte, sans trouver les mots justes, elle gesticule, s'égosille : « Vous allez voir... », puis elle retombe dans son silence. Et là-dessus, toute la cave se tait.

De son côté, la liquoriste enfourche un nouveau dada : Ribbentrop et von Papen viennent de s'envoler pour Washington, ils veulent s'expliquer en personne avec les Américains. Aucune réaction à ses paroles.

La cave est plongée dans les ténèbres. La lampe à pétrole file et fume. Les anneaux phosphorescents qui sont peints autour des poutres à hauteur des yeux, pour qu'on ne s'y cogne pas, diffusent leur lueur verte. La famille s'est agrandie. Le couple de libraires a descendu son canari. La cage, recouverte d'un drap, pend à l'une des poutres. Dehors les coups de feu, à l'intérieur le silence. Tout le monde somnole ou dort.

Mercredi 25 avril 1945, l'après-midi

Je récapitule : vers 1 heure du matin, j'ai quitté la cave pour regagner le premier étage et m'étendre sur le divan, chez la veuve. Soudaine et violente chute de bombes, l'attaque aérienne se déchaîne. J'attends, je vogue dans un demi-sommeil, tout m'est égal. La vitre a déjà volé en éclats, le vent s'engouffre avec des relents d'incendie. Sous ma couette, j'ai le sentiment imbécile d'être en sécurité, comme si la literie était en métal. Alors qu'en réalité elle constitue un réel danger. Le docteur H. a raconté qu'un jour qu'il avait dû soigner une femme atteinte par des projectiles dans son lit, des particules de l'édredon avaient pénétré dans ses plaies et il était presque impossible de les en extraire. Mais, il arrive un moment où l'on est mort de fatigue, et où cette fatigue l'emporte sur la peur. C'est sans doute pour cela que les soldats du front finissent aussi par s'endormir dans leur gadoue.

Je me suis levée à 7 heures, la journée a commencé entre des murs qui tremblaient. Maintenant, la bataille fait rage autour de nous. Plus d'eau, plus de gaz. J'ai profité d'un bref moment d'accalmie pour grimper les quatre étages jusqu'à ma mansarde. Comme une bête encerclée dans sa caverne, j'ai parcouru furtivement les pièces, prête à battre en retraite. J'ai saisi en hâte des couvertures et des affaires de toilette, et suis redescendue au galop au premier étage, chez la veuve. On s'entend bien. On fait vite connaissance en des jours comme ceux-ci.

Un seau dans chaque main, j'ai traversé le terrain des cabanons tout en fleur jusqu'à la pompe à eau. Le soleil frappait fort. Longue queue devant la pompe, chacun à son tour on manœuvrait le levier trop lourd qui gémissait à chaque pression de la main. Un quart d'heure pour revenir chargée des deux seaux qui débordaient. « Nous sommes tous des ânes et des ânesses chargés de fardeaux... » (Nietzsche, je crois). Chez Bolle, on se bouscule toujours pour le beurre gratuit. Chez Meyer, queue à n'en plus finir, des silhouettes sombres, rien que des hommes ; on vend du schnaps, un demi-litre par carte, de n'importe quelle marque disponible.

Je suis tout de suite retournée chercher de l'eau. En revenant, soudaine attaque de bombes. Sur la pelouse, devant le cinéma, une colonne de fumée et de poussière s'est brusquement élevée vers le ciel. Devant moi, deux hommes se sont jetés à plat ventre dans le caniveau. Des femmes se sont précipitées dans le premier vestibule venu et dévalèrent les escaliers. Moi, derrière elles, je me suis retrouvée dans une cave complètement inconnue, pas le moindre éclairage. Je n'ai pas lâché les deux seaux remplis d'eau, on vous les volerait comme un rien. En bas, tapie dans le noir, une foule effarouchée, sinistre. Une voix de femme se met à geindre : « Mon Dieu, mon Dieu... » Puis, tout est retombé dans le silence.

Était-ce une prière ? Je reviens deux ans en arrière, me revois dans la plus misérable de toutes les misérables caves, un vrai tombeau, sous une maison de village, une bicoque d'un étage. Un patelin de trois mille habitants, sans importance, mais situé sur la route qui mène au bassin de la Ruhr. Une bougie brûlait dans l'obscurité et les femmes (il n'y avait presque pas d'hommes) récitaient le chapelet, égrenaient ses mystères douloureux ; je les entends encore, qui psalmodiaient de leur voix monocorde : « ... toi qui fus pour nous flagellé... » Puis, le *Notre Père*, les *Ave*, tout bas, sur un ton tout aussi monotone, lénifiant et apaisant comme doit l'être aussi le « *Om mani padme hum* » des moulins à prières tibétains. De temps à autre, un vrombissement de moteur et, une fois, une bombe qui est tombée tout près et a fait danser la flamme du cierge. Puis de nouveau : « ... qui as porté pour nous la lourde croix ». C'est alors que j'ai touché du doigt l'effet que peut avoir une prière : car elle se répand comme une nappe d'huile sur les cœurs meurtris, elle fait du bien, elle aide. Depuis lors, je n'ai plus jamais connu de

43

cave priante. Ici, à Berlin, dans ces maisons de rapport à quatre étages, habitées par des gens de toute provenance, il y a peu de chances de tomber sur une communauté de personnes récitant le *Pater* en chœur. Mais sans doute des prières y sont-elles chuchotées, peut-être plus souvent qu'on ne croit. Et l'on y gémit des « Mon Dieu, mon Dieu ». Pourtant, celle qui se lamente ainsi ne sait plus vraiment ce qu'elle exprime, elle utilise mécaniquement des formules toutes faites et vides de sens.

Je n'ai jamais aimé ce proverbe qui prétend que « c'est dans la détresse qu'on apprend à prier ». Il a un petit arrière-goût moqueur, comme si le vrai sens en était : « C'est dans la détresse qu'on apprend à mendier. » Une prière dictée par la peur et la détresse, et prononcée par celui qui ignorait tout de la prière en des jours meilleurs, est triste et pitoyable.

Il n'y a pas de proverbe qui dise : « C'est dans le bonheur qu'on apprend à prier. » Une telle action de grâce devrait pourtant s'élever d'elle-même, spontanément, comme le parfum de l'encens. Mais ce ne sont là que spéculations. Notre langue a raison de rapprocher les mots « prier » et « quémander ». Il fut un temps où le mendiant faisait partie de l'église au même titre que la poignée de porte ; parce que son existence était aussi légitime que celle du roi et qu'il était là par la grâce de Dieu, afin que le roi trouvât sur terre son pendant extrême, et que le prieur ou quémandeur du divin en trouvât un aussi, face auquel il justifiait la fonction d'un Dieu prodigue. Ce qui ne me permet toujours pas de conclure si les gémissements dans la cave obscure étaient une prière ou non. Une chose est sûre : c'est un véritable bonheur et une grâce certaine que de pouvoir prier sans complication et sans honte, sous la pression et la torture exercées par la détresse et l'angoisse. Moi, je n'en suis pas capable... pas encore, quelque chose en moi s'y oppose toujours.

À mon retour de la pompe à eau, la veuve m'a déléguée dans la queue pour la viande. Protestations et invectives. Il semblerait que les livraisons de saucisson et de viande soient stoppées, une fois de plus. Sur le coup, cela agace les femmes plus encore que la guerre elle-même. C'est là notre force. Ce que nous ne perdons jamais de vue, nous les femmes, c'est la minute qui suit. Nous sommes toujours heureuses de pouvoir fuir les ruminations sur l'avenir et d'investir le présent immédiat. Pour l'instant, c'est le saucisson qui occupe la première place dans nos cerveaux, bouchant l'horizon des grandes causes encore éloignées.

Me revoilà dans la cave, environ 18 heures. En haut, impossible de rester étendue calmement, la peur s'est emparée de moi : de nouveaux buts ont été marqués à proximité et de gros morceaux de plâtre sont tombés sur ma couverture de laine. Ici, en bas, j'ai somnolé jusqu'à ce que Henni, la fille de la boulangerie, arrive et nous annonce que la droguerie à côté du cinéma avait été touchée. Le propriétaire était mort sur le coup. On n'a pu déterminer sur place si c'était à cause des éclats, du souffle de l'explosion ou d'un arrêt cardiaque. Henni dit qu'il n'y avait pas de sang. Une des dames du gros pudding noir des trois sœurs collées l'une à l'autre émerge du tas et les lèvres en cul-de-poule demande sur un ton choisi : « Mais dites-moi... comment l'homme a-t-il crevé ? » C'est ainsi que l'on parle désormais, telle est notre déchéance oratoire. Le mot « merde » nous glisse tout seul de la bouche. On le prononce avec satisfaction, comme s'il nous aidait à évacuer la crasse intérieure. Dans le langage aussi, on s'achemine vers une dégradation partout menaçante.

Jeudi 26 avril 1945, 11 heures du matin

J'écris les doigts tout tremblants. On respire toujours du plâtras. Il y a une demi-heure, une bombe s'est abattue sur le quatrième. Je suis à bout de souffle, quitte ma mansarde au galop. Une porcherie, des gravats partout, des éclats de projectiles, des débris de verre. Adieu, mon trop bref presque-chez-moi, tu es devenu inhabitable.

J'ai saisi au passage tout ce que j'ai pu d'utile, une casserole, des serviettes de toilette, des pansements. J'ai la gorge complètement desséchée, mon gosier est en feu, à cause de la poussière de plâtras. Ici, en bas, je n'ai rien à boire. Et quand je pense que des tonnes d'eau ont coulé des radiateurs percés là-haut. Nous avons dû...

Stop, je vais d'abord récapituler, il y a si longtemps que je n'ai plus écrit et tant de choses se sont passées. Pour commencer, hier soir, vers 19 heures, quelqu'un est entré dans la cave pour nous annoncer que de l'autre côté, au magasin du coin, on distribuait de la farine à dessert. J'ai suivi. Me revoilà donc faisant la queue. Soudain, des bombardiers russes. La file d'attente n'a pas bougé tout de suite, puis elle s'est tout simplement dirigée vers un terrain voisin en ruine, comme si les carcasses de murs pouvaient lui offrir un abri. On voyait de la fumée et des flammes surgir du côté de la Berliner Strasse. Ensuite, nouvelle série de bombes, plus près. J'ai renoncé à la farine à pudding et retraversé la chaussée en cavalant jusqu'à la cave. Un homme m'a crié : « Contre le mur, vite ! » Pétarades, ruines qui volent en éclats. Enfin dans la cave, tant pis pour la farine. La femme du concierge se lamentait parce que sa fille était restée là-bas, elle n'avait pas pris le risque de traverser la rue sous le feu des projectiles.

Elle est revenue au bout d'une demi-heure, sans sa farine. Elle a eu, comme elle dit, une chance du tonnerre. Elle a réussi à se faufiler dans la cave du magasin du coin, tout juste avant que le coup n'atterrisse devant la maison. L'un de ceux qui n'ont pu regagner la cave, un jeune adolescent, a reçu un éclat dans le crâne. Celle qui l'a raconté a enjambé le mort en sortant. Maintenant, elle nous parle de sa tempe d'où s'écoulait un filet blanc rosé. Demain, la distribution de farine se poursuivra. Il en restera encore bien assez dans le magasin.

Vers 21 heures, la communauté de la cave s'est endormie. La veuve m'a installé une sorte de lit, à moi aussi ; dans l'entrée, certes, puisqu'à l'intérieur il n'y a plus de place entre les poutres de soutènement, mais ma couche est douillette et chaude. Je me suis endormie, puis j'ai été réveillée par les bombes. Quelque chose léchait ma main qui pendait hors du lit. C'était Foxel, le terrier de notre hôte absent. Foxel, brave petit gars, n'aie pas peur. Nous sommes seuls tous les deux dans l'entrée. Ici on n'a pas de poutres, mais, en revanche, l'air est pur, et on n'est pas dérangés par les ronflements ou les gémissements.

Debout, tôt le matin, pour aller chercher l'eau à la pompe. Pour la première fois depuis des jours, j'ai relu des feuillets imprimés, et même fraîchement. Un journal appelé *Panzerbär*. Quelqu'un l'avait placardé à côté de la vitrine du boulanger. J'y ai trouvé le rapport sur la Wehrmacht, celui de mardi, donc vieux de deux jours. D'après lui : a) l'ennemi gagne du terrain et b) les renforts allemands sont en route. De plus, on y dit qu'Adolf et Goebbels seraient à Berlin et y resteraient. Et à la gare de Schöneberg, comme le rapporte un article sur un ton de profonde satisfaction, le soldat Höhne, déserteur, pendille au vu et au su de tout le monde.

Repas du matin à la cave. Chacun recrée, tant bien que mal, une sorte de vie de famille. On dresse sa table du petit déjeuner sur des valises, des caisses et des chaises que l'on recouvre de serviettes en papier et de napperons. Les récipients, remplis de boissons préparées sur des feux de bois ou des réchauds à alcool, sortent de manchons qui les gardaient au chaud. Tout est là : les beurriers, les sucriers, les pots de confiture, les cuillers en argent. Dans sa cuisine, la veuve a produit, comme par magie, un succulent café (de grains !) préparé sur un feu bricolé avec des caisses à vin, fendues en petit bois. Ça fait du bien. Autour de moi, on s'énerve et on se chamaille. Les gens de la cave se tapent mutuellement sur les nerfs.

Peu avant 10 heures, tout le paquet est tombé sur le toit de la maison. Affolement, panique, cris d'effroi. Blanche comme un linge, la femme du concierge est arrivée en titubant et s'est agrippée à une poutre. Soutenue par sa mère suivait Stinchen, la fille de dix-huit ans. Ses cheveux défaits, tout gris de plâtras, tombaient en mèches sur son jeune visage, du sang s'y mêlait. Ça l'a surprise alors qu'elle traversait la cour. Même le petit bout dans sa cage a flairé l'excitation générale, il piaillait et sautillait dans tous les sens.

Un quart d'heure plus tard, quelqu'un a remarqué que les radiateurs fuyaient. Nous nous sommes tous précipités à l'étage. Enfin, non, pas vraiment tous. La femme du postier, par exemple, a exhibé un certificat médical et crié que son mari était cardiaque, et ne pouvait donc nous accompagner. Le Schmidt des rideaux a aussitôt pressé sur son cœur sa grosse patte de vieillard, tachetée de jaune. D'autres aussi hésitaient, jusqu'à ce que Mlle Behn se mette à hurler comme il se doit pour un chef de meute : « Bande d'idiots, vous braillez vos âneries et en haut vos baraques vont bientôt être emportées par les eaux », puis elle est partie seule à l'assaut, sans se soucier de savoir qui la suivait. Je me suis précipitée à sa suite avec une quinzaine d'autres créatures.

En haut, au troisième, un vrai lac, et ça chuintait, ça chuintait. On turbinait comme des galériens, l'eau ruisselait d'en haut, on pataugeait dans le liquide qui montait jusqu'aux chevilles, on tordait les tapis, écopait l'eau à l'aide de pelles à poussière et on la balançait tout bonnement par les fenêtres, en bas, dans la rue complètement désertée sous la lumière crue du soleil. Et des explosions sans arrêt, certaines toutes proches. Tout à coup, un tourbillon d'éclats de verre et de gravats a fait *flac* dans la mare, mais personne n'a été blessé.

Trempés et surexcités, nous avons regagné notre cave en rang et au trot. Je me suis assise sur mes chaussettes trempées, avec mes pieds dedans, s'entend, et je me suis posé la question : était-ce raisonnable ou non d'agir de la sorte ? Je ne sais pas, mais en tout cas, c'était soldatesque. La lieutenante Behn montant à l'assaut, un groupe de choc composé de volontaires à sa suite, sécurisant sous le feu de l'ennemi et au prix de leur vie les positions menacées. (Ici, on ne peut pas vraiment parler de l'envie de sauver les tapis, et pour moi non plus, les quelques personnes qui nous avaient accompagnés étaient carrément aux prises avec des logements inondés.) Nous obéissions aveuglément aux ordres, sans songer à sauver notre peau. La seule différence, c'est qu'il n'y avait pas de chants, pas d'histoires de héros là-derrière, pas de Croix de Fer pour nous récompenser. En tout cas, je sais une chose : c'est que dans la mêlée du combat, dans le feu de l'action, on ne pense à rien. Et qu'on ne ressent même pas la peur, parce que l'esprit est ailleurs et qu'on est entièrement pris par ce qu'on fait.

Avons-nous été braves ? C'est l'adjectif qu'on emploie dans ces cas-là. Mlle Behn, la jument dominante : une héroïne ? Si elle avait été lieutenant elle aurait eu la Croix de Fer, c'est sûr. Il faut donc que je remette en question mes concepts d'héroïsme et de bravoure au combat.

Typique aussi que dans la mêlée aquatique je n'aie plus pensé du tout à ma mansarde ! Ce sont les autres qui m'ont rappelé que le dernier but marqué par l'ennemi pouvait en avoir soufflé une partie. Je suis montée quatre à quatre... et j'ai trouvé la porcherie que j'ai décrite plus haut. Donc, à partir de maintenant, je logerai chez la veuve. Ça lui convient parfaitement. Elle a peur de rester seule dans son appartement. En mars, ils sont venus lui prendre son sous-locataire pour qu'il rejoigne le Volkssturm. Qui sait s'il est encore en vie. C'est le genre de choses auxquelles on pense, mais qu'on ne dit pas.

Quatre heures plus tard, il est 15 heures, me revoilà dans la cave. De nouveau à bout de souffle, de nouveau j'écris les mains tremblantes, et ce n'est pas sans raison.

Vers midi, il y a eu une accalmie et j'en ai profité pour aller sous le porche, offrir mes os transis au soleil. À côté de moi, le boulanger. Un homme est passé devant nous en courant, il venait de l'ancienne caserne de police, devenue siège de la Luftwaffe, dans les bras il portait un train de côtes de bœuf, encore sanguinolent. Au passage, il nous lança : « Grouillez-vous, là-bas on est en train de tout distribuer. »

Nous... on s'est lancé un regard et on est parti en trombe, tel qu'on était, sans sac, sans rien. Henni, de chez le boulanger, qui a des oreilles partout, a cavalé derrière nous. Ça se remet à pétarader en douceur. Pliés en deux, on rase les maisons à toute allure. Au coin, des soldats aux cheveux gris sont assis sur le bord du trottoir, sans doute ceux du Volkssturm ; ils ne font pas attention à nous, ils sont assis là, la tête posée sur les genoux. Devant la caserne de police, un tas de gens, armés de paniers, de sacs, de musettes. Je me précipite dans le premier couloir venu ; il y fait sombre, froid et il n'y a personne, donc ce n'est pas le bon.

Je fais demi-tour en un clin d'œil, devant moi j'entends qu'on avance à tâtons, on halète, on appelle : « Par ici ! Par ici ! » Dehors, j'ai saisi au passage une petite caisse, je la traîne maintenant derrière moi.

Dans le noir, je me cogne à des gens, reçois des coups de pied dans les tibias. Je me retrouve tout à coup dans une cave plongée dans l'obscurité totale, des gens essoufflés, des cris de douleur, pagaille et lutte dans les ténèbres. Non, ce n'est pas distribuer que l'on fait ici, c'est piller.

Une lampe de poche s'allume, je découvre des étagères avec des boîtes de conserve et des bouteilles, mais rien que tout en bas, les rayons d'en haut sont déjà déblayés. Je me penche, me jette à terre et fouille sur la planche la plus basse d'où j'extirpe des bouteilles, cinq ou six, je les fourre dans ma caisse. Dans le noir, j'attrape encore une boîte de conserve, quelqu'un me marche sur les doigts et une voix d'homme me crie : « Non, ça c'est à moi ! »

J'ai donc tout laissé là, me suis dirigée vers la porte et suis entrée dans la pièce voisine. Un rai de lumière tombe par une fente du mur en ruine. Je découvre des pains, des rangées entières de pains, une fois encore sur les étagères les plus basses, j'en saisis quelques-uns, me remets à genoux, tâtonne et fouille. Je suis agenouillée dans du vin, on peut le sentir, mes mains effleurent des tessons de bouteille, je cale tous les pains que je peux attraper dans ma caisse. Je traîne mon fardeau derrière moi, je ne parviens plus à le soulever, j'arrive dans le couloir, me dirige vers la sortie qui ressemble à une scène de théâtre, éclairée d'une lumière crue à l'issue du long goulet.

Dehors, je tombe sur le boulanger. Lui aussi a réussi à s'emparer de pains qu'il fourre dans ma caisse. Il s'engouffre de nouveau dans la maison pour y chercher d'autres objets. Je reste rivée à ma caisse, j'attends. Le boulanger revient chargé de conserves, d'assiettes de porcelaine, de grosses serviettes de toilette et d'une pelote de laine feutrée, bleu clair.

Soudain, voilà Antoine, le petit garçon boulanger belge qui se traîne péniblement avec un gros jarret de bœuf. Et voilà Henni, chargée de bouteilles pansues de Chartreuse. Irritée, elle s'écrie : « Mais on trouve tout là-dedans, tout ! Du café, du chocolat, du schnaps. On peut dire qu'ils ont bien vécu ceux-là ! » Pour redisparaître aussitôt dans la maison. Je surveille ma caisse. Un homme s'approche, il a transformé sa veste en sac et y a amarré toutes sortes de bouteilles d'alcool. Il lance un regard envieux à mes pains dans la caisse : « Je peux en avoir un ? » Et moi : « Oui, contre de l'alcool. » Nous troquons un gros pain noir contre une bouteille de Steinhäger, sommes tous les deux satisfaits.

Une violente pagaille sévit tout autour, dans la lumière vive du soleil où crépitent ici et là des projectiles ; deux d'entre eux ne sont pas tombés bien loin. Des hommes fracassent des goulots de bouteilles contre des coins de murs, boivent avidement à longues gorgées. Antoine et moi saisissons chacun un côté de la caisse et engageons nos pas sur le chemin du retour.

La caisse est pleine, elle pèse lourd. Il est difficile de l'agripper, nous devons souvent la déposer à terre. J'ai très soif et j'imite ce que je viens de voir : je fracasse le col d'une bouteille de vin rouge contre le bord d'un trottoir (je n'ai chipé que du bourgogne, rien que des étiquettes françaises). J'ai porté à ma bouche le goulot brisé et me suis tailladé la lèvre inférieure, sans m'en apercevoir, jusqu'à ce qu'Antoine me le fasse remarquer et m'essuie le sang avec son mouchoir, après s'être prudemment hissé sur la caisse. Le sang avait déjà coulé jusque dans mon décolleté.

Derrière nous, le boulanger accourt en soufflant bruyamment. Comme un petit enfant, il presse contre lui son jarret de bœuf bleuâtre, tout maculé de crottin de cheval. Le soleil cogne, je ruisselle de sueur. Quelques explosions à proximité. Puis, plus loin, le *tacatacatac* des avions qui font feu, *le boumboumboum* des canons antiaériens.

Nous avons déballé le butin devant la porte de la maison. La stupide laine bleue s'était faufilée partout. Ma récolte : cinq bouteilles de bourgogne, trois bocaux de soupe verte, une flasque de Steinhäger, quatre gros pains noirs, six petits paquets de farine de pois que le boulanger a bien voulu puiser pour moi dans sa réserve, et une boîte de conserve sans étiquette, contenant je ne sais quoi. J'ai tout remorqué au premier étage chez la veuve.

J'ai beaucoup trop chaud, je suis en nage, je raconte à qui veut l'entendre, c'est-à-dire à une douzaine de personnes, l'aventure que je viens de vivre. Appuyée au fourneau, une assiette dans la main gauche, j'ingurgite à la hâte quelques cuillerées de la purée de pomme de terre que la veuve a mitonnée pour plusieurs familles, sur une cuisinière chauffée grâce aux dons de la communauté. Dehors, nouvelle série de bombes. Les autres écarquillaient les yeux sur mon butin, mais ne se sentaient pas le courage de poursuivre le pillage dans la caserne de police. D'ailleurs, entre-temps, elle aura été complètement vidée.

Quelques heures plus tard. Environ 18 heures, redescendue à la cave. J'ai pu dormir un peu, j'avais pris une belle biture après avoir vidé la bouteille de bourgogne avec la veuve. En me levant, j'ai été prise de vertige, un goût amer dans la bouche, j'ai eu de la peine à m'y retrouver tout de suite dans ce monde souterrain, éclairé par les flammes vacillantes de la lampe à pétrole. Jusqu'à ce que je voie des gens cavaler dehors et les entende réclamer des sacs : « En avant, ils ont trouvé des patates là-bas dans les hangars ! »

J'y cours... avec la veuve. L'ennemi avait justement pris une pause, il faisait relativement calme. Ce qui explique sans doute le brusque va-et-vient dans les rues généralement désertées sur le coup de midi. Deux femmes viennent de passer en poussant un tonneau calé dans une voiture d'enfants, ça sent la chou-croute. Des jeunes et des vieux, même très vieux, courent comme des fous en direction des hangars. La veuve et moi avions empoigné tous les seaux qu'on avait pu trouver, deux chacune. Le chemin était jonché de patates écrasées et de carottes pourries, il suffisait de suivre la trace. Devant les marches de pierre à l'entrée du hangar, comme une flaque de sang. Effrayée, je recule, mais la veuve rit : « C'est de la confi-ture ! » Et c'est bien cela : la confiture aussi on l'embarque dans des tonneaux.

Nous nous frayons un passage dans le couloir grouillant de monde, trébuchons sur des marches glissantes, atterrissons en bas dans les pommes de terre pourries et puantes. À la lueur des petites ampoules qui pendent au plafond, nous remuons la bouillie avec les mains et les chaussures, raflons ce qui nous semble encore utilisable. Nous délaissons les carottes et les choux-navets tout glaiseux et remplissons nos seaux de pommes de terre. Nous apercevons un sac à moitié rempli ; sans deman-der à qui il appartient, nous le traînons sur les escaliers, dans la rue, à la maison jusqu'au premier étage.

Tout autour, ça pétarade et ça gronde de nouveau, mais per-sonne ne s'en soucie, la fièvre du pillage les a tous gagnés. Nous sommes immédiatement retournées sur les lieux, cette fois nous avons rapporté des seaux remplis de briquettes de charbon. Tout autour de nous la meute, qui se précipite et ramasse.

Maintenant, c'est au tour du pillage des magasins aban-donnés. Un homme, il faudrait plutôt dire un « monsieur » aux cheveux blancs, a fait main basse sur un tiroir plein de boîtes de savon en poudre. Sur le tiroir, il est inscrit : « riz ».

Nous remontons au premier et nous nous installons sur le canapé. Nos bras sont perclus, nos jambes toutes tremblantes. Les vitres, celles qui restent, vibrent légèrement. Par les battants des fenêtres cassées souffle un petit vent chaud, mêlé d'une odeur de brûlé. Parfois un *bouououm* dont l'écho s'étire longuement du côté des canons de la défense antiaérienne. Puis un *bang*! Coup très bref sur une peau de tambour : le tir des batteries lourdes des Aryens. Et tout au loin, parfois, un très rapide *crac-boum crac-boum*, accompagné de hurlements et d'aboiements. J'ignore ce que c'est. La veuve prétend que ça vient des « orgues de Staline », chez les Russes. Au demeurant, les Russes n'ont pas déployé leur tapis jusqu'ici, ils ne lancent que des bombes isolées.

Finalement, nous sortons à deux pour nous rendre au magasin du coin, le seul qui fonctionne encore, et pour voir ce qu'il en est de la farine à pudding dans laquelle la bombe est tombée hier. En effet, il y a encore des clients, et en effet la vente se poursuit. La fameuse farine porte une étiquette avec un prix en pfennigs, 38 je crois. Le commerçant, qui est propriétaire du magasin et y habite, ne voulait pas en démordre : chaque client devait lui remettre le montant exact en pfennigs, n'avait qu'à demander à gauche et à droite qui avait de la monnaie, et changer. En pleine fusillade ! On ne voit ça que chez nous. Nous nous sommes donc lancées dans la gueule du loup à la recherche de pfennigs.

Histoire de nous changer les idées, nous sommes allées voir derrière le coin, chez le boucher ; je n'étais pas encore allée chercher ma ration de viande. Eh bien oui, là aussi la vente se poursuivait, il y avait une bonne douzaine de personnes dans le magasin et plus de marchandise que nécessaire à ce moment-là. Nous avons donc reçu de beaux morceaux, des filets de porc, et bien pesés.

En sortant du magasin, nous avons vu passer un camion qui transportait des troupes allemandes ; avec des miroirs rouges, c'est donc la défense antiaérienne. Ils roulaient en direction de la ville, s'éloignaient de nous pour rejoindre le centre. Les hommes étaient assis en silence, regardaient fixement devant eux. Une femme les a interpellés : « Vous foutez le camp ? » Pas de réponse. Nous nous sommes regardées en haussant les épaules. Puis la femme a dit : « Après tout, ce sont de pauvres diables. »

À l'époque, je me faisais constamment la remarque suivante : mon sentiment, le sentiment de toutes les femmes à l'égard des hommes, était en train de changer. Ils nous font pitié, nous apparaissent affaiblis, misérables. Le sexe faible. Chez les femmes, une espèce de déception collective couve sous la surface. Le monde nazi dominé par les hommes, glorifiant l'homme fort, vacille — et avec lui le mythe de l'« Homme ». Dans les guerres d'antan, les hommes pouvaient se prévaloir du privilège de donner la mort et de la recevoir au nom de la patrie. Aujourd'hui, nous, les femmes, nous partageons ce privilège. Et cela nous transforme, nous confère plus d'aplomb. À la fin de cette guerre-ci, à côté des nombreuses défaites, il y aura aussi la défaite des hommes en tant que sexe.

Plus tard, dans la cave, l'ingénieuse communauté du repas du soir. Petits tableaux domestiques paisibles, limités à un mètre carré par ménage. Ici des tranches de pain beurré accompagnées de thé, là de la purée de pommes de terre. Stinchen extrait un cornichon du bocal, tenant bien comme il faut couteau et fourchette. Son crâne blessé est proprement pansé. La femme du libraire demande : « Puis-je vous verser à boire ? — Oui, merci beaucoup, madame », susurre le Schmidt des rideaux.

On recouvre d'un linge la cage du canari. Le soldat qui a déserté vient nous annoncer que les Russes progressent vers le cinéma. Notre coin est déjà exposé au feu des petits calibres. Pas d'uniformes dans notre cave, ordonne l'ex-soldat, sinon nous tomberons sous le joug de la loi martiale et serons donc exécutés selon les règles de la cour martiale.

Palabres échangées à propos des nouvelles lues dans le petit *Panzerbär*. Il y aurait effectivement deux armées en marche vers Berlin pour lever le blocus. Schörner en provenance du sud, une autre en provenance du nord. Treuenbrietzen, Oranienburg et Bernau seraient bientôt libérés.

Et nous ? Sentiments très partagés, frisant l'effroi. « Ça y est, la fête va commencer, et on sera en plein dedans ! Est-ce qu'on devra rester des mois ici sous terre ? De toute façon, on est perdu. Si ça ne marche pas du côté d'Ivan, ce sont les Américains qui arriveront du ciel. Et avec leur tapis... Dieu miséricorde ! Nous serons enterrés dans notre cave. »

Une nouvelle vient de tomber de la rue : le Volkssturm a battu en retraite, Ivan progresse dans notre direction. Les Allemands ont mis leur artillerie en batterie au coin de la rue, leurs tirs résonnent et vibrent jusque dans notre abri. Pendant ce temps, six femmes sont assises en cercle autour d'une petite table et la veuve tire les cartes à la liquoriste. Elle s'y connaît vraiment : « Sur le petit chemin se trouve une déception en rapport avec votre mari. » (Le mari, qui fait toujours la sentinelle dans sa fabrique, en compagnie d'Elvira la rouquine.)

Je vais aller me coucher. Je m'en réjouis. Journée remplie à ras bord. Bilan : je me sens bien, fraîche et d'attaque, en ce moment, la peur s'est presque évanouie. Mon cerveau est parcouru par des élans d'ardeur et de rage. Dos perclus, pieds fatigués, l'ongle d'un pouce cassé, la lèvre tailladée par le verre est en feu. Une chose est certaine : vaincre la mort rend plus fort !

Post-scriptum : vu dans la rue. Un homme qui tirait une charrette à bras, sur la charrette une femme morte, raide comme une planche. Mèches grises soulevées par le vent, tablier de cuisine bleu ; les longues jambes maigres, dans des bas gris, dépassaient comme des piques à l'arrière de la charrette. Personne ou presque ne prêtait attention. Comme avant, pour l'enlèvement des ordures ménagères.

Vendredi 27 avril 1945,
jour de la catastrophe, raz-de-marée,
écrit le samedi matin

Ce fut d'abord le silence. Une nuit trop calme. Vers minuit, Mlle Behn annonça que l'ennemi avait progressé jusqu'aux jardins ouvriers et que le front allemand était à deux pas...

J'ai mis longtemps à m'endormir, testais en pensée mes connaissances du russe, tentais de me rappeler les expressions que je croyais pouvoir être bientôt utiles. Aujourd'hui, pour la première fois, j'ai brièvement raconté aux gens de la cave que je connaissais un peu de russe et que, parmi la douzaine de contrées ratissées dans mes jeunes années, se trouvait la Russie d'Europe.

Mon russe est élémentaire, c'est le langage utilitaire, piqué à gauche et à droite. En tout cas, je sais compter, dire la date et lire les lettres de l'alphabet. Tout me reviendra vite maintenant que je vais m'exercer. J'ai toujours eu des facilités pour les langues. J'ai fini par m'assoupir en comptant en russe.

J'ai dormi jusqu'à 5 heures du matin. Puis j'ai entendu quelqu'un rôder dans l'entrée. C'était la libraire, elle venait de l'extérieur, elle me saisit la main, et chuchota : « Ils sont là. »

« Qui ? Les Russes ? » J'avais peine à ouvrir les yeux.

« Oui. Ils viennent d'entrer par la fenêtre chez les Meyer » (le magasin de vins et de spiritueux).

Je me suis habillée, coiffée, tandis que la femme répandait la nouvelle dans l'abri. En quelques minutes, toute la cave était debout.

Je montai à tâtons l'escalier de derrière jusqu'au premier, avec l'intention de cacher nos victuailles, si ce n'était déjà fait. Je prêtai l'oreille à la porte de derrière, fortement endommagée et désormais impossible à verrouiller. Tout était silencieux, la cuisine était vide. Je rampai sur les genoux jusqu'à la fenêtre. La rue, plongée dans la lumière grisâtre de l'aube, était sous le feu, on entendait le claquement et le sifflement des balles.

Les canons russes antiaériens à quatre tubes viennent de tourner le coin — quatre girafes de fer ; longs cous menaçants, hauts comme des tours. Deux hommes remontent la rue à pas lourds : dos larges, vestes de cuir, bottes de cuir jusqu'aux genoux. Des automobiles arrivent et s'arrêtent le long du trottoir. Les pièces d'artillerie crépitent dans la faible lueur du matin. Les pavés résonnent et vibrent. Par les vitres brisées, une odeur d'essence pénètre dans la cuisine.

Je suis redescendue à la cave. Nous avons pris le petit déjeuner comme dans un cauchemar. Malgré cela, j'ai ingurgité plusieurs tranches de pain, au grand étonnement de la veuve. J'avais des picotements dans l'estomac. Comme quand j'étais écolière et que j'avais un devoir de mathématiques à faire — malaise et anxiété, et l'envie que tout soit fini au plus vite.

Puis, la veuve et moi sommes remontées ensemble. Dans son appartement, nous avons épousseté, balayé, frotté et récuré avec l'eau de la dernière fois. Dieu seul sait pourquoi nous nous donnions tant de mal. Probablement pour dégourdir nos membres ou bien, une fois de plus, pour oublier l'avenir et trouver refuge dans le présent qui, lui, se laisse saisir.

De temps en temps, nous rampions jusqu'à la fenêtre. Dehors, interminable train des équipages. De grosses juments, avec leurs poulains entre les pattes. Une vache qui meuglait d'une voix de basse pour qu'on la traie. Ils installent déjà leur cuisine roulante dans le garage d'en face. Pour la première fois nous distinguons des gens, des visages : des types aux crânes larges et massifs, tondus, bien nourris, insouciants. Aucun civil à la ronde. Dans les rues, les Russes sont encore entre eux. Mais, dans les soussols, ça chuchote et ça tremble. Qui arriverait jamais à représenter ceci : le monde souterrain de la grande ville, qui se dissimule dans la peur. Une vie tapie dans les profondeurs, éclatée en minuscules cellules qui ignorent tout les unes des autres.

Dehors, ciel bleu et sans nuages, lumière vive.

À l'heure de midi — la Hambourgeoise et moi venions d'apporter la seconde marmite de soupe d'orge mondé, préparée pour tout le petit peuple dans le fournil du boulanger — le premier ennemi trouva le chemin de notre cave. Une sorte de paysan aux joues bien rouges, qui clignait des yeux en inspectant nos gens à la lueur de la lampe à pétrole. Il entra d'un pas hésitant, s'avança d'un mètre ou deux dans notre direction.

Battements de cœur. Les plus craintifs lui tendent leur assiette de soupe encore pleine. Il fait non de la tête et sourit, toujours sans dire un mot.

C'est là que j'ai prononcé mes premières paroles en russe, d'une voix rauque, soudain enrouée : « *Chto vy jelaïetïe ?* » (Que désirez-vous ?)

L'homme se retourne, me lance un regard stupéfait. Je comprends qu'il ne s'y attendait pas. On dirait que cela ne lui est jamais arrivé qu'une « muette » l'apostrophe dans sa propre langue. *Niemze*, à peu près : « les muets », c'est ainsi que les Russes appellent les Allemands dans le langage courant. Cela remonte probablement à l'époque de la Hanse, il y a cinq cents ans, quand les commerçants s'adressaient à eux sans parler, uniquement par des signes, pour troquer à Novgorod et ailleurs des étoffes et de la dentelle contre des fourrures et de la cire.

Quoi qu'il en soit, ce Russe-là ne réagit pas à ma question ; il secoue simplement la tête. Je poursuis en lui demandant s'il veut manger quelque chose. Sur quoi il ricane et dit en allemand : « Schnaaaps ».

Du schnaps? Tout le monde fait non de la tête, d'un air désolé. Ici, en bas, il n'y a pas d'alcool. Et si on en a encore, on l'a bien caché. Notre Ivan repart bredouille, cherche la sortie dans le labyrinthe des couloirs et des cours.

Dans la rue, les soldats s'affairent avec entrain. Deux, trois autres femmes et moi nous nous risquons à mettre le nez dehors, contemplons toute cette animation. Sous notre porte cochère, un jeune gars astique sa moto, un engin allemand de la marque Zundapp, quasi neuf. Il me tend son chiffon, m'incite par des gestes à poursuivre le nettoyage. Quand je lui dis en russe, en riant même, que je n'ai pas envie, il me regarde d'un air étonné et rit à son tour.

Sur la chaussée, des Russes ont enfourché des bicyclettes fraîchement volées. Ils s'apprennent mutuellement à rouler, se tiennent aussi raides sur leur selle que Susi, la femelle chimpanzé du zoo, et vont heurter des arbres, puis pouffent de rire comme des enfants.

Je sens certaines angoisses s'évanouir. Après tout, les Russes ne sont aussi « que des hommes », et il serait facile de les tenir en haleine, de les dévoyer ou de nous en débarrasser, avec nos ruses et nos stratagèmes de femmes.

Sur tous les trottoirs, des chevaux pimpants, qui font leurs crottins. Forte odeur d'écurie. Deux soldats me demandent où se trouve la pompe la plus proche, leurs bêtes ont soif. Je les guide à travers les jardins jusqu'à la pompe, éloignée d'un quart d'heure de marche. Leur ton est enjoué, leur physionomie bienveillante. Pour la première fois, j'entends ces questions qui, par la suite, reviendront sans cesse : « Vous avez un homme ? » Si l'on dit oui, ils demandent où il est. Si l'on dit non suit immanquablement la question de savoir si l'on accepterait d'« épouser » un Russe. Et ça se termine toujours par de grossières tentatives de flirt.

Au début, ils me tutoyaient tous les deux. Je leur ai dit que je n'aimais pas ça, que moi je ne les tutoyais pas. Nous avons pris le chemin vert et dépeuplé. Les projectiles de l'artillerie traçaient leurs arceaux par-dessus nos têtes. Les lignes allemandes sont à dix minutes devant nous. Plus aucun avion allemand en vue, c'est à peine si l'on perçoit encore le bruit de leur défense antiaérienne. Plus d'eau courante, plus d'électricité, plus de gaz, plus rien du tout. Sinon des Ivan.

Nous rentrons avec les seaux d'eau. Les chevaux s'abreuvent sous le regard satisfait des deux hommes. Je flâne un peu dans les parages, bavarde avec un Russe ou l'autre. Midi passe, le soleil brûle presque aussi fort qu'en été. Quelque chose de bizarre plane dans l'air, difficile à définir, quelque chose de mauvais et de menaçant. Plusieurs types promènent furtivement leurs yeux sur moi, échangent des regards. L'un d'eux, un jeune homme petit et jaune, puant l'alcool à plein nez, se lance dans une conversation, veut m'attirer dans la cour, exhibe deux montres-bracelets sur son avant-bras poilu, me promet de m'en offrir une si je veux bien...

Je bats en retraite dans le couloir qui conduit à la cave, me penche pour voir dans la cour intérieure, me dis que j'ai réussi à le semer, quand soudain le revoilà à côté de moi. Il se faufile à mes trousses jusqu'à la cave. Il titube de poutre en poutre, éclaire de sa torche toutes les têtes, une bonne quarantaine, le faisceau lumineux s'attarde sur le visage de plusieurs femmes.

La cave se fige. Ils sont tous médusés. Personne ne bouge, personne ne parle. On retient son souffle. Le faisceau lumineux fait halte sur la jeune fille de dix-huit ans, Stinchen, étendue dans une chaise longue, la tête enveloppée du bandage d'un blanc éclatant. Menaçant, le Russe pointe son doigt vers la jeune fille et questionne en allemand : « Quel âge ? »

Personne ne répond. La fille reste étendue, comme pétrifiée. Le Russe vocifère derechef, sur un ton à la fois bourru et furibard : « Quel âge ? »

Je m'empresse de répondre en russe : « C'est une étudiante, elle a dix-huit ans. » Je voudrais ajouter qu'elle est blessée à la tête, ne trouve pas les mots et m'en sors finalement en recourant au terme internationalement connu *kaputt* : « Tête *kaputt*, les bombes. »

Suit alors un aparté entre l'homme et moi, un échange de paroles précipitées, de questions et de réponses qu'il serait inutile de transcrire, parce qu'elles n'avaient pas de sens. Ça tournait autour de l'amour, de l'amour vrai, de l'amour passionné, et qu'il m'aimait, et si moi je l'aimais, et si on allait s'aimer lui et moi. « Peut-être », dis-je en me dirigeant progressivement vers la porte. Le type se laisse prendre au piège. Le petit peuple de la cave, toujours terrorisé, ne comprend pas une once de ce qui est en train de se passer.

Je badine avec mes mains qui virevoltent, parviens à peine à sortir quelques palabres tant mon cœur bat. Je fixe l'homme dans les yeux, ils sont noirs et je m'étonne de la couleur jaune, ictérique de ses globes oculaires. Nous voilà bientôt dehors, empruntons le couloir plongé dans la pénombre, je trottine à reculons devant lui, il s'y perd dans ce labyrinthe, il me suit. Je chuchote : « Là-bas. Là-bas, très bien. Personne. » Encore trois pas, deux marches — et nous voilà dans la rue, dans la lumière éblouissante du soleil de midi.

Je cours aussitôt à la rencontre de mes deux valets d'écurie qui sont en train d'étriller leurs canassons. Je leur montre mon poursuivant : « Ah ça, c'est un type dangereux, ah ah ah ! » Le garçon me lance un regard empoisonné et s'éclipse. Les panseurs de chevaux rient. Je bavarde un peu avec eux et par la même occasion, je me remets de mes émotions. Mes mains retrouvent leur calme.

Tandis que je papotais dehors, notre cave était échenillée de ses montres par d'autres héros qui ne s'en prenaient plus aux femmes. Plus tard, j'ai vu maint Ivan équipé de toute une collection de montres sur les deux avant-bras — cinq ou six pièces qu'ils comparaient, remontaient, remettaient à l'heure, animés d'une joie à la fois maligne et puérile.

Notre coin est devenu un bivouac. Le train des équipages investit maintenant les magasins et les garages. Les chevaux mâchent leur avoine et leur foin, ils sont cocasses avec leurs têtes qui dépassent par les vitrines brisées. Il y a une sorte de soulagement dans l'air : bon, eh bien oui, foutues les montres. « Voïna kaputt », comme disent les Russes ; pour nous, la guerre est kaputt, finie. La tempête a sifflé par-dessus nos têtes et nous a épargnés, nous sommes du côté abrité du vent.

C'est ce que nous pensions.

Vers 18 heures, c'est reparti. Un type a fait irruption dans la cave, un grand gaillard, complètement bourré, il agitait son revolver et mit le cap sur la liquoriste. Celle-là et pas une autre. Il lui fit traverser toute la cave avec son revolver pointé dans le dos, la poussait en direction de la porte. Elle se défendait, agitait les mains dans tous les sens, hurlait — quand soudain le coup est parti. La balle siffla entre les poutres, alla se ficher dans le mur sans causer de dégâts. Là-dessus, panique générale, et tous de sauter en l'air, de crier... Le héros du coup de feu, apparemment surpris lui-même, s'éclipsa par les couloirs latéraux.

Vers 19 heures, j'étais en haut chez la veuve, à manger tranquillement la purée du soir, quand la plus jeune du concierge a fait irruption en criant : « Descendez vite, vous devez leur parler en russe, ils sont encore là à courir derrière Mme B. » Une fois encore la liquoriste. Elle est, de loin, la plus grosse de nous toutes, avec sa poitrine généreuse et opulente. On entend déjà dire partout qu'ils sont après les grosses. Gros égale beau, parce que ça fait plus femme, c'est plus différent du corps de l'homme. Chez les peuples primitifs, les grosses étaient vénérées comme symboles de l'abondance et de la fertilité. Aujourd'hui, il leur faudrait chercher longtemps ici dans le pays. Les femmes plus âgées, jadis bien replètes, sont aujourd'hui, pour la plupart, horriblement ratatinées. Il est vrai que la liquoriste n'a pas connu la misère. Tout au long de la guerre, elle a toujours eu quelque chose à troquer. Voilà qu'elle doit payer pour sa graisse injustement conservée.

Arrivée en bas, je la vois dans l'entrée de la maison, tremblante et gémissante. Elle avait quitté la cave à toute allure, avait pu fausser compagnie aux types. Maintenant, elle a peur de regagner l'abri, et tout aussi peur de monter les quatre étages jusque chez elle, à cause des tirs d'artillerie du côté allemand. Elle craint aussi que les hommes ne la poursuivent jusqu'en haut. Elle s'agrippe à mon avant-bras, si fort qu'on peut voir la trace de ses ongles sur ma peau, et elle m'implore de l'accompagner chez le « commandant » pour lui demander une escorte, une forme ou l'autre de protection. Je ne sais pas ce qu'elle va imaginer.

J'interpelle un homme qui passe et qui a des étoiles sur les épaulettes, je tente de lui expliquer l'angoisse de la femme, remarque au passage que le mot « angoisse » me fait défaut. Il nous congédie d'un signe impatient de la main : « Mais non, personne ne vous fera rien, rentrez chez vous. » La femme en sanglots finit par remonter chez elle, toute chancelante. Je ne l'ai plus revue, elle sera sans doute restée tapie là-haut. Et c'est tant mieux. L'appât était trop gros.

À peine suis-je remontée que la fille du concierge, de toute évidence devenue messagère attitrée, regrimpe dare-dare chez nous. Encore des hommes dans la cave. Cette fois, ils s'en prennent à la boulangère qui, elle aussi, s'est arrangée pour sauver un peu de sa graisse durant toutes ces années de guerre.

Dans le couloir, je tombe sur le maître boulanger blanc comme sa farine, qui avance en titubant, me tend les mains et bafouille : « C'est à ma femme qu'ils en ont... » Sa voix se brise. L'espace d'un instant, j'ai l'impression de jouer dans une pièce de théâtre. Il est impossible qu'un bourgeois, maître boulanger, bouge son corps de cette manière, imprime à sa voix des accents sortis tout droit du cœur, se mette ainsi à nu, se montre déchiré, toutes choses que je n'ai observées jusqu'ici que chez les grands acteurs.

Dans la cave. La lampe à pétrole s'est éteinte, sans doute faute de combustible. À la lueur vacillante d'une chandelle bricolée avec du carton bourré de suif (ladite « chandelle de Hindenburg »), je reconnais le visage blême de la boulangère, ses lèvres tressaillent... Trois Russes se tiennent debout, à côté d'elle. Tantôt c'est l'un qui la tiraille par le bras quand elle gît dans sa chaise longue, tantôt c'est l'autre qui l'y repousse en lui assénant des coups, quand elle tente de se redresser. Comme si ce n'était qu'une marionnette, une chose.

Pendant tout ce temps, échange volubile entre les trois hommes ; apparemment ils se chamaillent. J'ai de la peine à comprendre, ils parlent un dialecte. Que faire ? « Commissaire », bredouille le boulanger. Commissaire, ce qui signifie : quelqu'un qui a son mot à dire. Moi... me revoilà dans la rue maintenant, plongée dans le calme et la paix du soir. Le feu des tirs et le rougeoiement des incendies sont loin. Je tombe justement sur l'officier qui vient de répudier la liquoriste, je l'aborde dans mon russe le plus courtois, implore son aide. Il comprend, fait la grimace. Il hésite et finit par me suivre à contrecœur.

Dans la cave, c'est toujours le silence et la torpeur. Comme s'ils étaient tous pétrifiés, hommes, femmes et enfants. L'un des trois types de la boulangère s'est taillé. Les deux autres sont toujours à ses côtés et continuent de se disputer.

L'officier se mêle à la conversation, sans donner d'ordre, il leur parle d'égal à égal. Je saisis à plusieurs reprises l'expression *Ukas Stalina* — le décret stalinien. Décret qui semble préciser que « ce genre de choses » ne devrait pas se passer. Mais, bien sûr, cela se passe tout de même, comme me le fait entendre l'officier en haussant les épaules. L'un des deux admonestés se met à le contredire. Son visage grimace de colère : « Quoi ? Et les Allemands, ils n'ont rien fait à nos femmes ? » Il vocifère : « Ma sœur, eh bien ils l'ont... » et ainsi de suite, je ne comprends pas tous les mots, mais bien le sens général.

L'officier s'adresse de nouveau à l'homme furieux, mais d'un ton calme. Ce faisant, il se dirige progressivement vers la porte de la cave, les deux autres sont bientôt dehors avec lui. La boulangère interroge d'une voix rauque : « Ils sont partis ? »

Je fais signe que oui mais, par mesure de prudence, je sors vérifier dehors dans le couloir sombre. C'est là qu'ils m'attrapent. Ils m'y guettaient tous les deux.

Je crie, je hurle... Derrière moi, j'entends claquer la lourde porte de la cave.

Un des deux types agrippe mes poignets et me traîne à travers le couloir. Maintenant, c'est au tour de l'autre de me tirailler, en plus, il colle sa main à ma gorge tant et si bien que je ne parviens plus à crier, que je m'abstiens de crier, de peur d'être étranglée. Tous les deux s'emparent de moi, me jettent à terre. Quelque chose tombe de la poche de ma veste avec un bruit de cliquetis. Ce sont sans doute les clés de la maison, mon trousseau de clés. Je me retrouve la tête couchée sur la dernière marche de l'escalier, sens dans mon dos les dalles froides et humides. En haut, j'aperçois l'un des deux qui monte la garde près de la fente de la porte par laquelle tombe un rai de lumière, pendant que l'autre arrache mes sous-vêtements, force son chemin avec violence...

Je tâte le sol de la main gauche jusqu'à ce que je retrouve le trousseau de clés. Je le tiens bien serré entre mes doigts. De la main droite, je tente de repousser l'agresseur, mais en vain, il a déjà déchiré mon porte-jarretelles. Tandis que j'essaie de me redresser, chancelante, le second se jette sur moi, me plaque au sol avec ses poings et ses genoux, maintenant c'est à l'autre de faire le guet, il chuchote : « Vite, vite... »

J'entends alors des voix russes. Soudain, il fait clair. On a ouvert la porte. De l'extérieur arrivent deux, trois Russes, la troisième silhouette est celle d'une femme en uniforme. Ils se mettent à rire. Le deuxième type, dérangé, s'est remis d'un bond sur ses pieds. Ils sortent tous les deux avec les trois autres, me laissent là, étendue sur le sol.

Je me suis redressée en prenant appui sur la marche, j'ai rassemblé mes affaires, me suis glissée le long du mur jusqu'à la porte de la cave. Sur ces entrefaites, on l'avait verrouillée de l'intérieur. Et moi : « Ouvrez, je suis seule, ils sont partis ! »

Enfin, les deux leviers de fer se soulèvent. À l'intérieur, les gens de la cave me dévisagent. Je me rends seulement compte maintenant de quoi j'ai l'air. Mes bas sont tombés sur mes chaussures, mes cheveux sont tout défaits, je tiens encore en main les lambeaux de mon porte-jarretelles.

Je me mets alors à gueuler : « Bande de salopards ! Deux fois violée, et vous claquez la porte, et vous me laissez croupir là comme un tas de merde ! » Je tourne les talons pour m'en aller. Derrière moi, c'est d'abord le silence, puis ça éclate. Ça cause, ça crie, ça se chamaille, ça gesticule dans tous les sens. Enfin, une décision tombe : « Nous irons tous chez le commandant et lui demanderons sa protection pour la nuit. »

En définitive, une petite troupe de femmes, accompagnées de quelques hommes, sort dans la pénombre du soir et l'air tiède qui sent le feu, et traverse la rue en direction du pâté de maisons où le commandant a installé ses quartiers.

Dehors, c'est le silence, les tirs se sont tus. Là-bas, sous le porche, des silhouettes sont couchées sur le sol, des Russes. L'un d'eux se redresse à l'approche de notre groupe. Un autre marmonne : « Bah, ce ne sont que des Allemands », puis se détourne. Dans la cour intérieure je demande à voir le commandant. Une silhouette se détache du groupe d'hommes rassemblés devant la porte à l'arrière du bâtiment : « Oui, que désirez-vous ? » Un grand gaillard aux dents blanches, type caucasien.

Mais il se contente de rire de mes balbutiements et du minable petit peloton qui vient lui faire part de ses doléances. « Allons, ça ne vous a certainement pas fait grand mal. Nos hommes sont tous sains. » Et il rejoint tranquillement les autres officiers, nous les entendons rire sous cape. Je déclare à la sombre petite escorte que « ça ne sert à rien ».

On repart — le peloton se retire dans sa cave. Je n'ai pas envie, plus envie de voir toutes ces gueules, je monte au premier, chez la veuve, elle est aux petits soins pour moi, comme

64

pour une malade, elle parle à voix basse, me caresse, m'observe, au point que ça devient gênant. Moi, tout ce que je veux, c'est oublier.

Je suis allée dans la salle de bains, me suis déshabillée, me suis lavée pour la première fois depuis des jours, autant que j'ai pu avec le peu d'eau qui restait, me suis brossé les dents devant le miroir. Et voilà que sans bruit, comme un fantôme, surgit soudain un Russe dans l'encadrement de la porte, pâle et délicat. Il me demande en allemand à voix basse : « Où... s'il vous plaît... la porte ? » Manifestement, il s'est fourvoyé dans notre appartement. Moi, clouée au sol et en chemise de nuit, je lui indique, sans mot dire, le chemin de la porte d'entrée qui donne sur la cage d'escalier. Et lui là-dessus, poliment : « Merci ! »

Je me précipite dans la cuisine. C'est bien ça, il a pénétré par la porte de derrière. L'armoire à balais, avec laquelle la veuve l'avait condamnée, a été poussée. La veuve remonte justement de la cave par l'escalier de derrière. Ensemble, nous barricadons de nouveau la porte, mais cette fois bien solidement. Nous édifions un échafaudage de chaises et venons y coller le lourd buffet de la cuisine. Ça tiendra, déclare la veuve. Elle verrouille la porte d'entrée, comme toujours, à double tour. Nous nous sentons presque en sécurité.

Une minuscule flammèche danse sur le suif de la chandelle de Hindenburg. Elle projette au plafond nos ombres grandies. La veuve a déménagé ma literie qui était dans la salle à manger et l'a installée sur son lit. Pour la première fois depuis long-temps, nous n'avons pas baissé les stores d'occultation. À quoi bon ? Dans cette nuit de vendredi à samedi, il n'y aura plus d'attaques aériennes, pas pour nous qui sommes déjà russes. La veuve s'assied près de moi sur le bord du lit, elle est en train d'ôter ses souliers quand... vacarme, fracas.

Pauvre porte de derrière, pitoyable fortification ! Ça tape, ça cogne, les chaises valsent sur les dalles. On entend des pas qui se précipitent, des hommes qui se bousculent, des voix rudes et grossières. Nous nous regardons. Une fissure dans le mur qui sépare la cuisine de la salle à manger laisse entrevoir une lueur vacillante. Maintenant, les pas sont dans le vestibule. Quelqu'un est en train d'enfoncer la porte de notre chambre.

Un, deux, trois, quatre types. Tous lourdement armés, mitrail-lette à la hanche. Ils nous jettent un rapide coup d'œil, à nous, les deux femmes, sans dire un mot. L'un d'eux traverse aussitôt la pièce jusqu'à l'armoire, ouvre les deux tiroirs, y farfouille, les referme brutalement, dit quelque chose d'un ton méprisant et sort à pas lourds. On l'entend fureter dans la pièce voisine qu'occupait jadis le sous-locataire de la veuve, avant de devoir rejoindre le Volkssturm. Les trois autres restent là sans rien faire, chuchotent entre eux, m'examinent à la dérobée. La veuve s'est rechaussée en toute hâte, elle marmonne qu'elle va monter chercher de l'aide dans les autres appartements. La voilà partie. Aucun des hommes ne la retient.

Que faire ? D'un coup je me sens follement ridicule dans ma chemise de nuit rose bonbon avec ses petits rubans, assise là sur mon lit, devant ces trois gaillards étrangers. Je n'y tiens plus, il faut que je dise quelque chose, que je fasse quelque chose. Je sors donc une fois encore en russe mon : « *Chto vy jelaïetïe ?* »

Ils se tournent alors vers moi. Trois faces ahuries, et les questions commencent : « Comment connais-tu le russe ? »

Et moi d'y aller de ma petite rengaine, d'expliquer que j'ai traversé la Russie, en dessinant, en photographiant, et ci et ça. Les trois guerriers s'installent maintenant dans les fauteuils, déposent leurs armes et étendent leurs jambes. On échange des paroles, n'importe quoi, moi je ne cesse de tendre l'oreille vers le vestibule, j'attends que la veuve rapplique avec les troupes de secours annoncées, les voisins. Mais je n'entends rien.

Entre-temps, le quatrième gars revient jeter un coup d'œil et se replie ensuite avec le soldat numéro trois dans la cuisine. Je les entends farfouiller dans la vaisselle. Les deux autres papotent tout bas, apparemment ils ne veulent pas que je comprenne. Atmosphère bizarre et retenue. Il y a du gaz dans l'air, mais quand va-t-il exploser ?

La veuve n'est toujours pas là. Assise sous ma couette, je tente de relancer la conversation avec les deux types installés dans les fauteuils, mais ça ne donne rien. Regards obliques. On dirait qu'ils hésitent à faire quelque chose. Maintenant, ils devraient s'y mettre, j'ai lu ça dans les journaux, quand on en avait encore : dix fois, vingt fois, que sais-je ? J'ai de la fièvre. J'ai le visage en feu.

Les deux autres, dans la cuisine, crient quelque chose. Ceux des fauteuils se lèvent comme à contrecœur, avancent lentement pour répondre à l'appel. Tout doucement, je me glisse hors du lit, tends l'oreille un instant en direction de la cuisine où l'on semble boire. Me faufile dans le vestibule tout noir, avance à pas de loup sur mes pieds nus, saisis au passage mon manteau pendu à un crochet et l'enfile par-dessus ma chemise de nuit.

J'ouvre prudemment la porte d'entrée. Comme la veuve est sortie, la porte n'est pas fermée à clé. Je tends l'oreille dans la cage d'escalier plongée dans le silence et l'obscurité totale. Rien. Aucun bruit, aucune lumière, nulle part. Où la veuve a-t-elle bien pu aller ? Au moment où je veux grimper l'escalier, un type qui me suivait sans bruit m'empoigne par-derrière.

Énormes pattes, odeur de schnaps. Mon cœur s'emballe, bat la chamade. Je murmure, j'implore : « Un seul, s'il vous plaît, s'il vous plaît, rien qu'un seul. Vous si vous voulez, mais chassez les autres. »

Il me promet à voix basse et me porte dans ses deux bras, comme un paquet, à travers le couloir. Je ne vois pas lequel des quatre ça peut être, ni à quoi il ressemble. Dans la pièce de devant, toute noire, où presque toutes les vitres ont volé en éclats, il me dépose sur le sommier dépouillé de sa literie, celui de l'ancien sous-locataire. Il lance ensuite quelques bribes de phrases à travers le corridor, en direction de la cuisine, ferme la porte derrière lui et se couche à côté de moi dans le noir. J'ai horriblement froid, j'implore et je supplie de me laisser retourner dans le lit installé à côté. Il refuse, semble craindre que la veuve ne revienne. Au bout d'une demi-heure seulement, comme tout semble calme, il accepte de déménager.

J'entends l'arme automatique cliqueter au pied du lit ; l'homme a pendu son béret au pommeau du montant. Entre-temps, la chandelle de suif a continué de brûler toute seule. Petka, c'est le nom du soldat, a une tête de gosse, des cheveux blonds coupés en brosse et en triangle sur le front, au toucher on dirait du velours de canapé. À part cela, c'est un géant, bâti comme une armoire à glace, avec des pattes de bûcheron et des dents blanches. Je suis si fatiguée, si éreintée, je sais à peine où je suis. Petka lambine, il vient de Sibérie, eh oui. Maintenant, il a même ôté ses bottes. J'ai le vertige, seule une moitié de moi est encore là, et cette moitié n'offre plus de résistance, elle s'affale contre le corps dur et costaud, qui sent le savon de soldat. Enfin, le repos, l'obscurité, le sommeil.

À 4 heures du matin, cri du coq, celui du train des équipages. Je suis aussitôt pleinement réveillée, retire mon bras resté sous Petka. Il sourit et découvre ses dents blanches. Se lève d'un coup, m'explique que c'est son tour de garde, mais qu'il reviendra certainement ce soir à 7 heures, très certainement ! En me faisant ses adieux, il manque de me broyer un doigt.

Je suis retournée sous la couverture et j'ai dormi, de quart d'heure en quart d'heure, d'un sommeil extrêmement agité, j'ai même sursauté en entendant crier « à l'aide », mais ce n'était que le coq. Maintenant, c'est la vache qui meugle. Je sors notre réveille-matin du gant dans lequel il est fourré (en fait, le réveil appartient à la veuve, mais c'est comme si je faisais partie du ménage). Par prudence, on l'a mis dans une serviette-éponge et placé sur une planche de l'armoire, bien au fond. Nous y jetons un coup d'œil seulement quand nous sommes seules et en sécurité, nous ne voudrions pas que les Ivan nous le prennent.

Il était 5 heures et je ne parvenais plus à dormir. Je me suis levée, ai refait le lit, poussé chaises et armoires devant la porte de derrière, désormais impossible à verrouiller à cause de la serrure fracassée, ai évacué la bouteille vide que les hommes avaient laissée dans la cuisine et vérifié si nos bouteilles de bourgogne étaient toujours dans l'armoire de la cuisine, cachées dans un vieux seau. Dieu soit loué, ils ne les ont pas trouvées.

Par la fenêtre tombe une lumière d'un rouge grisâtre. Dehors, la guerre fait toujours rage. Coups et grondements sourds, mais au loin. Le front progresse maintenant vers le centre de la ville. Je m'habille, me lave à la sauvette et tends prudemment l'oreille vers la cage d'escalier, plongée dans le silence matinal. Aucun bruit, personne. Si seulement je savais où la veuve est allée se réfugier ! Je ne m'aventure pas à frapper à l'une ou l'autre porte, de crainte d'effrayer les gens.

Je prête de nouveau l'oreille dans les escaliers et j'entends des voix se rapprocher. Je monte quatre à quatre. Les voilà qui viennent à ma rencontre, des femmes, toute une troupe, en tête la veuve qui sanglote à vous fendre le cœur. Elle tombe chancelante dans mes bras, se lamente, m'implore : « Ne m'en veux pas ! » (nous nous tutoyons depuis hier). Autour d'elle, d'autres femmes sanglotent de concert. J'éclate de rire au milieu de tous ces pleurs : « Eh bien quoi ? Je suis vivante, non ? Tout finit par s'oublier ! »

Tandis que nous montons d'un étage pour aller chez les gens de la librairie, la veuve me raconte tout bas qu'elle a d'abord frappé sans succès à plusieurs portes et demandé asile pour elle et moi. On ne lui a ouvert nulle part. Pis encore, chez les postiers haut placés, on a juste entrouvert et grommelé par-dessus la chaînette : « La fille ? Pas question, on ne veut pas s'attirer tous ces gars sur le dos ! » Dans le noir le plus total des escaliers, un type a alors agrippé la veuve et l'a flanquée à terre... C'était encore un enfant, murmure-t-elle ; imberbe, glabre et inexpérimenté... et en disant ça, elle laisse échapper un sourire au beau milieu de son visage inondé de larmes. Je ne sais pas exactement quel âge elle a, elle ne me le dirait sans doute pas. Elle doit avoir entre quarante et cinquante ans, ses cheveux sont colorés. Pour ces gars-là, du moment qu'ils peuvent empoigner un corps dans l'obscurité, une femme, c'est une femme.

Une quinzaine de personnes de l'immeuble sont venues chercher refuge chez le couple de libraires, ils ont tous amené leur literie, se sont installés sur les sofas, à même le sol, partout où il y a de la place. Car dans cet appartement-ci, les portes avant et arrière sont équipées de serrures patentées, avec des tiges de fer qui s'enfoncent dans le sol. En plus de cela, la porte de devant a une armature métallique.

Nous sommes assis là autour d'une table de cuisine étrangère, les yeux enfoncés dans leurs orbites, délavés, cernés par le manque de sommeil. Nous chuchotons, sommes oppressés et respirons mal, avalons le café de malt brûlant (préparé sur un feu alimenté de littérature nazie, comme nous le confie le libraire).

Nous ne quittons pas des yeux la porte de derrière, verrouillée et barricadée, espérons qu'elle tiendra le coup. Affamée, j'ingurgite le pain des hôtes. Et voilà... des pas dans la cage d'escalier, à l'arrière, et ces sons étrangers qui percent jusqu'à nos oreilles et qu'on dirait émis par des brutes épaisses. Silence et torpeur autour de la table. Nous arrêtons de mâcher, le souffle coupé. Les mains se crispent sur les poitrines. Les yeux s'agitent nerveusement dans tous les sens. Puis, dehors, de nouveau le silence, les pas s'éloignent. L'un de nous : « Si ça doit continuer comme ça... »

Pas de réponse. La jeune fugitive de Königsberg, qui est aussi venue se réfugier ici, s'effondre sur la table et nous crie : « Je n'en peux plus! Je vais mettre fin à tout ça! » La nuit passée, elle a dû résister à maintes reprises, là-haut sous le toit, où elle s'était cachée pour échapper à un bataillon de poursuivants. Ses cheveux défaits lui pendent sur le visage, elle n'a envie ni de manger ni de boire.

Nous restons assis là, prêtons l'oreille, attendons. Par-dessus nous les orgues de l'artillerie. Des coups de feu claquent et fusent dans la rue. Il est environ 7 heures quand la veuve et moi redescendons à pas feutrés dans notre appartement, nous aidant prudemment de la rampe. Nous faisons halte devant la porte que j'ai laissée entrouverte, tendons l'oreille, quand soudain elle s'ouvre de l'intérieur.

Un uniforme. Nous sursautons. La veuve s'agrippe à mon bras. Soupir de soulagement... Ce n'est que Petka.

Muette, la veuve nous écoute parler. Au bout d'une minute à peine, c'est à mon tour d'être muette. Petka me regarde tout rayonnant, ses petits yeux bleus scintillent, il me secoue les mains, m'assure que le temps lui a semblé long sans moi, qu'il est accouru aussitôt sa garde terminée et qu'il a fouillé tout l'appartement à ma recherche, qu'il est content maintenant, tellement content de me revoir. Et en disant ça, il me presse, me broie les doigts avec ses pattes de bûcheron au point que je dois retirer mes mains des siennes. Je suis là comme une idiote devant tous ces symptômes évidents, écoute jusqu'au bout toutes les niaiseries de mon Roméo, jusqu'à ce que Petka s'éclipse enfin, non sans me promettre de revenir bientôt, très bientôt, aussi vite qu'il pourra.

Je reste plantée là, bouche bée. La veuve n'a rien compris, mais a pu lire sur le visage de l'homme ce qui lui arrive. Elle secoue la tête : « Oui, tu sais... » Nous sommes toutes les deux déconcertées...

Me voilà maintenant assise à la table de la cuisine, je viens de remplir mon stylo d'encre et j'écris, j'écris, j'écris tout ce qui se bouscule dans ma tête et dans mon cœur. Que va-t-il advenir? Qu'est-ce qui va encore nous tomber dessus? Je me sens poisseuse, je n'ai plus envie de rien toucher, même pas ma peau. Prendre un bain, ou, mieux encore, avoir du vrai savon et beaucoup d'eau. Stop, cessons de rêver.

Une image étrange me vient à l'esprit, une sorte de rêve éveillé que j'ai eu très tôt ce matin quand j'essayais en vain de m'endormir après le départ de Petka. C'est comme si j'étais étendue sur mon lit et qu'en même temps je me voyais couchée là, tandis qu'un être lumineux et blanc sortait de mon corps ; une sorte d'ange, mais sans ailes, qui montait droit comme une flèche. En écrivant, je ressens encore ce sentiment d'envol, d'ascension. Il s'agit bien sûr d'un rêve, d'un rêve de fuite. Mon moi abandonne ce pauvre corps souillé, profané. Il s'en éloigne et s'élève vers de blanches sphères. Il ne faut pas que mon moi soit affecté. Je veux me débarrasser de tout ça. Serais-je en train de perdre la tête ? Non, car en cet instant je la sens froide, et mes mains sont fermes et calmes.

Mardi 1ᵉʳ mai 1945, 15 heures,
retour en arrière :
samedi, dimanche, lundi

Samedi 28 avril, au matin : la dernière fois que j'ai écrit. Depuis, trois jours ont passé, pleins à ras bord de choses folles, de visions, d'angoisses, d'émotions au point que je ne sais plus par où commencer, quoi dire. Nous sommes au fond du trou, tout au fond. Chaque minute de vie se paie cher. La tempête passe par-dessus nos têtes. Des feuilles toutes tremblantes emportées dans un tourbillon, et nous ne savons pas où il nous entraînera.

Une éternité s'est écoulée depuis samedi. Aujourd'hui, c'est mardi, premier mai, et c'est toujours la guerre. Je suis blottie dans le fauteuil de la pièce de devant. En face de moi, étendu sur le lit, M. Pauli, c'est le sous-locataire de la veuve, l'homme du Volkssturm qu'ils ont renvoyé chez lui. Samedi après-midi, il a resurgi à notre grande surprise, avec une grosse motte de 16 livres de beurre sous le bras, enveloppée dans un torchon. Maintenant, il est malade, il souffre de névralgies.

Le vent siffle par les fenêtres calfeutrées tant bien que mal avec des cartons, menace d'en arracher des lambeaux qui claquent comme des voiles dans la tempête et laissent pénétrer par à-coups la lumière du jour. La pièce est plongée tantôt dans la clarté, tantôt dans l'obscurité ; mais le froid y règne en permanence. Je me suis emmaillotée dans une couverture de laine, mes doigts sont engourdis, mais j'écris tandis que M. Pauli dort et que la veuve rôde dans la maison, en quête de bougies.

Des sons russes nous parviennent de la rue. Ivan parle à ses canassons. Ils sont bien plus aimables avec leurs chevaux qu'avec nous, ils prennent une voix douce et chaleureuse, un ton carrément humain. De temps en temps, l'odeur des bêtes s'engouffre par bouffées dans la maison. Des chaînes grincent. Un harmonica joue quelque part.

Coup d'œil par la fenêtre, à travers le carton déchiré. En bas, c'est le bivouac. Sur le trottoir des chevaux, des voitures, des seaux transformés en abreuvoirs, des caisses remplies de foin et d'avoine, du crottin piétiné, de la bouse de vache. Sous le porche d'en face brûle un petit feu alimenté par des débris de chaises. Les Ivan sont assis tout autour, dans leurs vestes ouatinées.

Mes mains tremblent. J'ai les pieds gelés. Hier soir, un obus allemand a fait voler en éclats les dernières vitres. Notre appartement est la proie des vents de l'est. Heureusement que ce n'est pas janvier.

On court dans tous les sens entre des murs percés de trous, on tend l'oreille, on a peur, on serre les dents au moindre bruit. La porte de derrière, que l'on a renoncé à réparer, reste ouverte. Va-et-vient incessant d'hommes qui galopent dans la cuisine, dans le couloir, dans les deux pièces. Il y a une demi-heure, un parfait inconnu, une tête de mule, était là et me voulait, on l'a chassé. Il a crié, menaçant : « Je reviendrai. »

Viol : qu'est-ce que ça veut dire ? Quand j'ai prononcé le mot pour la première fois, vendredi dans la cave, un frisson glacé m'a parcouru le dos. Et maintenant, je suis capable d'y penser, de l'écrire d'une main froide, je dis le mot tout haut pour m'habituer au son. Il évoque le pire, le comble, mais ça ne l'est pas.

Samedi après-midi, vers 15 heures, deux types ont cogné à la porte de devant avec leurs poings et leurs armes, ils vociféraient comme des brutes, tapaient sur les planches à coups de bottes. La veuve a ouvert. Elle tremble toujours pour sa serrure. Deux têtes grises, deux types ivres et titubants. Ils cognent à coups de crosse dans la dernière vitre intacte. Les débris vont s'écraser avec fracas dans la cour. Puis, ils arrachent le store d'occultation qu'ils mettent en pièces, et rouent de coups de pied le meuble de la vieille pendule.

L'un des deux me saisit, me pousse dans l'autre pièce après avoir écarté la veuve de son chemin. L'autre se plante devant la porte d'entrée, tient la veuve en respect, sans mot dire et sans la toucher, en la menaçant de son arme.

Celui qui me pousse est un homme âgé, les poils courts et drus de sa barbe sont gris, il sent le schnaps et les chevaux. Il referme soigneusement la porte derrière lui et, comme il ne trouve pas de clé dans la serrure, il glisse le fauteuil à oreillettes contre le pan. Il semble ne pas voir sa proie. Les coups avec lesquels il la pousse vers le lit n'en sont que plus effrayants. Fermer les yeux, serrer les dents.

Aucun son ne doit sortir de ma bouche. Seulement quand les sous-vêtements sont déchirés, mes dents se mettent involontairement à grincer. Mes dernières affaires intactes.

Soudain un doigt sur mes lèvres, il pue le canasson et le tabac. J'ouvre les yeux. Les deux mains étrangères me desserrent adroitement les mâchoires. Les yeux dans les yeux. Puis, penché sur moi, il laisse tomber lentement, consciencieusement dans ma bouche, la salive accumulée dans la sienne.

Je suis pétrifiée. Aucun dégoût, j'ai seulement froid. Ma colonne vertébrale se glace, mon occiput est pris de vertiges frigorifiants. Je me sens glisser et sombrer, profondément, à travers les coussins et les dalles, m'engloutir dans le sol... voilà ce que c'est.

De nouveau les yeux dans les yeux. Les lèvres de l'étranger s'ouvrent, découvrent des dents jaunes, une dent de devant est à demi cassée. Les commissures se relèvent, il plisse les yeux qui rayonnent de toutes leurs ridules : il est en train de sourire.

Avant de partir, il fouille dans la poche de son pantalon, en sort quelque chose qu'il jette, sans dire un mot, sur la table de nuit, repousse le fauteuil et claque la porte derrière lui. Ce qu'il a laissé : un paquet froissé contenant encore quelques Papirossi. Mon salaire.

En me levant, vertiges, nausées. Mes loques me tombaient sur les pieds. Je traversai le vestibule, zigzaguant devant la veuve en sanglots, entrai dans la salle de bains. Vomissements. Dans le miroir mon visage vert, dans l'évier les morceaux. Je me suis assise sur le bord de la baignoire, sans me décider à rincer l'évier, à cause de l'envie de vomir qui persistait et le peu d'eau restant dans le seau.

Alors je me suis écriée : « Ça suffit ! » et j'ai pris une décision. C'est clair : ce qu'il nous faut ici, c'est un loup qui tienne les loups à l'écart. Un officier, il faut voir haut, un commandant, un général, ce que je trouverai. Sinon, à quoi bon une cervelle et ces rudiments de la langue de l'ennemi ?

Dès que je me suis sentie d'aplomb, j'ai pris un seau et j'ai filé dans la rue. Je me suis baladée dans tous les coins, j'ai inspecté les cours, ai scruté les parages, suis revenue dans la cage d'escalier, toujours à l'affût. J'ai réfléchi à quelques phrases que je pourrais adresser à un officier ; me suis dit que mon teint était peut-être trop vert et mon allure trop minable pour plaire. Physiquement, je me sentais mieux, maintenant que je voulais quelque chose, que je planifiais, que j'agissais et n'étais plus une simple proie réduite au silence.

Durant une bonne demi-heure, rien, c'est-à-dire pas d'étoiles. Je connais mal leurs insignes et leurs grades, je sais seulement que les officiers ont des étoiles sur le béret et portent généralement des manteaux. Mais je ne voyais que des hommes habillés de vert, et des rustres. J'étais déjà prête à laisser tomber pour ce jour-là, j'allais frapper à notre porte d'entrée, quand celle de l'appartement d'en face, délaissé à temps par son locataire, s'ouvrit toute grande. Un étoilé. Grand, cheveux noirs bouclés, bien nourri. En me voyant là avec mon seau, il se met à rire et baragouine : « Toi... femme ? » Je ris à mon tour et lui sors mon meilleur russe. Il est ravi d'entendre parler sa langue. Nous papotons, débitons des fadaises, n'importe quoi, je crois comprendre qu'il est lieutenant. Finalement, nous prenons rendez-vous pour ce soir 19 heures, dans l'appartement de la veuve. Avant cela, il sera de service. Il s'appelle Anatol quelque chose, et est ukrainien.

« Et vous viendrez vraiment ? »

Lui, sur un ton de reproche : « Mais bien sûr, et aussi vite que je pourrai. »

Vers 17 heures, c'est d'abord un autre qui fit son apparition, celui qu'on avait presque oublié : Petka, le garçon de la nuit dernière, Petka avec sa coupe en brosse et ses airs de Roméo bafouilleur. Il a amené deux de ses camarades qu'il nous présente comme étant Gricha et Iacha. Les voilà assis autour de notre table, un peu mal à l'aise, comme des gamins invités chez des gens d'un milieu plus huppé. Seul Petka se comporte comme s'il était chez lui, m'exhibe aux autres avec la fierté avouée d'un propriétaire. Ils se prélassent tous les trois dans les fauteuils, se sentent bien. Iacha pose une bouteille de vodka sur la table. D'un morceau de papier graisseux, une page de la *Pravda* (c'est la première page du journal, hélas un vieux numéro), Gricha sort des harengs et du pain. Avec l'intonation du maître des lieux, Petka ordonne qu'on apporte des verres. Il les remplit, donne un coup de poing sur la table et commande :

« *Vypit nado* », tout boire !

La veuve et moi — et aussi, le sous-locataire renvoyé par le Volkssturm, M. Pauli, qui a resurgi d'on ne sait où il y a une demi-heure — sommes invitées à nous asseoir à la table et à boire avec les garçons. Petka dépose devant chacun de nous une tranche de pain noir et humide, à même la table, et, sans autre forme de procès, coupe les harengs en morceaux sur l'acajou poli ; il les étale sur le pain avec son pouce, tout en nous regardant d'un air radieux, comme s'il s'agissait d'un mets exceptionnel et d'une insigne faveur.

La veuve, tout en émoi, court chercher des assiettes. Gricha est un gars paisible, il arbore en permanence un sourire béat, ses phrases brèves sont prononcées avec une voix de basse, il veille à ce que nous recevions tous la même portion de pain et de harengs. Le petit Iacha au crâne tondu sourit et hoche la tête de tous côtés. L'un et l'autre viennent de Kharkov. Petit à petit, je me suis mise à bavarder avec eux, ai fait l'interprète entre M. Pauli et les Russes. Nous trinquons à notre santé mutuelle. Petka le Sibérien étale bruyamment sa joie.

Je tends régulièrement l'oreille vers la porte et guette l'heure sur la petite montre de dame que Iacha porte au poignet. Anatol, le lieutenant invité à me rejoindre, doit arriver d'un instant à l'autre — je l'attends avec appréhension car je crains la bagarre. Petka est certes fort comme un chêne, toujours bien lavé, mais il est rustre et primaire, pas ce qu'il faut pour me protéger. En revanche, d'un lieutenant on peut espérer qu'il représente une sorte de tabou. Ma décision est ferme. J'aurai bien une idée le moment venu. Je ricane intérieurement, je me sens comme un personnage qui joue son rôle sur une scène. Qu'en ai-je à faire de tous ceux-là ! Je n'ai encore jamais été aussi loin de moi-même, ni aussi aliénée à moi-même. Comme si tout sentiment était mort au-dedans. Seul survit l'instinct de survie. Ce n'est pas eux qui me détruiront.

Sur ces entrefaites, Gricha nous a appris qu'il était « comptable ». Notre Pauli, agent commercial, déclare qu'il est comptable lui aussi. Gricha et M. Pauli ont tous les deux bien bu. Ils tombent dans les bras l'un de l'autre, exultent : « Moi comptable, toi comptable, nous comptables ! » Le premier baiser de fraternisation germano-russe retentit sur la joue de Pauli. Celui-ci est bientôt complètement ivre, débordant d'enthousiasme, il s'écrie : « C'est quand même des types formidables ces Russes, ça respire la force et l'énergie, ces gars-là ! »

Une nouvelle tournée en l'honneur de la comptabilité internationale. Maintenant, même la veuve est allègre et oublie provisoirement que les harengs sont débités sur le bois poli de sa table (aucun des garçons ne prête attention aux assiettes). Je bois très modérément, échange les verres en cachette, tiens à garder toute ma tête pour ce qui va venir. La bonne humeur générale a quelque chose de morbide, surtout pour nous, les deux femmes. Nous cherchons à oublier ce qui s'est passé il y a trois heures.

Dehors, c'est le crépuscule. Iacha et Petka chantent maintenant un air mélancolique, Gricha accompagne en marmonnant les paroles. M. Pauli est aux anges. C'est un peu trop pour lui, ce matin encore il était candidat à la mort dans le Volkssturm jusqu'à ce que les hommes jugent préférable de se disperser et de se renvoyer mutuellement chez eux, faute d'armes et de commandement. Tout à coup, Pauli se met à roter, s'affale et vomit sur le tapis. En un clin d'œil, la veuve et le collègue comptable, Gricha, l'expédient à la salle de bains. Les autres secouent la tête, compatissent... Et là-dessus, M. Pauli disparaît pour le restant de la journée, il s'éclipse dans son lit, dans la pièce à côté réservée au sous-locataire, et ce, pour une période indéterminée, ce qui s'est confirmé par la suite. Un pauvre mollasson ? C'est peut-être son inconscient qui commande cette langueur. C'est son âme qui souffre de névralgies. Ce qui n'empêche que

76

sa seule présence masculine a un effet dissuasif. La veuve ne jure que par lui et ses maigres commentaires sur la situation générale, et elle lui masse le dos.

Le soir tombe, au loin les clameurs du front. Nous allumons la chandelle que la veuve a bricolée et la collons sur une sous-tasse. Faible halo de lumière par-dessus la table ronde. Les soldats vont et viennent, vers le soir, l'animation s'accroît. Ça cogne à la porte d'entrée, ça se bouscule derrière dans la cuisine. Nous n'avons pas peur. Aussi longtemps que Petka, Gricha et Iacha sont assis à notre table, rien ne peut nous arriver.

Anatol est soudain dans la pièce, emplit l'espace de sa présence d'homme. Derrière lui trotte un soldat qui porte une gamelle remplie de schnaps, et un pain noir et rond sous le bras. Tous ces hommes sont vraiment bien nourris, robustes et bien en chair, dans des uniformes propres, rustiques et pratiques, ils ont le geste ample, sont sûrs d'eux-mêmes. Ils crachent dans la pièce, jettent à la ronde leurs longs embouts de cigarettes, balaient de la main les arêtes de poisson, qui tombent sur le tapis, et se vautrent dans les fauteuils.

Anatol nous rapporte que le front se situe désormais au canal du Landwehr, et je ne peux m'empêcher de penser à cette vieille mélopée : « *Es liegt eine Leiche im Landwehrkanal...* », un cadavre gît dans le canal du Landwehr... Beaucoup de cadavres doivent y flotter pour l'instant. Anatol prétend que ces derniers jours, cent trente généraux allemands se seraient rendus. D'une enveloppe de cellophane, il extrait une carte de Berlin, où il nous indique le tracé de la progression du front. C'est une carte très précise, couverte de caractères russes. Curieuse sensation quand, à la demande d'Anatol, je lui indique où se trouve la maison.

Donc, le samedi 28 avril 1945, le front se situe au canal du Landwehr. Au moment où j'écris tout ça, c'est mardi, premier mai. Ça joue de l'orgue et ça fuse par-dessus nos têtes. Les moteurs des avions russes bourdonnent là-haut. De l'autre côté, près de l'école, se dressent les longues rangées d'orgues de Staline que les Russes ont baptisées du tendre nom de *Katiouchas* et auxquelles les soldats ont dédié un chant tout spécial. Les Katiouchas hurlent à la mort comme des loups. Elles ne ressemblent à rien, sinon à des grilles faites de minces tubes verticaux.

Mais elles hurlent, glapissent, poussent leurs cris stridents à nous percer les tympans quand nous sommes tout près et faisons la file pour puiser de l'eau. Sans oublier qu'elles crachent leurs langues de feu en gerbes successives.

Ce matin, je faisais la queue pour l'eau, les oreilles écorchées par les Katiouchas. Le ciel était chargé de nuages rouge sang. Vapeurs et fumées s'élèvent du centre de la ville. Le besoin pressant d'eau nous arrache à nos trous. Ils se traînent de partout, tous ces civils sales et misérables : des femmes au visage gris, vieilles pour la plupart, car les jeunes, on les cache. Des hommes avec une barbe de plusieurs jours, l'avant-bras ceint d'un lambeau de tissu blanc en signe de capitulation — ils sont là et assistent au spectacle des soldats qui remplissent d'eau leurs seaux, l'un après l'autre, pour les chevaux. Car les militaires ont priorité absolue à la pompe, à tout instant, cela va de soi. Aucune contestation sur ce point, bien au contraire : un jour que le bras de la pompe manié par un civil s'était détaché, un Russe l'a aussitôt refixé à l'aide d'un clou.

À la ronde, dans les jardins ouvriers, le bivouac s'est installé sous les arbres en fleur. Les pièces d'artillerie sont mises en batterie au milieu des plates-bandes. Des Russes piquent un roupillon devant les cabanons. D'autres abreuvent les chevaux qui sont retranchés dans les maisonnettes. On découvre, étonné, la multitude de filles-soldats, vêtues de chemisiers militaires et de jupes, coiffées de bérets basques avec insignes, apparemment affectées à des troupes ordinaires, pour la plupart extrêmement jeunes, petites, fermes, et les cheveux plaqués. Elles lavent leurs affaires dans des baquets. Les chemises et les blousons dansent sur les cordes tendues en hâte. Et par-dessus tout, les orgues qui hurlent, tandis qu'une épaisse fumée noire s'étale comme un tapis qui nous masque le ciel.

Ce matin, même chose qu'hier. Aujourd'hui, sur le chemin du retour, j'ai rencontré M. Golz, fidèle au Parti jusqu'au bout. Il a fini par s'adapter. Un Russe passait, il a touché du doigt les barrettes multicolores enrobées de cellophane qu'il portait sur sa poche poitrine et lui a demandé : « Décorations ? » (C'est le même mot en allemand et en russe, m'enseigne-t-il ; il ignore tout de mes quelques connaissances linguistiques.) Il m'a donné un petit cahier, un dictionnaire militaire bilingue allemand-russe. Je l'ai déjà parcouru en entier. Il contient une foule de termes très utiles, comme « lard », « farine », « sel ». D'autres mots importants tels que « peur » et « cave » en sont absents. Le mot « mort », dont je n'avais pas eu besoin pendant mon voyage, me fait souvent défaut dans la conversation. Je le remplace toujours par *kaputt*, que tout le monde comprend et qui sert aussi à traduire d'autres choses. En revanche, le dictionnaire contient des expressions dont nous n'aurions pas l'usage, même avec la meilleure volonté du monde, comme « Haut les mains ! » et « Garde à vous ! » Tout au plus pourrait-il arriver qu'on nous les dise à nous.

Revenons maintenant au samedi 28 avril, dans la soirée. Vers 20 heures, Petka et ses amis ont levé le camp. Ils étaient de service tous les trois quelque part. Petka a bredouillé quelque chose qui voulait dire qu'on se reverrait bientôt, mais en prenant garde que le lieutenant ne l'entende pas. En même temps, il m'a broyé une fois de plus la main tout en cherchant à croiser mon regard.

Par ailleurs, et curieusement, les étoiles de l'officier ne semblaient guère avoir d'effet sur les soldat`. J'étais déçue. Aucun ne se sentait gêné dans ses aises par le grade d'Anatol. Lui, de son côté, n'en prenait pas ombrage, il riait et discutait avec les autres, remplissait leur verre et faisait circuler sa gamelle. La peur me gagne pour ce qui est de mon tabou. La hiérarchie à laquelle nous a habitués la Prusse militaire ne semble pas avoir cours parmi eux. Les étoilés n'appartiennent pas à une couche sociale particulière et ne sont en rien supérieurs à leurs hommes, ni par les origines ni par l'éducation. Ils n'ont pas de code d'honneur particulier non plus et, pour ce qui est de leur attitude envers les femmes, ils sont absolument pareils. Les traditions occidentales de la chevalerie et de la galanterie n'ont même pas effleuré la Russie. Elle n'a connu, pour autant que je sache, ni tournois, ni amour courtois, ni troubadours, ni pages portant les traînes. D'où tiendraient-ils tout cela ? Ce sont tous des paysans. Anatol aussi en est un. Sans doute mes piètres connaissances du russe ne me permettent-elles pas de déduire, à partir du choix des mots et de l'élocution de chaque individu, le métier qu'il exerce ou l'éducation qu'il a reçue, comme je peux le faire pour d'autres langues. Et pourtant, je sens très bien que, dans le fond et malgré leur comportement tapageur, ils sont mal à l'aise avec moi, que ce sont des hommes simples, élevés à la dure, des enfants du peuple.

Quoi qu'il en soit, Anatol est tout au moins un de ces costauds d'un bon quintal, respirant force et vigueur. Peut-être son poids compensera-t-il l'inefficacité de ses étoiles. En tout cas, ma décision n'est en rien ébranlée. Anatol est comme une comète traînant à sa suite une flopée de jeunes gens, des gamins transformés en soldats. Entre-temps, ils ont tous trouvé refuge dans l'appartement abandonné par les tantes-pudding. Parmi eux, un enfant ; petit visage, yeux noirs au regard sévère et concentré — Vania, seize ans. La veuve me prend à part et chuchote que ça pourrait être lui, l'autre nuit sur le palier — il avait la même petite face imberbe, le même corps fluet. Pourtant, chez Vania, rien ne trahit qu'il l'ait reconnue, et sans doute est-ce bien le cas puisqu'il n'a pas vu la femme qu'il a prise avec toute la maladresse d'un gamin, il l'a simplement touchée. Toutefois, j'ai l'impression qu'il sait qui elle est ; car il a dû entendre sa voix, la veuve m'a dit combien elle avait pleuré et supplié. Toujours est-il que Vania suit la veuve comme un petit chien, apporte des verres propres et lave les verres utilisés dans l'évier.

Ce soir-là, j'ai beaucoup bu, je voulais boire beaucoup, me soûler, et j'y suis parvenue. De là les trous de mémoire. Je retrouve Anatol à mes côtés, ses armes et ses affaires étalées autour du lit... Tous ces boutons et toutes ces poches, et tout ce qu'il y a fourré... gentil, attentionné, enfantin... mais né en mai, taureau, taureau... J'étais là comme une poupée, insensible, secouée, traînée de gauche et de droite, une chose en bois... Soudain, quelqu'un se tient dans l'obscurité de la pièce, allume une lampe de poche. Et Anatol d'invectiver l'homme à la torche, il le menace de ses poings, et l'autre disparaît... Ou bien ai-je rêvé ?

Au lever du jour, j'aperçois Anatol debout à la fenêtre, regardant dehors, tandis que la pièce est traversée de lueurs rouges et que des éclairs jaunes font danser le papier peint. J'entends hurler les Katiouchas, ce qui n'empêche pas Anatol de s'étirer et de dire : « *Petukh poiot* », le coq chante. Oui, c'est vrai, entre deux hurlements, en bas, on entend le volatile faire cocorico.

Dès qu'Anatol fut parti, je me suis levée, me suis lavée à la salle de bains avec le peu d'eau qui restait, j'ai récuré la table, balayé les longs embouts de cigarettes, les queues de hareng, le crottin de cheval, ai roulé le tapis et l'ai calé au-dessus de l'armoire. J'ai jeté un coup d'œil dans la pièce voisine où la veuve, cherchant la protection de son sous-locataire, avait installé sa couche sur le sofa, je les ai trouvés tous deux en train de ronfler. Un vent glacial sifflait par les trous des lambeaux de cartons aux fenêtres. Je me sentais revigorée et reposée après cinq heures d'un sommeil de plomb. Un peu mal aux cheveux; mais rien de plus. Encore une nuit dont je suis venue à bout.

J'ai calculé que nous étions dimanche, le 29 avril. Mais dimanche, c'est un mot pour les civils, aujourd'hui il ne veut plus rien dire. Le front ne connaît pas le dimanche.

Dimanche 29 avril 1945,
retour en arrière

Le début de la journée a résonné du bruit cinglant des tirs. En bas, va-et-vient des camions. Des cris, des ordres lancés par des voix bourrues, des hennissements et des grincements de chaînes. La cuisine roulante nous envoie sa fumée par les fenêtres béantes de notre cuisine. Notre fourneau, chichement alimenté de planchettes et de lattes, fume à nous arracher des larmes.

Au travers de toute cette fumée, la veuve me lance : « Dis, au fond, tu n'as pas peur...?

— Tu veux dire... des Russes?

— Oui, c'est-à-dire... Anatol. Un costaud comme lui, un vrai taureau.

— Oh, celui-là, il me mange dans la main.

— Et en plus il va te faire un enfant », ajoute la veuve en attisant le feu.

Ah, nous y voilà! Oui, cela nous pend au nez à toutes. Pourtant, jusqu'ici, ça reste le moindre de mes soucis. Pourquoi? Je tente de l'expliquer à la veuve. Une fois, j'ai entendu un proverbe qui disait : « Aucune herbe ne pousse sur un chemin trop piétiné. » Et comme la veuve trouve que la phrase n'est pas pertinente dans ce cas-ci, j'ajoute : « Je ne sais pas, j'ai l'intime

81

conviction que ce genre de chose ne m'arrivera pas. Comme si je parvenais à me fermer à cela, physiquement parlant, à me barricader contre la dernière chose que je voudrais me voir tomber dessus. »

Cela ne convainc toujours pas la veuve. Son mari était pharmacien, elle s'y connaît. Elle ajoute que, dans son armoire à médicaments pourtant bien fournie, elle n'a malheureusement rien qui puisse servir dans ce cas-là et me protéger.

« Et toi? », lui demandé-je à mon tour.

Pour toute réponse, elle court chercher son sac à main posé sur l'armoire de la cuisine, en sort sa carte d'identité et me la tend, en y pointant du doigt sa date de naissance, avec la même gêne que si elle se déshabillait devant moi. Et, en effet, elle aura cinquante ans cette année, je lui en aurais donné une petite dizaine de moins.

« Voilà au moins une chose qui ne doit plus me préoccuper », dit-elle. Et elle ajoute : « Bah! après tout, nous devons surtout penser dès maintenant chez qui on pourrait aller si ça arrivait tout de même. » Elle a des relations, par l'intermédiaire de son mari, même mort, c'est ce qu'elle m'assure. « Ne t'en fais pas, je trouverai bien, on t'en débarrassera, c'est sûr. » Elle hoche énergiquement la tête tandis qu'elle verse l'eau enfin bouillante sur le café de malt. Et je reste là, comme une idiote, les mains posées sur mon ventre. Mais je demeure persuadée que le seul fait de ne pas vouloir ce malheur y fera obstacle.

Ce qu'il y a de drôle, c'est que les soldats commencent toujours par demander : « Tu as un homme? » Quelle est la réponse la plus efficace? Si l'on dit non, ils deviennent aussitôt gourmands. Si l'on dit oui pour avoir la paix, le questionnement continue : « Où est-il? Il est resté à Stalingrad? » (Beaucoup de nos hommes ont combattu à Stalingrad et portent alors une décoration spéciale.) Si l'homme toujours en vie est présent et qu'on peut le leur faire voir (comme le fait la veuve avec M. Pauli, bien qu'il ne soit que son sous-locataire et rien d'autre), ils font d'abord un pas en arrière. En soi, peu importe ce qui leur tombe sous la main, ça leur est parfaitement égal, ils prennent aussi bien des femmes mariées. Mais ils préfèrent tout de même ne pas avoir l'homme dans les pattes, et veulent donc l'envoyer paître, ou l'enfermer, ou que sais-je? Non pas par crainte. Ils ont bien vu qu'ici aucun mari n'explose aussi facilement. Mais il les dérange, du moins aussi longtemps qu'ils ne sont pas complètement bourrés.

D'ailleurs, je ne saurais quoi répondre à cette question de savoir si j'ai un homme, même en étant honnête. S'il n'y avait pas eu la guerre, Gerd et moi serions mariés depuis longtemps. Mais, après avoir été appelé sous les drapeaux, Gerd a changé d'avis, c'était fini. « Mettre au monde des orphelins de guerre ? Non, pas question, j'en suis un moi-même, je sais de quoi je parle. » Et c'en est resté là, jusqu'à ce jour. Ce qui n'empêche que nous nous sentons aussi liés l'un à l'autre que par un anneau. À la seule différence près que je suis sans nouvelles de lui depuis plus de neuf semaines ; le dernier courrier provenait de la ligne Siegfried. C'est à peine si je sais encore à quoi il ressemble. Toutes les photos ont été détruites dans les bombardements et la seule qui soit restée dans mon sac à main, je l'ai déchirée moi-même, à cause de l'uniforme. Même s'il n'était qu'un simple sous-officier, j'avais peur. Dans toute la maison, on s'est débarrassé de tout ce qui rappelait les soldats et pouvait exciter les Russes. Et tout le monde brûle les livres. Tout au moins nous procurent-ils encore de la chaleur et de la soupe quand ils s'envolent en fumée.

À peine avions-nous ingurgité notre café de malt et quelques tranches du pain du pillage que surgissaient, une fois de plus, les hommes d'Anatol. Pour eux, nous sommes devenues une sorte de restaurant — mais dans lequel les clients apportent leur nourriture. Parmi eux, cette fois, un type bien, ce qu'il y a eu de mieux jusqu'ici : Andrei, adjudant, instituteur de métier. Petit crâne, regard d'un bleu acier, discret et sage. Premiers échanges sur la politique. Pas aussi difficile qu'on pourrait le croire étant donné que tous les vocables politiques et économiques sont d'origine étrangère, et fort semblables aux mots équivalents dans notre langue. Andrei est un marxiste orthodoxe. Il n'impute pas la responsabilité de la guerre à Hitler lui-même, mais au capitalisme qui permet l'apparition des Hitler et accumule le matériau nécessaire à la guerre. Il est d'avis que l'économie allemande et l'économie russe se complètent et qu'une Allemagne édifiée selon des principes socialistes deviendrait le partenaire naturel de la Russie. Toute cette conversation m'a fait du bien, même si je ne maîtrisais pas le sujet aussi bien qu'Andrei — il me suffisait de voir que l'un d'eux me traitait d'égal à égal dans la conversation, sans me toucher en même temps, même pas des yeux, et sans voir en moi la part de femelle qui avait attiré tous les autres jusque-là.

Tout l'après-midi, va-et-vient incessant dans nos pièces. Andrei était assis sur le sofa et écrivait son rapport. Tant qu'il est là, nous nous sentons en sécurité. Il avait apporté un journal de l'armée russe, j'ai pu y déchiffrer les noms familiers des quartiers de Berlin. Il n'y a plus grand-chose d'allemand dans notre ville.

À part cela, ce qui nous gagne en permanence, c'est le sentiment d'être entièrement délaissées et livrées en pâture. Dès que nous sommes seules, le moindre bruit, le moindre pas nous terrorise. La veuve et moi restons collées au lit de M. Pauli comme en cet instant où j'écris. Nous restons calfeutrées des heures durant dans la pièce obscure et glaciale. Les Ivan nous ont poussées au fond du trou. Au sens littéral aussi, d'une certaine manière, car, dans notre maison, il y a encore des habitants qu'ils n'ont pas découverts, des familles qui, depuis vendredi, sont terrées dans la cave et ne dépêchent leur porteur d'eau que tôt le matin. Nos hommes, me semble-t-il, doivent se sentir encore plus sales que nous, les femmes souillées. Dans la queue de la pompe, une femme a raconté ce que lui avait crié un voisin au moment où des Ivan s'attaquaient à elle : « Mais enfin, suivez-les, vous nous mettez tous en danger ici ! » Petite note au bas de la page du déclin de l'Occident.

Ces derniers jours, je suis sans cesse dégoûtée de ma peau. Je n'aime pas la toucher, et j'évite de me regarder. Je repense à ce que ma mère me racontait si souvent du petit enfant que je fus un jour. Un bébé tout blanc, tout rose dont les parents s'enorgueillissaient. Et lorsqu'en 1916 Papa dut partir à l'armée, au moment des adieux à maman sur le quai, il a encore bien insisté pour qu'elle n'oublie jamais de me mettre mon petit bonnet à pointe qui me protégerait du soleil. Visage et cou devaient rester aussi blancs que le lys, ainsi que l'époque et la mode l'exigeaient pour les filles de bonne famille. Tant d'amour, et tant d'histoires autour de ces petits bonnets, thermomètres de bain et autres prières du soir pour l'ordure que je suis devenue.

Revenons-en à dimanche. Difficile de tout se rappeler, dans ma tête c'est la confusion totale. Vers 10 heures, tous nos habitués étaient réunis : Andrei, Petka, Gricha, Iacha, et aussi le petit Vania qui nous rinçait les couverts dans la cuisine. Ils mangeaient, buvaient et dégoisaient. Une fois, Vania m'a déclaré, avec une expression profondément sérieuse sur son visage d'enfant : « Nous autres, êtres humains, sommes tous mauvais, tous. Moi aussi je suis mauvais, j'ai fait le mal. »

Anatol s'est amené avec un phonographe. Où l'avait-il trouvé ? Deux de ses hommes le suivaient avec les disques. Et que nous ont-ils joué, encore et encore, une bonne douzaine de fois, après avoir écouté brièvement le début de presque tous les autres disques qu'ils rejetaient aussitôt ? *Lohengrin* et la *Neuvième*, Brahms ou Smetana ? Non, un disque publicitaire, de ceux qu'on offrait en cadeau chez C&A, la fabrique de textiles du Spittelmarkt, à l'achat d'une grosse quantité de marchandises :

« Allez donc chez C&A, les belles choses sont là-bas... » et ainsi de suite, c'est toute la confection qui y passait, exécutée sur un rythme de fox-trot, et les Ivan de fredonner en chœur dans la meilleure des humeurs, ça leur plaît vraiment.

Le schnaps s'est remis à circuler sur la table. Anatol a soudain son regard lubrique, celui que je connais bien, il chasse bientôt toute la clique sous un prétexte relativement transparent. Même pas de clé pour cette porte. Anatol y plaque le fauteuil à oreillettes. Je ne peux m'empêcher de repenser à ce que la veuve et moi nous sommes dit ce matin, devant le fourneau, je me raidis comme un bout de bois, me concentre les yeux fermés, sur le non.

Il repousse le fauteuil et dégage la porte quand la veuve demande à entrer avec la soupière. Et tandis que la veuve et moi prenons place à table, et que même M. Pauli arrive clopin-clopant de la pièce d'à côté, rasé de près et les mains soignées, dans son peignoir de soie... pendant ce temps-là, donc, Anatol est affalé en travers du lit, les jambes toujours chaussées de ses bottes pendouillant au chevet, les boucles noires en bataille. Il dort et dort et dort, le souffle lent et apaisé.

Anatol a dormi comme un enfant trois heures durant, seul avec nous, ses trois ennemis. Même quand il dort, nous nous sentons plus en sécurité que seuls, il est notre rempart. Son revolver est dans son étui, il est sans doute en train de scier du bois. Pendant ce temps-là, dehors, c'est la guerre, le centre de la ville fume, les balles sifflent.

La veuve va chercher la bouteille de bourgogne du pillage, celle que j'ai trouvée à la caserne de la police, et elle nous sert du vin, mais dans des tasses à café, au cas où les Russes feraient irruption. Nous parlons tout bas pour ne pas réveiller Anatol. Cela nous fait du bien d'être ainsi ensemble, dans un sain rapport d'amitié et de courtoisie, nous jouissons de ce moment paisible, et ne souhaitons qu'une chose : nous faire du bien l'une à l'autre. L'âme reprend des forces.

Anatol s'est réveillé vers 4 heures et nous a quittés en trombe pour aller s'acquitter d'une obligation de service quelconque. Peu de temps après, coups sourds sur la porte de devant. J'en tremble, mon cœur bat la chamade. Dieu soit loué, il ne s'agit que d'Andrei, l'instituteur au regard bleu acier. À sa vue, nous voilà rayonnantes, la veuve soulagée lui saute au cou. Il nous sourit.

Conversation intéressante, non plus sur la politique, mais sur l'humanité. Andrei professe qu'il est adversaire « de ce genre de choses », tandis que son regard gêné m'évite ; il ajoute que dans la femme, il voit la camarade et non le corps. C'est un fanatique, ses yeux vont se perdre au loin tandis qu'il parle ainsi. Il est absolument convaincu de l'infaillibilité de son dogme.

J'en suis venue à me demander si le fait de connaître un peu le russe était un bonheur ou un malheur. D'un côté, cela me confère une certaine assurance qui fait défaut aux autres. Ce qu'ils perçoivent comme des sons animaux, des cris inhumains résonne à mes oreilles comme du langage humain — la langue mélodieuse, richement structurée d'un Pouchkine et d'un Tolstoï. Ce qui ne m'empêche pas d'avoir peur, très peur, toujours peur (un peu moins depuis qu'Anatol est là) ; mais quand je m'adresse à eux, c'est d'être humain à être humain, et je suis capable de distinguer ceux qui sont mauvais de ceux qui sont supportables, je sépare le bon grain de l'ivraie, je sais me forger une image de chacun. Pour la première fois aussi, je prends conscience de ma qualité de témoin. Il y a sans doute peu de gens dans cette ville qui puissent s'entretenir avec eux ; qui ont vu leurs bouleaux, leurs villages, leurs paysans en sandales de raphia, leurs bâtisses qui ont poussé comme des champignons et dont ils sont si fiers — eux qui aujourd'hui ne sont pas plus reluisants que moi, malgré leurs bottes de soldat. En revanche, les autres, ceux qui ne comprennent pas leur langue, ont la tâche plus facile. L'envahisseur leur demeure étranger, ils peuvent creuser un fossé plus profond entre eux et lui, et se convaincre que ce ne sont pas des hommes, rien que du bétail, des bêtes sauvages. J'en suis incapable. Je sais que ce sont des hommes comme nous ; peut-être sont-ils encore à un stade d'évolution inférieur parce que le peuple est plus jeune et plus proche de ses origines que nous. Les Teutons ont dû se comporter de la même manière quand ils ont envahi Rome et se sont emparés des Romaines vaincues, de ces femmes au parfum subtil, à la chevelure savamment coiffée, aux pieds et aux mains soignés. La situation du vaincu, c'est toujours le paprika sur la viande...

Il devait être 18 heures quand nous avons entendu soudain crier dans la cage d'escalier. Coups convenus et insistants à notre porte : « On a pillé les caves ! » Andrei, assis sur le sofa, opine du bonnet. Il était au courant depuis quelques heures déjà, nous dit-il, et il nous conseille de descendre tout de suite pour vérifier nos affaires.

En bas, c'est le chaos total : cloisons enfoncées, serrures arrachées, valises éventrées et piétinées. Nous trébuchons sur le fourbi des autres, foulons aux pieds du linge encore fraîchement repassé. À la lueur d'un bout de chandelle, nous découvrons notre coin, agrippons l'une ou l'autre chose au passage, des serviettes, une pièce de lard pendue à sa ficelle. La veuve se plaint de ne pas voir la grande malle dans laquelle elle avait rangé ses plus beaux effets. Elle retourne une valise trouvée dans le couloir et s'applique à la remplir des quelques affaires qu'elle a pu récupérer. Elle ramasse avec les mains de la farine répandue sur le sol, et la déverse dans la valise comme si elle avait perdu la tête. À la lumière vacillante des bougies, les voisins farfouillent à droite et à gauche. Cris stridents et lamentations. Des plumes de couette tourbillonnent dans l'air empli d'une odeur de vin répandu et d'excréments.

Nous remontons. Chargées de notre barda. Apparemment, ce pillage attriste Andrei. Il tente de nous consoler, dit que tout a peut-être été mis sens dessus dessous et dispersé, mais n'a pas pour autant disparu; d'après lui, les cambrioleurs ne cherchaient à coup sûr que de l'alcool. Vania, l'enfant, entre-temps réapparu lui aussi, fixe la veuve de ses grands yeux noirs et lui promet d'un air sérieux, moitié en allemand, moitié en russe, que demain matin il nous accompagnera en bas, à la lueur du jour, et restera à nos côtés jusqu'à ce que nous ayons retrouvé tout ce qui nous appartient.

La veuve pleure, secouée par les sanglots, elle se remémore chacune des affaires que contenait la malle : le tailleur chic, la robe de tricot, les bonnes chaussures de marche. Moi aussi, je me sens complètement abattue. Nous sommes déchus de nos droits, nous sommes devenues des proies, de la merde. Notre rage se déverse sur Adolf. Questions inquiètes : où est le front? Quand viendra la paix?

Tandis que nous parlons à voix basse tout près du lit que M. Pauli a réintégré aussitôt après le repas de midi, Andrei, réuni avec ses hommes dans la pièce à côté, tient un conseil de guerre autour de la table d'acajou. Quand, soudain, les battants de toutes les fenêtres s'ouvrent et claquent avec une violence inouïe, projetant tous les morceaux de carton à travers la pièce, une déflagration me propulse contre la paroi d'en face. Crissements, nuages de plâtras, dehors un mur s'effondre... Comme nous l'ont rapporté des voisins une demi-heure plus tard, un obus allemand est tombé sur la maison voisine, blessant plusieurs Russes et tuant un cheval. Le lendemain matin, nous avons découvert l'animal dans la cour intérieure : sa viande soigneusement séparée du reste, étendu sur un drap maculé de sang, avec, à ses côtés, sur la terre rouge et trempée, la fressure graisseuse des viscères.

Comment s'est passée la soirée qui a suivi, cela m'échappe pour l'instant. Sans doute avec du schnaps, du pain, des harengs, des conserves de viande, la copulation, Anatol. Oui, ça me revient : toute une troupe de Russes, en partie connus, en partie inconnus, autour de notre table. Ils n'arrêtaient pas de sortir leurs montres, de comparer l'heure avec celle de Moscou, qu'ils avaient emportée avec eux, et qui est d'une heure en avance sur la nôtre. L'un d'eux avait une grosse montre paysanne de poche, objet vénérable de marque, provenant de

Prusse-Orientale, avec un cadran bombé et d'un jaune d'huile. Pourquoi sont-ils ainsi à l'affût des montres? Il ne s'agit pas de la valeur qu'elles représentent; sinon ils lorgneraient tout autant sur les bagues, les boucles d'oreilles, les bracelets qu'ils laissent de côté dès qu'ils peuvent dégotter une montre. Probablement est-ce dû au fait que là-bas, dans leur pays, il n'est pas donné à tout le monde de pouvoir se procurer une montre. Il faut déjà être quelqu'un, représenter quelque chose avant de pouvoir mettre la main sur l'un de ces bracelets-montres tant convoités, autrement dit avant que l'État n'en fasse cadeau. Et voilà qu'ici les montres poussent partout comme des radis en quantité inimaginable et suffisante pour que chacun puisse en cueillir à sa guise. Chaque montre nouvelle signifie, pour son propriétaire, un accroissement de pouvoir. Chaque montre qu'il pourra offrir ou attribuer là-bas augmentera le poids de sa personne. C'est sans doute ça. Car ils sont incapables de faire la distinction entre les montres de valeur et les autres. Ce qu'ils préfèrent, ce sont les petites bricoles comme les chronomètres, ou les cadrans rotatifs protégés par des étuis de métal. Ils raffolent des cadrans décorés de petites images en couleur.

Je voyais les mains de tous ces hommes posées sur notre table et ressentis soudain du dégoût. Elles étaient là, toutes nues devant moi — j'imaginais tout ce qui pouvait y coller. Là-dessus une bonne rasade de schnaps, ils s'exclament « *vypit nado* », dès que je porte le verre à mes lèvres, et fêtent chacune de mes gorgées comme un acte valeureux. Cette fois, outre le schnaps, du vin rouge, sans doute chipé dans une cave. Une chandelle, collée sur une sous-tasse, diffusait sa lueur vacillante et projetait sur le mur le dessin de leurs profils slaves.

Pour la première fois, un tour de table de discussions véritables, entamées par au moins trois grosses têtes : tout d'abord Andrei, l'instituteur et joueur d'échecs au regard bleu acier; réservé comme toujours, il s'exprime sans élever la voix. Puis un Caucasien, nez crochu et œil de faucon. « Je ne suis pas juif, je suis géorgien », m'avait-il déclaré en guise de présentation. Extrêmement érudit, il cite à tour de bras, en vers et en prose, fait preuve d'une remarquable éloquence et est aussi leste qu'un fleurettiste. Le troisième cerveau est lui aussi nouveau. Jeune lieutenant frais émoulu, tout juste blessé ce soir par un éclat d'obus, le tibia enveloppé de bandages de fortune, il clopine en s'appuyant sur un alpenstock allemand décoré de toute une série de petits écussons touristiques, issus des endroits les plus connus du massif du Harz. Le lieutenant a les cheveux blonds très clairs et le regard sombre. Son ton est sardonique. Il déclare : « Moi, qui suis un homme intelligent... », là-dessus le Caucasien l'interrompt : « On est ici plusieurs à être intelligents, par exemple la petite *niemka* » (autrement dit : moi).

Discussion sur les causes de la guerre, qu'ils imputent au fascisme, à sa structure même qui pousse à la conquête. Hochant la tête, ils font entendre qu'à leur avis l'Allemagne n'aurait pas eu besoin de guerre du tout — n'est-ce pas un pays riche, bien équipé, cultivé, même maintenant en dépit des dégâts? Ils s'étendent sur la phase ratée du capitalisme naissant dont la révolution russe a recueilli l'héritage, puis sur le capitalisme tardif, évolué, riche, mais évolué aussi dans la pourriture, et qu'ils croient reconnaître chez nous. S'appuyant sur des arguments plus hésitants, et soudain très circonspects, ils insistent sur le fait que leur pays n'en est encore qu'au début d'une grande évolution et qu'il ne faut le juger et le comparer que dans la perspective de son avenir...

L'un d'eux attire l'attention sur les meubles qui nous entourent (style 1800) et y voit le témoignage d'une culture supérieure. Ils en viennent finalement au thème de la « dégénérescence » et sont en désaccord pour savoir si nous, Allemands, sommes dégénérés ou non. Ils prennent plaisir au jeu; les arguments fusent de part et d'autre, Andrei dirige calmement la joute de main de maître.

Les débats sont entrecoupés des réparties pernicieuses du blond, du blessé qui s'en prend à moi personnellement. Railleries et dérision à propos des projets de conquête de l'Allemagne, de sa défaite. Les autres ne lui emboîtent pas le pas, s'empressent de changer de sujet, lui reprochent ses propos, font montre d'un tact de vainqueurs.

Anatol fait irruption au beau milieu des palabres, il bâille, épuisé par les obligations de service. Il s'installe avec les autres, s'ennuie très vite. Tout cela le dépasse. Il vient de la campagne. Il m'a raconté que, dans son kolkhoze, il était responsable du lait, quelque chose comme un gérant de laiterie. Et moi, là-dessus : « Ah, très intéressant. » Lui : « Bah, ça peut aller, tu sais, toujours du lait, rien que du lait... » Soupirs. Au bout d'une demi-heure de présence, il s'est retiré, abandonnant le terrain aux beaux parleurs.

À côté, M. Pauli dormait toujours. La veuve avait une fois de plus installé sa couche provisoire à proximité de son lit. À part cela, la situation est claire : droit d'entrée pour les amis de la maison, si l'on peut dire, ainsi que pour les hommes introduits par Anatol. Droit de passer la nuit uniquement pour le chef de tribu, Anatol. Par ailleurs, je suis devenue véritablement taboue, du moins pour l'instant. Qu'adviendra-t-il demain ? Nul ne le sait. Anatol est réapparu vers minuit ; la table ronde s'est clôturée presque automatiquement. C'est le blondinet qui est sorti en dernier, clopin-clopant, me toisant d'un regard mauvais en signe d'adieu muet.

Trous de mémoire. Ai de nouveau bu énormément, oublié les détails. Au lever du jour, ce lundi, conversation avec Anatol et petit malentendu. Moi je lui dis : « Tu es un ours » (je connais le mot, *miedvied,* c'est le nom que portait un restaurant russe bien connu dans la Tauentzienstrasse).

Là-dessus, Anatol, pensant probablement que je confondais les mots, me reprend patiemment, comme s'il parlait à un enfant : « Non, c'est faux. Un *miedvied* c'est un animal. Une bête brune qui vit dans la forêt, qui est grande et qui grogne. Moi, je suis un *tcheloviek,* un homme. »

Retour à lundi, 30 avril 1945

Lever du jour, mêlé de gris et de rose. Le froid souffle par les fenêtres béantes, goût de fumée dans la bouche. Revoilà le chant du coq. Cette heure matinale est à moi seule. J'époussette, balaie les paquets de cigarettes vides, les arêtes de poissons et les miettes de pain, efface les anneaux laissés par les verres de schnaps sur la table. Puis modeste toilette dans la salle de bains, avec le contenu de deux tasses d'eau. Mes moments de plus grand bonheur se situent entre 5 et 7 heures du matin, quand la veuve et M. Pauli dorment encore, si tant est bien sûr que le mot bonheur convienne dans ce cas-ci. C'est un bonheur tout relatif. Je rapièce et ravaude un peu, et savonne l'une de mes deux chemises. À ces heures-là, nous savons qu'aucun Russe ne fera intrusion.

Dès 8 heures, va-et-vient habituel par la porte de derrière, toujours ouverte. Toutes sortes d'hommes qu'on ne connaît pas. Brusquement, en voilà deux qui s'affairent autour de moi et de la veuve, nous pressent, essaient de nous agripper, aussi avides que des renards en chasse. Généralement, un des soldats que nous connaissons arrive à la rescousse et nous aide à les balancer dehors. J'ai vu comment Gricha, en prononçant le nom d'Anatol, créait l'effet tabou désiré. Je suis très fière d'avoir réussi à dompter l'un de ces loups, le plus fort de la horde sans doute, pour tenir le reste de la bande à l'écart.

Vers 10 heures, nous sommes montées chez les libraires ; une douzaine de résidents sont toujours retranchés derrière les très performantes serrures de sécurité. Petits coups convenus frappés à leur porte et nous nous glissons parmi eux ; une réunion de colocataires va débuter.

Des hommes et des femmes dans tous les coins. Il ne m'a pas été facile de reconnaître tout de suite les gens de la cave. Certains ont considérablement changé. Presque toutes les femmes ont soudain les cheveux gris ou des mèches blanches ; elles n'ont plus l'occasion de se les faire teindre. Les visages, eux aussi, sont différents, vieillis, délabrés.

Nous nous installons en toute hâte autour de la table, craignant que ce « rassemblement » n'attire l'attention des Russes et soit mal interprété. À un rythme endiablé, aussi vite qu'il m'est donné de parler, je communique tout ce que je sais de nouvelles pour les avoir lues dans les journaux russes ou apprises des Russes eux-mêmes, surtout d'Anatol et d'Andrei : Berlin encerclée ; toute la banlieue occupée, quelques combats seulement qui se poursuivent autour du jardin zoologique et de Moabit ; des généraux arrêtés en masse ; Hitler serait mort, mais on n'en sait pas plus ; Goebbels se serait suicidé ; Mussolini aurait été abattu par les Italiens ; les Russes ont atteint l'Elbe, y ont retrouvé les Américains et ont fraternisé avec eux.

Ils écoutaient avidement, pour eux tout était nouveau. J'ai jeté un coup d'œil autour de moi, questionné la Hambourgeoise sur sa fille, Stinchen au crâne bandé. Et la réponse prononcée avec les « S » sifflants m'apprend que la jeune fille de dix-huit ans est allée s'installer dans la soupente de l'appartement, et qu'elle passe là, sous le plafond de la cuisine, toutes ses nuits et la plus grande partie des journées. Les Russes ignorent tout de nos soupentes. Ils n'ont pas ce type d'alcôve bizarre dans leurs maisons. Avant, on y casait les valises ; et avant cela encore, on dit que les bonnes y logeaient la nuit. Maintenant, c'est donc notre Stinchen qui végète à l'étroit dans ce réduit mal aéré, avec sa literie, son pot de chambre, son eau de Cologne. Et dès que des pas se font entendre ou que résonne le moindre bruit suspect, nous déclare la mère, elle referme aussitôt la porte de son antre. En tout cas, Stinchen est toujours vierge.

Nous redescendons à tâtons. Notre maison est désormais celle des soldats. Elle est pleine de l'odeur des chevaux, jonchée de mottes de crottins ramenées ici par les semelles des hommes. Ils ne se gênent pas, les vainqueurs. Ils pissent contre les murs, où ça leur plaît. On trouve des flaques d'urine sur les paliers, en bas dans le vestibule. Ce qui veut dire qu'ils n'agissent pas autrement dans les demeures abandonnées, laissées à leur merci.

Dans la cuisine se tenait, raide comme une sentinelle, Vania l'enfant, il nous attendait, armé de sa mitraillette et prêt à intervenir. Avec son regard de chien fidèle, il nous offrit son escorte jusqu'à la cave. Nous revoilà parties dans le noir. Nous descendons. Dans le vestibule arrière, quelques Russes prolongeaient leur nuit, couchés dans de la vraie literie qu'ils avaient récoltée ici ou là. Dans le cagibi, sous l'escalier en colimaçon, l'un d'eux, étendu par terre, nous bloquait le passage, une petite flaque s'écoulait de lui. Il finit par se bouger en grognant, obéissant aux coups de pied de Vania. Vania, du haut de ses seize ans, est déjà sergent et prend son grade très au sérieux. Andreï m'a raconté qu'il avait été employé comme travailleur étranger dans une propriété agricole de Prusse-Orientale et avait rejoint les combattants des troupes russes qui progressaient, à la suite de quoi quelques actes de bravoure lui avaient valu de grimper rapidement les échelons de la hiérarchie.

Dans la cave, nous avons fouillé à gauche et à droite, à la recherche des affaires de la veuve. Affaires que moi je ne connais pas et que la veuve semblait ne pas tout à fait vouloir reconnaître non plus, car elle saisissait plutôt tout ce qui lui semblait bon à prendre. À la lueur combinée du jour terne qui tombait par les soupiraux et de la torche de Vania, nous avons récolté des pommes de terre, des oignons et avons aussi fait main basse sur des bocaux de légumes stérilisés, restés intacts sur une étagère.

Un type aux yeux bridés s'est alors approché, s'est mis à nous débiter des cochonneries, entremêlées de mots allemands. Là-dessus Vania dépasse le type et lance en l'air : « Ça va, ça suffit ! » Et l'homme aux yeux bridés de décamper.

Repas de midi. Nous avons encore des vivres en abondance. En comparaison des maigres repas que je m'offrais là-haut dans la petite cantine solitaire de ma mansarde, on peut dire que maintenant je me remplis la panse. Fini les orties, en revanche de la viande, du lard, du beurre, des pois, des oignons, des conserves de légumes. Sur son lit de souffrance, M. Pauli bouffe comme quatre. Il n'a commencé à rouspéter qu'au moment où il ingurgitait de la compote de poires et a soudain retiré un long éclat de verre tranchant, coincé entre deux dents. Et moi aussi, j'ai dû en extraire un de ma bouche. Le bocal de compote faisait partie du butin remonté de la cave et s'était cassé.

Dehors, c'est toujours la guerre. Notre nouvelle prière du matin et du soir est désormais : « C'est au Führer que nous devons tout cela. » Phrase qui, pendant les années de paix, exprimait louanges et gratitude sur des panneaux peints ou dans les discours. Maintenant, et bien que la formulation soit restée la même, le sens est inversé, ne trahissant plus que mépris et dérision. Je crois que cela porte le nom de renversement dia-lectique.

Après-midi paisible. Anatol était en route avec ses hommes. Ou plutôt ils discutent d'une fête à organiser pour le 1er Mai. Elle nous fait peur cette fête. Tous les Russes, nous dit-on, rece-vront du schnaps.

Pas d'Anatol. À sa place, le soir, vers 21 heures, est apparu un type assez petit, plus âgé que les autres, marqué par la vérole, les joues tailladées. Battements de cœur. Quelle face ravagée !

Curieusement, pourtant, il s'applique aux bonnes manières, son élocution est impeccable et ses termes choisis. C'est aussi le premier soldat qui m'appelle *grajdanka*, citoyenne — c'est ainsi que les Russes appellent les femmes étrangères que l'on ne peut qualifier de « camarade ». Il s'est présenté comme étant le nouvel adjudant d'Anatol, chargé par lui d'annoncer sa venue pour le repas du soir et de fournir le nécessaire. Ces échanges avaient lieu de part et d'autre de la porte d'entrée, dont je n'avais pas encore retiré la chaînette.

Je l'ai fait entrer, lui ai offert de s'asseoir. Apparemment, il avait grande envie de faire la conversation avec moi. Il sait de toute évidence combien son visage inspire peu la confiance, et s'efforce d'autant plus de plaire par d'autres biais. Il m'a raconté qu'il était originaire du Caucase, d'une région que Pouchkine a fréquentée et qui fut une riche source d'inspiration pour ses œuvres. Je ne comprenais pas tout, il s'exprimait avec beaucoup de recherche, formait de longues phrases alambiquées. Mais quand il prononça le nom de Pouchkine, j'ai quand même pu lui citer quelques titres, comme *Boris Godounov* et *Le Maître de poste*. Je lui ai appris que ce *Maître de poste* avait été filmé en Allemagne, il y a quelques années, ce qui eut l'air de le réjouir. Bref, une véritable conversation de salon, très singulier. Ces gars-là, je ne les connais pas et je suis sans cesse surprise de ce par quoi ils nous surprennent.

Soudain, du bruit et des voix d'hommes venant de la cuisine. Serait-ce Anatol ? Le petit Caucasien pense que non mais se précipite aussitôt avec moi dans la pièce d'où la veuve sort en trombe avec tous les signes de l'effroi, elle hurle :

« Attention, Petka est là ! »

Petka ? Dieu du ciel, oui, il existe encore celui-là. Petka avec ses cheveux en brosse et ses pattes de bûcheron qui tremblaient tant quand il me bredouillait ses pitoyables déclarations à la Roméo.

À trois nous pénétrons dans la cuisine. Une petite chandelle de Hindenburg posée sur le dressoir diffuse sa faible lueur mourante. Une autre lumière vacillante provient d'une torche électrique proche de sa fin, brandie par un Russe que je n'ai pas encore vu. L'autre homme est bel et bien Petka, je le reconnais à sa voix. Depuis avant-hier (oui, en vérité, ce n'était qu'avant-hier), son amour pour moi a viré à la haine. Petka, le Sibérien refoulé, s'avance vers moi dès qu'il m'aperçoit. Les poils du crâne hérissés (son béret est Dieu sait où). Ses petits yeux lancent des éclairs. Il est complètement bourré.

Dans le coin près de la fenêtre se trouve une machine à coudre. Petka agrippe l'objet par le couvercle fermé, le soulève du sol et le projette dans ma direction. Le meuble traverse la cuisine à toute volée et vient s'écraser avec fracas sur les dalles. Je me baisse, crie au petit Caucasien : « Va chercher Anatol ! », cherche refuge derrière le dos de l'autre soldat que je ne connais pas et qui accompagne Petka, l'implore de me protéger de la bête ivre. Maintenant, Petka tape de ses poings nus qui tentent de m'atteindre, mais comme il a du vent dans les voiles, il rate désespérément ses coups. Sans qu'on s'y attende, il souffle la petite chandelle allumée sur le dressoir. Puis, c'est au tour des piles de sa torche de rendre l'âme, nous voilà donc plongés dans le noir. J'entends Petka haleter, son haleine pue l'alcool. En réalité, je n'ai pas peur du tout, trop occupée que je suis à esquiver ses coups, à tenter de lui faire un croche-pied ; je sens autour de moi la présence de mes concitoyens. Tous ensemble, nous réussissons enfin à le manœuvrer vers la sortie, c'est-à-dire la porte de derrière. Derniers soubresauts lumineux de la torche. Nous poussons Petka dans l'escalier en colimaçon, et l'entendons dégringoler plusieurs marches. Dans sa chute, il me crie que je suis mauvaise, une moins que rien — puis bordée des jurons habituels contre la mère.

Une heure du matin, c'est donc déjà mardi, le 1er Mai. J'étais tapie dans le fauteuil à oreillettes, complètement vannée. Le petit adjudant était reparti, vraiment décidé à ramener Anatol. Je tendais l'oreille, dans un demi-sommeil... La veuve et M. Pauli étaient au lit depuis longtemps. Moi, je n'osais pas, j'attendais...

Enfin, des coups frappés à la porte d'entrée. C'est de nouveau le petit adjudant. Cette fois il est chargé de lard, de pain, de harengs et d'une gamelle pleine de schnaps. Titubante de sommeil, je rassemble dans la cuisine assiettes et verres, dresse la table ronde, avec l'aide du petit militaire. Les harengs nettoyés de leurs arêtes sont joliment enroulés. Je bâille, le petit militaire me console : « Anatol ne va pas tarder. »

Et en effet, dix minutes plus tard, il est là, accompagné du sinistre lieutenant blond, qui avance toujours clopin-clopant en s'appuyant sur son alpenstock allemand. Anatol m'attire sur ses genoux, bâille : « Ahhhh, dormir... »

À peine sommes-nous installés tous les quatre à boire et à manger que de nouveaux coups sont frappés. C'est l'un des hommes d'Anatol qui vient le chercher pour les conduire, lui et son adjudant, chez le commandant. On dirait qu'il se passe des choses cette nuit; ou bien est-ce simplement la fête du 1er Mai? Anatol se lève en soupirant et disparaît. Le petit militaire mord une dernière fois à pleines dents dans son pain et son lard, et court derrière Anatol en mastiquant.

Les voilà partis. Reste le sinistre blond. Il est nerveux et clopine dans toute la pièce, accroché à sa canne, se rassied, me toise. La flamme de la chandelle tremblote. J'ai tellement sommeil que je manque de glisser de ma chaise. Tout mon vocabulaire m'est sorti de la tête.

Le blond regarde fixement devant lui. Il dit qu'il veut rester ici. Je veux lui montrer la pièce de derrière. Non, c'est ici, dans cette pièce-ci qu'il veut rester. Je lui installe une couverture sur le sofa. Non, c'est au lit qu'il veut aller, il rechigne, d'une voix monocorde, comme un enfant buté et mort de fatigue. Bien, il aura ce qu'il veut. Je me couche tout habillée, comme je suis, sur le sofa. Non, il faut que je m'étende près de lui, dans le lit. Je n'ai pas envie. Quand je suis sur le sofa, il devient insistant. Je le menace en parlant d'Anatol. Le sinistre blond éclate alors d'un rire grossier : « Il ne reviendra pas cette nuit. »

Je me lève, me précipite dans la pièce, veux aller chez la veuve, à côté, n'importe où. Alors, il cède, accepte de dormir sur le sofa, s'enroule dans la couverture. Là-dessus, je me couche tout habillée dans le lit, me débarrasse uniquement de mes chaussures.

Peu de temps après, je me réveille en sursaut, effrayée, j'entends dans le noir le tapotement régulier de la canne qui s'approche. Le revoilà qui veut s'étendre près de moi. Je suis saoule de fatigue, résiste, balbutie n'importe quoi, n'ai pas envie. Il tient bon, insiste, coriace, sombre, morose. Il bougonne à plusieurs reprises : « Je suis un homme jeune. » Il a tout au plus vingt ans.

En me défendant, je cogne sa jambe blessée. Il pousse un cri, m'injurie, me lance des coups de poing à l'aveuglette. Puis, il se penche hors du lit, cherche quelque chose à tâtons sur le sol. Il me faut quelques minutes pour comprendre qu'il s'agit de sa canne qu'il a laissée par terre, au bout du lit. C'est un gros alpenstock noueux. Il m'en assène un bon coup sur la tête, c'en est trop. Je tente d'agripper ses mains, de l'arracher du bord du lit. Le revoilà qui se presse contre moi. Je lui dis à voix basse : « C'est comme chez les chiens... » Phrase qui a l'air de lui avoir plu, car il la répète, obstinément, sur un ton revêche : « Oui — c'est bien ça — comme chez les chiens — très bon — faire l'amour comme des chiens — faire l'amour comme des chiens... » Entre-temps, épuisés, nous sombrons tous les deux dans un sommeil de quelques minutes, puis il se presse de nouveau contre moi et trifouille... Je suis meurtrie, exténuée, continue de résister sans conviction dans mon demi-sommeil, il a les lèvres toutes froides...

Vers 5 heures, au premier chant du coq, il s'est redressé avec peine, a remonté la jambe de son pantalon et retiré le bandage crasseux de sa chair déchiquetée. Et moi de m'écrier dans un sursaut d'effroi involontaire : « On peut faire quelque chose ? » Il secoue la tête, me fixe un instant... et crache sur le sol au bout du lit, crache son mépris. Puis, il est parti. Un cauchemar qui se dissipait. J'ai encore dormi trois heures comme une masse.

Mardi 1er mai 1945, l'après-midi

C'est dans l'angoisse que nous avons entamé cette journée, dès 8 heures nous nous tenions fin prêts, dans l'attente de choses terribles. Et pourtant, tout a commencé comme à l'ordinaire. En une fois, la cuisine grouillait d'hommes, connus et inconnus. L'un d'eux était revêtu d'une blouse blanche, il se présenta comme étant boulanger et me promit tout bas de la farine et du pain, beaucoup de farine et de pain, si je voulais bien... (mais il ne prononça pas le mot, ce que les autres appellent généralement « aimer » ou même « se marier » ou seulement « dormir », et se contenta d'un regard oblique).

Appels dans la rue qui eurent pour effet de vider en un clin d'œil la cuisine de tous les hommes. Peu après, en bas, ils étaient alignés en deux rangs sous l'érable. Anatol marchait de long en large devant eux, lieutenant dans l'âme, mais un lieutenant sympathique : les mains enfoncées dans les poches de sa veste de cuir, il tenait son discours. Des bribes de phrases montaient jusqu'à moi : « ... 1er Mai... victoire prochaine... faire la fête, mais bien garder à l'esprit le décret du camarade Staline... », etc. Et il accompagnait ses paroles de clins d'œil complices auxquels ses hommes répondaient par des sourires narquois. Andrei sortit des rangs, posa une question et reçut la réponse. Deux ou trois hommes encore levèrent la main comme à l'école, pour demander quelque chose, ils parlaient ouvertement. Aucune trace pour moi de militarisme ou d'autoritarisme. Le camarade lieutenant se comporte en camarade. Pendant la cérémonie, de l'autre côté, près de l'école, les Katiouchas continuent de produire leurs sifflements et de rayer le ciel jaune soufre de leurs longues traînées de feu.

Je me sentais à bout, meurtrie, me déplaçais comme une chiffe molle. La veuve alla extraire son armoire à médicaments de la soupente où elle la tenait cachée, et me tendit une petite boîte en fer-blanc contenant un reste de vaseline.

Je n'ai pu m'empêcher de penser quelle chance j'avais eue jusqu'alors : dans ma vie, l'amour n'avait jamais été une corvée, c'était un plaisir. On ne m'avait jamais forcée et je n'avais jamais dû me forcer. C'était bon, tel que c'était. Aujourd'hui, ce n'est pas « l'excès » qui me met à bout. C'est ce corps abusé, pris contre son gré, et qui répond par la douleur.

Je me remémore cette camarade d'école mariée qui, au début de la guerre, me confia un jour qu'en quelque sorte elle se sentait mieux physiquement depuis que son mari avait été mobilisé, mieux donc que dans leur vie de couple où l'accomplissement de l'union lui avait toujours été pénible et causé de la souffrance, toutes choses qu'elle avait soigneusement cachées à son époux. C'est sans doute ce qu'on appelle être « frigide ». Son corps n'était pas prêt. Et moi, je suis restée frigide durant tous ces accouplements. Il ne peut en être autrement, il ne doit pas en être autrement, car je veux demeurer morte et insensible, aussi longtemps que je suis traitée comme une proie.

Durant l'heure de midi, l'occasion me fut donnée de sauver deux vies humaines. Cela a commencé par l'arrivée d'un Allemand, un homme plutôt âgé que je ne connaissais pas, qui a frappé à notre porte et m'a fait appeler, c'est-à-dire « a demandé la dame qui connaissait le russe ».

Je descends l'escalier à sa suite, hésitante, je l'avoue, car l'homme parlait vaguement d'armes et de fusillade. En bas, je découvris les deux vieux postiers, soupirs de soulagement, quelques hommes d'Anatol, des sous-officiers. (Grâce à l'enseignement élémentaire prodigué par Anatol, je parviens à distinguer les grades avec une certaine précision.) Lui se tenait déjà face au mur, muet, les épaules tombantes, la tête penchée en avant, en pantoufles. Elle avait tourné la tête et n'arrêtait pas de lancer les mêmes petites phrases rapides par-dessus son épaule.

Que s'était-il passé ? Ceci : la petite fugitive, sous-locataire des postiers, qui samedi dernier s'était encore plainte auprès de nous tous, déclarant ne plus pouvoir tenir le coup et menaçant d'en finir, a été surprise dans l'escalier, un revolver dans la poche de son manteau. Sans doute a-t-elle ramené l'objet de chez elle, personne ne sait. Elle avait réussi à s'échapper, avait grimpé les escaliers quatre à quatre et semé ses poursuivants, une fois arrivée dans le labyrinthe des mansardes. Depuis lors, plus aucune trace d'elle. Finalement, on avait fouillé de fond en comble tout l'appartement des postiers et, ô stupeur, fini par découvrir une photo sur laquelle la jeune fille apparaissait aux côtés d'un soldat SS. Ils ont la photo ici, en bas, ils me la montrent, je dois confirmer qu'il s'agit bien de la fille de Königsberg. L'homme SS est sans doute son fiancé ou peut-être son frère : ils ont la même grosse tête.

Et voilà que les Russes, après avoir pris les deux vieux en otage, menacent de les fusiller sur-le-champ s'ils ne ramènent pas la fille, s'ils ne disent pas où la fille est allée se cacher.

Dans un premier temps, j'attire l'attention sur un malentendu. Les Russes semblent avoir pris les deux vieux pour les parents de la jeune fille. Ils en sont encore aux vraies familles, ces hommes-là ; ils ignorent tout de nos maisonnées confuses, réduites à une seule personne ou mêlées au hasard des événements. Quand ils apprennent qu'il s'agit d'étrangers, chez qui la fille était simplement venue loger, ils changent déjà de ton. La vieille femme angoissée, qui, tout au long de nos échanges, ne nous a pas quittés de l'œil, profite maintenant d'une pause pour intervenir et croit servir sa cause en insultant la disparue, en en disant du mal : on leur avait tout bonnement imposé la fille, elle ne leur avait apporté que désordre et tracas, on en avait eu plus qu'assez de sa présence, et plus rien de sa part ne les étonnait... et si elle savait où la fille se cachait, elle le dirait tout de suite, elle n'avait aucune raison de le taire. Et ainsi de suite.

La femme jure qu'elle donnerait la fille tout de suite si elle le pouvait. Et de débiter inlassablement et en tremblant toutes ses sornettes dictées par la peur, tandis que l'homme, lui, reste là, sourd et muet, le visage tourné vers le mur.

Je me remets à parler, je parle et je parle, explique aux Russes que la fille avec son revolver n'avait certainement pas l'intention de tuer les Russes, mais qu'elle voulait plutôt se donner la mort, comme je le lui avais entendu dire moi-même, et qu'il y avait à parier qu'elle se soit déjà tiré une balle dans la tête quelque part — peut-être trouverait-on bientôt son cadavre. (Le mot qui veut dire suicide, *samo-ubiïstvo*, ne se trouve pas non plus dans le dictionnaire allemand-russe des soldats. C'est Andreï qui me l'a appris.)

L'atmosphère se relâchait peu à peu. Je réussis même à tourner les postiers en dérision et à les faire passer pour de parfaits crétins qui n'avaient au fond aucune idée de rien. L'homme avait fini par se retourner. De sa lippe pendante s'écoulaient des filets de salive, comme chez un nourrisson. La femme se taisait, son regard vif et alerte de vieille femme sautait nerveusement des Russes à moi, de moi aux Russes. Finalement, on les laissa repartir tous les deux, en vie.

On me chargea aussi de faire savoir à tous les civils de la maison qu'à la prochaine découverte d'une arme à feu le bâtiment tout entier serait incendié de la cave au grenier, comme l'enjoint la loi martiale. Pour ce qui était de la fille, les hommes jurèrent qu'ils la retrouveraient et la liquideraient.

Ils ont bien changé mes joyeux buveurs de vodka. Ils sont méconnaissables ! Ils ne laissent pas voir non plus, même face à moi, qu'ils ont trinqué tant de fois autour de ma table ronde. On ne peut pas se fier à ces familiarités. De toute évidence, pour eux, le service, c'est le service et le schnaps, c'est le schnaps. Tout au moins pour ces trois-là. Il faut que je garde cela à l'esprit, et que je me tienne dorénavant sur mes gardes.

J'étais très fière de moi après cela, mais aussi anxieuse. Si je continue ainsi, je serai connue comme le loup blanc, et qu'est-ce que j'en retirerai ? J'admets que je vis dans la peur et que je préférerais me terrer. Quand je suis partie, l'homme qui était venu me chercher m'a suivie jusque chez moi et m'a demandé de lui traduire une expression qu'il avait entendue chez les Russes : « *Chitler dourak.* » Je traduis : « Hitler est un imbécile. » C'est ce qu'ils ne cessent de nous répéter, d'un air triomphant, comme si c'était eux qui l'avaient découvert.

Mercredi 2 mai 1945 et la fin de mardi

J'ai passé la moitié de la journée de mardi près du lit de M. Pauli et j'ai continué à écrire ce qui s'était passé. Par mesure de prudence, j'ai utilisé les dernières pages de ce cahier de brouillon comme liste de vocabulaire allemand-russe, que je peux exhiber aux Russes qui viendraient à tout moment y fourrer leur nez. Je l'ai déjà fait une fois, j'en ai récolté des éloges et une tape sur l'épaule.

Dans la soirée, petit incident. Quelqu'un s'est approché de la porte d'entrée et a frappé. J'ai ouvert sans ôter la chaînette, ai perçu quelque chose de blanc et reconnu le boulanger de mardi matin, portant encore sa tenue de travail. Il voulait entrer. Je ne voulais pas, fis semblant qu'Anatol était à l'intérieur. Alors, il m'a réclamé une autre fille, n'importe laquelle, une adresse, lui indiquer simplement où en trouver une — il voulait récompenser la fille en lui donnant de la farine, et à moi aussi pour avoir joué les intermédiaires. Je ne sais pas où trouver une fille et je ne veux pas savoir. Alors, il s'est montré insistant, a glissé son pied dans la fente de la porte, tenté d'arracher la chaînette. J'ai réussi à le repousser à grand-peine, et j'ai claqué la porte.

Oui, les filles sont une denrée qui se fait rare. On connaît désormais les périodes et les heures auxquelles les hommes partent en chasse de femmes, on enferme les filles, on les planque dans les soupentes, les empaquette dans des endroits sûrs. À la pompe, on s'est passé le mot, tout bas : dans un bunker antiaérien, une femme médecin a aménagé une pièce en lazaret pour patients contagieux, a placardé de grands panneaux en allemand et en russe, informant que l'endroit abritait des malades atteints du typhus. En réalité n'y sont logées que les toutes

jeunes filles des maisons avoisinantes, dont la doctoresse sauve-
garde la virginité en prétextant cette maladie.

Un peu plus tard, encore du bruit. Cette fois, il s'agissait de
deux garçons, jusque-là inconnus, qui avaient réussi à pénétrer
dans l'appartement voisin inoccupé. Une partie du mur mitoyen
a été détruite à environ deux mètres de hauteur, par une
récente attaque aérienne qui y a laissé une ouverture béante,
large d'une bonne coudée. Apparemment, les garçons avaient
glissé une table contre le mur, de l'autre côté. Par la fente, ils
nous criaient d'ouvrir immédiatement la porte, sinon ils nous
tireraient dessus. (Que notre porte de derrière restait constamment ouverte, ils l'ignoraient manifestement.) Un des deux gars
a éclairé notre vestibule de sa lampe de poche, pendant que le
second mettait déjà son arme en joue. Mais nous savons bien
qu'ils n'ont pas la détente aussi rapide, surtout quand ils ne sont
pas encore ivres et qu'ils ont la langue bien pendue, comme ces
deux-ci. J'ai fait un peu la sotte, j'ai essayé de blaguer en russe.
Il ne s'agissait finalement que de deux gamins imberbes, je leur
ai tenu un beau discours et leur fis même un sermon sur les
décrets du grand Staline. Ils finirent donc par quitter leur poste
de tir, donnèrent quelques derniers coups de pied sur notre
porte d'entrée et disparurent enfin. Nous avons respiré. En tout
cas, c'est rassurant de savoir qu'en cas d'urgence je peux me
précipiter à l'étage supérieur et appeler à l'aide un des hommes
d'Anatol. Nous sommes devenus la chasse gardée d'Anatol.
Désormais, la plupart des hommes le savent.

Pourtant, la veuve donnait de plus en plus de signes d'inquié-
tude, surtout quand, la soirée venue, aucun de nos hôtes habituels ne montra le bout du nez. Elle profita d'un moment d'accalmie dans la cage d'escalier pour se faufiler à l'étage et
reprendre contact avec les autres résidents. Elle revint au bout
de dix minutes : « Viens avec moi chez Mme Wendt, il y a là des
Russes tellement gentils, l'ambiance est vraiment sympathique. »

Mme Wendt, c'est la femme de cinquante ans dont la joue est
rongée par un eczéma purulent, celle-là même qui autrefois
avait amarré son alliance à l'élastique de sa culotte. Il s'avère
qu'elle a emménagé avec la gouvernante de notre propriétaire
qui, lui, a fui à l'Ouest — une de ces communautés forcées,
commandées par la peur, telles qu'il s'en forme maintenant partout à la ronde. Ça manquait d'air dans la petite cuisine envahie

par la fumée de tabac. Dans la clarté des bougies, je pus distinguer les deux femmes et trois Russes. Devant eux, sur la table, une énorme quantité de conserves, la plupart sans étiquettes, probablement des vivres destinés aux troupes allemandes et raflés par les Russes. La veuve reçut tout de suite une boîte qu'un des Russes lui fourra dans la main.

À la demande des femmes, je ne dis pas un mot de russe, fis la petite idiote. Aucun des trois hommes ne me connaissait. L'un d'eux, appelé Seriocha, me serra contre lui, passa son bras autour de mes hanches. Sur ce, un autre Russe s'interposa et fit doucement : « Frère, je t'en prie, laisse tomber. » Seriocha, pris sur le fait, s'écarta de moi.

Je suis étonnée. Celui qui a parlé est jeune et son visage est beau. Il a les traits sombres et réguliers. Ses yeux brillent. Ses mains sont blanches et fines. Maintenant, il pose sur moi un regard sérieux et dit dans un allemand maladroit : « *Nicht chaben Angst* », pas avoir peur.

Mme Wendt nous chuchote à toutes les deux que ce Russe-là s'appelle Stepan, qu'il a perdu sa femme et ses deux enfants dans un bombardement allemand à Kiev, mais qu'il nous a tout pardonné et que c'est un véritable saint.

Maintenant, c'est au tour du troisième Russe, petit et marqué par la vérole, de me fourrer dans la main une boîte de conserve qu'il a ouverte avec son couteau de poche. Il me tend aussi le couteau et me fait comprendre par des gestes que je dois manger. La boîte contient de la viande. Je m'emplis la bouche de gros morceaux bien gras, je suis affamée. Les trois Russes me regardent faire, satisfaits. Mme Wendt ouvre l'armoire de la cuisine et nous fait découvrir des rangées entières de boîtes de conserve, toutes amenées par les trois garçons. On est vraiment bien ici. Et pourtant, les deux femmes sont plutôt repoussantes : Mme Wendt avec son eczéma, et l'ex-gouvernante à lunettes, une vraie petite souris toute ratatinée. C'est à vous en couper l'envie de violer. Dieu seul sait pourquoi ces hommes ont pris racine ici et les ravitaillent à tour de bras.

Je pourrais encore rester des heures. Il se dégage de Stepan un réel sentiment de protection. Je le contemple avec étonnement, le nomme en mon for intérieur Aliocha, en souvenir des *Frères Karamazov*. La veuve commence à s'agiter, elle se fait du souci pour M. Pauli, resté seul dans son lit. Bien que nos hommes, même malades et alités, n'aient certainement rien à craindre des Russes. Impensable que l'un de ces gamins s'approche, l'allure dégingandée, pour susurrer à l'oreille d'un autre homme : « Tu viens ? » Ils sont désespérément normaux.

Seriocha nous accompagne jusqu'à la porte avec la bougie, docile et doux comme un agneau, sous le regard de Stepan, c'est seulement quand je sors qu'il se risque à me pincer gentiment l'avant-bras.

Nous nous hâtons de redescendre, les bras chargés de conserves de viande. Une musique entraînante sort de l'appartement. Il y a de l'ambiance à l'intérieur ! Dans la salle de séjour la troupe d'Anatol est réunie presque au complet, ils sont entrés par la porte de derrière, ouverte en permanence. Ils ont ramené un accordéon et en jouent à tour de rôle. Ils s'y essaient tous, personne ne sait jouer, et le résultat est à l'avenant. Mais ça les fait bien rire. Ce qu'ils veulent, c'est faire la fête, aujourd'hui, c'est le 1er Mai. Ils ignorent où se trouve Anatol, ils prétendent qu'il est de service quelque part et qu'il a beaucoup d'ordres à donner.

Nous nous éclipsons à côté, près du lit de M. Pauli — entouré de visiteurs russes. Le lieutenant sinistre, toujours accroché à son alpenstock décoré d'écussons, et un autre qu'il a apparemment ramené ici et qu'il nous présente de manière aussi conventionnelle que distraite : « Tch, tch, tch... ? Untel, major. » (Ils ont une façon bien particulière d'estropier et d'escamoter leurs noms de famille et celui du père, comme s'il leur importait avant tout de masquer leur identité, et ils se contentent de dévoiler leurs prénoms insignifiants, tout comme leurs grades que n'importe quel connaisseur peut de toute façon lire sur leur uniforme.)

Je regarde le sinistre blond avec dégoût, intérieurement je l'envoie paître. Il fait mine de ne pas me reconnaître, se comporte en étranger, met les formes et se montre d'une irréprochable courtoisie. Plus courtois encore est le major qu'il a amené. À notre entrée, il se redresse, fait la révérence comme au cours de danse, réitère son salut devant chacun de nous. Un grand type mince, châtain clair, uniforme impeccable, il traîne un peu la jambe en marchant. Plus tard seulement, je découvre un troisième nouveau dans la pièce. Il était assis sans bouger sur une chaise près de la fenêtre, ce n'est qu'à l'appel du major qu'il s'est avancé en clignant des yeux dans la lueur des bougies. Un Asiatique aux mâchoires imposantes et aux petits yeux bridés et bouffis, que l'on nous présenta comme étant l'ordonnance du major. Il ne tarda pas à se retirer dans son coin, près de la fenêtre, et remonta le col de son manteau de laine gris pour se protéger du vent qui soufflait à l'intérieur.

Nous sommes maintenant à quatre autour du lit de M. Pauli : la veuve, moi, le major et le sinistre blond. Le major fait les frais de la conversation. Il me prie d'aller auprès de M. Pauli et de la veuve, qu'il prend de toute évidence pour un couple, afin de leur traduire en allemand toutes ses formules de politesse choisies. Lui et moi, nous observons à la dérobée. Nos échanges se font à tâtons. Il reste indéchiffrable, je le tiens à l'œil. Maintenant, le major offre des cigares qui étaient en vrac dans la poche de sa veste. Pauli le remercie et en prend deux, veut en fumer un et accepte le feu qui lui est tendu. Ils se concentrent sur leur fumée. De temps à autre, le major tend poliment le cendrier à Pauli. Soudain, il se redresse d'un bond, prie qu'on veuille bien lui dire sincèrement s'il dérange ou non — car si tel est le cas, il quittera immédiatement la pièce, sur-le-champ! Et il se montre prêt à bondir dehors. Non, non, surtout pas, il ne nous dérange pas. Là-dessus, il reprend sa place, recommence à lancer ses bouffées de fumée en silence. Le parfait guide des bonnes manières. Encore un échantillon tout différent de la collection apparemment inépuisable des échantillons que l'URSS nous a envoyés. De plus, il est nerveux. Sa main qui tient le cigare tremble considérablement. Ou bien a-t-il de la fièvre? Car, entre-temps, il nous a raconté qu'il était blessé au genou et qu'à l'hôpital on lui avait mis un bandage en même temps qu'à l'autre, le sinistre lieutenant blond. (Ils ont donc envahi l'hôpital aussi. Je voudrais bien savoir comment on a pu les y caser et où l'on a empaqueté les nôtres qui, la semaine passée, emplissaient encore tous les lits et toutes les pièces.)

Sur ces entrefaites, la chorale d'à côté a mis les voiles avec son accordéon. Le calme est revenu. Je jette un coup d'œil à la montre du sinistre blond. Les aiguilles marquent presque 11 heures. Nous échangeons des regards, la veuve, M. Pauli et moi, ne sachant comment interpréter l'attitude de nos hôtes.

Le major lance alors un ordre à l'Asiatique, toujours assis près de la fenêtre. Là-dessus, l'homme extrait avec peine quelque chose de l'une des poches de son manteau : une vraie bouteille de champagne de marque ! Il la place dans le halo de lumière diffusé par la bougie, sur la tablette du lit de Pauli. La veuve se précipite pour chercher des verres. Nous trinquons, vidons nos verres. Pendant ce temps, échange de palabres à mi-voix entre le major et le sinistre blond, apparemment on ne veut pas que j'entende. Jusqu'à ce que le major se tourne brusquement vers moi et me demande, sur un ton aussi sévère qu'à l'école : « Que savez-vous du fascisme ?

— Du fascisme ? répétai-je en balbutiant.

— Oui, s'il vous plaît. Expliquez-nous l'étymologie du mot. Citez le pays d'origine de cette tendance politique. »

Je réfléchis de toutes mes forces ; bafouille ensuite quelque chose sur l'Italie, Mussolini, les anciens Romains, *fascio* qui veut dire faisceau de verges, ce que je tente de rendre plus clair à l'aide de l'alpenstock du lieutenant, couvert d'écussons... Et pendant tout ce temps, j'ai les mains et les genoux qui tremblent, parce que je crois deviner ce que le major se propose et ce qu'il attend de moi : il veut mettre mes connaissances politiques à l'épreuve, déterminer ma profession de foi, la nature de mon passé — pour pouvoir m'impliquer dans de quelconques intérêts russes, comme interprète ou comme auxiliaire militaire, ou que sais-je... Je me vois déjà emmenée de force, en esclavage quelque part sur les routes de la guerre... Ou bien sont-ils des gens de la Guépéou et veulent-ils m'utiliser comme espionne ? Des dizaines d'idées épouvantables me traversent la tête, je sens mes mains retomber comme si elles étaient de plomb, j'ai peine à prononcer les derniers mots...

J'ai dû devenir très pâle car la veuve, qui n'a pas saisi un mot de l'entretien, me lance un regard anxieux et interrogatif. J'entends alors le major s'adresser au sinistre lieutenant blond, d'un ton satisfait : « Oui, elle a de bonnes connaissances politiques. » Il lève son verre et boit à ma santé.

Je pousse un soupir de soulagement, sens mon aorte battre dans mon cou. Apparemment, l'examen est terminé, avec succès, et n'avait pour seul but que de dépoussiérer mes vieilles connaissances scolaires. Je termine mon verre et reçois les dernières gouttes de la bouteille de champagne. La veuve a peu à peu les paupières qui tombent. Il est temps que les hôtes prennent congé.

Soudain, un autre ton, une offre ouverte. Le sinistre lieutenant blond me sort en deux phrases de quoi il retourne : « Voici le major. Il me prie de vous demander, citoyenne, s'il vous est agréable. »

Je tombe du ciel, fixe les deux hommes d'un air hébété. Le major s'affaire plus que jamais sur son cigare, en écrase le bout avec minutie dans le cendrier. On dirait qu'il n'a pas entendu ce que le lieutenant était chargé de demander. Je ne puis distinguer l'Asiatique dans l'obscurité, près de la fenêtre. Il reste là, assis et muet. Il n'a pas reçu de champagne.

Tout le monde se tait. La veuve me regarde, elle hausse les épaules et le menton en signe d'interrogation.

Le lieutenant revient à la charge, d'une voix blanche, indifférente : « Le major vous est-il agréable ? Êtes-vous capable de l'aimer ? »

Aimer ? Foutu mot, je ne peux plus l'entendre, je suis tellement effrayée et désenchantée que je ne sais quoi dire, quoi faire. D'un autre côté, le sinistre lieutenant blond fait quand même partie du cercle d'Anatol. Il connaît donc le tabou. Est-ce qu'Anatol n'est plus là ? Le major lui aurait-il succédé au service ? Croit-il, pour cette raison, avoir le droit de lui succéder aussi auprès de moi ? Mais non, le major vient de dire qu'il habite pour l'instant à l'hôpital, et qu'il y a un lit.

Je me lève et dis : « Non. Je ne comprends pas. »

Le lieutenant traverse la pièce derrière moi en boitant, accroché à sa canne, tandis que le major, que l'on dirait non concerné, est toujours au chevet de Pauli et évite le regard des deux Allemands qui se taisent, anxieux et désemparés.

À voix basse, je marmonne au lieutenant : « Et Anatol ? Où est Anatol ? »

« Quoi, Anatol ? », me hurle-t-il grossièrement. « Quoi donc, cet Anatol ? Il y a longtemps qu'il est parti et loin d'ici. Il a été muté à l'état-major. »

Anatol, parti ? Comme ça, sans un mot ? Est-ce bien vrai ? Mais le ton de la réponse, calculé et dédaigneux, ne laisse place à aucun doute.

La tête me tourne. Maintenant, c'est au tour du major de se lever, il prend congé avec solennité de la veuve et de Pauli, je l'entends témoigner à plusieurs reprises sa profonde gratitude pour l'hospitalité offerte. Pauli et la veuve n'ont rien compris de la scène d'entremise qui vient de se jouer. De mon côté, je n'ose pas parler en allemand avec les deux Allemands en présence des Russes. Je le sais trop bien, les Russes n'aiment pas ça, croient toujours au complot ou à la trahison.

Le major nous fait à tous la révérence et se dirige vers la porte. L'Asiatique quitte sa fenêtre et s'approche d'un pas mal assuré. Je les accompagne pour éclairer leur sortie. Le major traverse très lentement le vestibule, traînant légèrement la jambe droite, mais s'efforçant de réprimer la claudication. Le lieutenant me tape du coude et me questionne brutalement : « Alors ? Vous êtes toujours en train de réfléchir ? » Suit une brève discussion entre lui et le major pour savoir où ils vont passer la nuit, à l'hôpital ou bien...? Et le lieutenant de me demander, froidement, mais toujours poliment : « Est-ce que nous pourrions loger ici ? Tous les trois ? » Il montre du doigt le major, lui-même, et l'Asiatique qui dort debout.

Tous les trois ? Bien sûr, pourquoi pas ? Ainsi aurons-nous une protection masculine durant la nuit, me dis-je, accompagnant les trois hommes dans la pièce de derrière, à côté de la cuisine. Il s'y trouve un divan spacieux, avec plusieurs couvertures de laine. Le lieutenant et l'Asiatique me bousculent pour entrer dans la pièce. Le lieutenant ferme aussitôt la porte derrière lui, j'ai juste le temps de le voir promener sa lampe de poche dans le noir.

Je reste là, dans la cuisine, la chandelle à la main. Le major se tient debout à côté de moi, silencieux. Il me demande poliment où est la salle de bains. Je lui indique la porte, lui passe la chandelle. Tandis que j'attends à la fenêtre de la cuisine, regardant dehors dans le noir, la porte de la pièce de derrière s'ouvre de nouveau. Le sinistre blond, déjà en bras de chemise, me siffle à l'oreille : « L'histoire entre nous deux... ce qui s'est passé hier... personne n'a besoin de le savoir. » Et il disparaît. Un instant, je me dis : « Comment ça, l'histoire entre nous deux ? » Puis, je repense à la nuit dernière, l'amour comme des chiens, le crachat au pied du lit. Tout cela me semble tellement loin en arrière, refoulé, presque oublié. J'ai perdu toute notion du temps. Un jour me semble une semaine, creuse un abîme entre deux nuits.

Le major réapparaît, entre avec moi dans ma chambre. À côté, Pauli et la veuve auront enfin compris ce qui se joue ici. J'entends leur conversation étouffée à travers la paroi. De l'une de ses poches, le major sort une grosse chandelle toute neuve, il fait couler un peu de cire dans le cendrier, y colle la bougie et pose le tout sur la table de chevet. Tout bas, il demande, le béret à la main : « Puis-je rester ici ? »

Mouvement des mains et des épaules dans un signe d'impuissance.

Lui, là-dessus, les yeux baissés : « Oubliez l'autre lieutenant. Demain, il sera déjà loin. Je l'ai entendu dire.

— Et vous ?

— Moi ? Oh, je reste encore longtemps, très longtemps. Au moins une semaine, et peut-être même plus. » Il montre sa jambe : « Un éclat d'obus y est toujours logé. Je dois me faire soigner. »

Je n'éprouve plus que pitié pour lui, à le voir ainsi debout et tout penaud. Je l'invite à prendre place, à s'asseoir. Lui, embarrassé : « Vous devez être fatiguée. Il est si tard. Ne voulez-vous pas vous étendre... ? » Il se dirige vers la fenêtre qui n'est plus que pointes de verre et carton, et par laquelle on n'entend plus rien, mais alors vraiment plus rien du vacarme du front ; il fait semblant de regarder dehors. En quelques secondes, je me suis partiellement déshabillée, ai enfilé un vieux peignoir appartenant à la veuve et me suis glissée sous les couvertures.

Il s'approche du lit avec un siège. Que veut-il ? Reprendre la conversation, continuer d'appliquer son guide des bonnes manières, respecter le chapitre « Viols des demoiselles ennemies » ? Pas du tout, il veut se faire connaître, sort toutes sortes de papiers de ses poches intérieures, les étale devant moi sur le couvre-lit, rapproche la chandelle pour que je voie mieux. C'est le premier Russe qui se livre ainsi dans le détail. Je sais maintenant comment il s'appelle, quand il est né et où, et sais même combien il possède, car parmi ses papiers se trouve un livret de caisse d'épargne de la ville de Leningrad, avec un montant de 4 000 roubles. Puis il rassemble tous ses papiers et les remet dans ses poches. Il parle un très beau russe, ce dont je peux juger chaque fois que des phrases entières me sont incompréhensibles. Il a des lettres, s'y connaît en musique, s'applique de toutes ses forces à rester *gentleman*, même dans cette situation. Soudain, il bondit de sa chaise, questionne d'un ton nerveux : « Ma présence vous est-elle désagréable ? Me détestez-vous ? Dites-le franchement ! »

« Non, non. » Non, pas du tout, ça me va comme tu es maintenant. Simplement, j'ai du mal à me faire aussi vite à la situation. J'ai le sentiment désagréable de passer de main en main, je me sens avilie, offensée, rabaissée au niveau d'objet sexuel. Ensuite, me revient la question : « Et si Anatol était parti pour de bon ? Si ce tabou édifié avec tant de peine, ce mur protecteur m'était ôté ? Ne serait-ce pas bien de reconstruire un autre tabou, qui durerait plus longtemps, de dresser un nouveau rempart autour de moi ? »

Le major a retiré son ceinturon, ôté sa veste, le tout au ralenti, en me regardant à la dérobée. Je suis assise, j'attends, sens la sueur perler au creux de mes mains, suis prête, puis ne suis plus prête à l'aider. Jusqu'à ce qu'il me demande tout d'un coup : « S'il vous plaît, donnez-moi votre main. »

Je le fixe du regard. Veut-il me gratifier d'un baisemain, toujours fidèle à son guide ? Ou bien est-ce un diseur de bonne aventure ? Le voilà qui me prend la main, la serre fortement entre les siennes et dit, les lèvres tremblantes et les yeux emplis de tristesse : « Pardonnez-moi. Cela fait si longtemps que je n'ai plus eu de femme. »

Si je m'attendais à ça. Me voilà le visage sur ses genoux, j'éclate en sanglots, verse toutes les larmes de mon corps pour en faire sortir la douleur si longtemps contenue. Je le sens me caresser les cheveux. Légers bruits à la porte, nous levons les yeux tous les deux. Dans l'entrebâillement, une chandelle à la main, la veuve apeurée demande ce qui m'arrive. Le major et moi lui faisons signe de partir, elle voit bien qu'aucun mal ne m'est fait, j'entends la porte se refermer.

Un peu plus tard et dans le noir, je lui ai dit combien je me sentais mal, combien j'étais meurtrie, et l'ai prié d'être doux. Il ne dit mot, fut doux et tendre, trouva bientôt le répit et me laissa dormir.

Tel fut mon mardi 1er mai.

Maintenant, nous sommes mercredi. Pour la première fois de toutes ces nuits passées avec des hommes, j'ai dormi tout mon soûl jusque tard dans la matinée, à mon réveil, le major était encore à mes côtés. Visiblement, il n'est pas de service, peut décider de son emploi du temps à sa guise. Nous causions de tas de choses, sur un ton aimable et réfléchi. À brûle-pourpoint, il me déclara qu'il n'était pas du tout communiste — il était officier de métier, formé à l'Académie militaire et détestait tous ces jeunes mouchards du Komsomol. J'en déduis que même les officiers supérieurs avaient de bonnes raisons de craindre la surveillance du Parti. Je suis étonnée de le voir me parler aussi ouvertement. Il est vrai qu'il n'y a pas de témoins. Tout aussi brusquement, il voulut s'assurer que j'étais bien saine. « Vous comprenez... enfin, tu me comprends. » (Il en est encore à mêler le tu et le vous.) Je lui ai répondu la vérité, que je n'avais jamais eu affaire à ce type d'affection, mais que maintenant j'ignorais si ce genre de choses ne venait pas de m'arriver, après le traitement que m'avaient fait subir les autres Russes. Il secoue la tête, soupire : « Ah, ces hooligans ! » (Hooligan, prononcé « chouligane », mot russe d'origine étrangère et très usité pour désigner les va-nu-pieds, les voyous, les rustres.)

Il se leva, s'habilla, appela l'Asiatique dans le couloir. Celui-ci arriva aussitôt d'un pas mal assuré, encore en chaussettes et ses souliers à la main. Le lieutenant restait invisible, avait sans doute déjà pris congé. Dans la pièce à côté, j'entendais la veuve s'affairer.

Au-dehors, c'était un frais matin de mai. Les chaînes grincent, les chevaux hennissent, il y a belle lurette que le coq a chanté. Mais aucun bruit de Katiouchas, ni de tirs, rien. Le major, qui va et vient dans la pièce en boitant et en secouant sa jambe, entonne d'une belle voix toutes sortes de chants, comme le merveilleux *Reste, demeure, toi ô ma belle*. Il s'installe ensuite sur le bord du lit, sort un petit harmonica de sa poche et joue une marche — avec une fougue et un talent sidérants. Pendant ce temps, l'Asiatique — à ma question il a répondu qu'il était originaire d'Ouzbékistan — aide précautionneusement son maître à passer ses bottes de cuir souple, soucieux de ménager sa jambe malade. Ce faisant, il vante les talents du major musicien et soupire dans un russe plutôt bizarre : « Eh, qu'est-ce que c'est beau ! »

Plus tard, quand les deux hommes furent partis, la veuve a appris dans la cage d'escalier que la capitulation de Berlin avait été signée vers 4 heures — quelqu'un avait capté la nouvelle sur son poste à galène. « La paix », c'est ce que nous croyions, et nous nous en réjouissions. Mais nous avons appris par la suite qu'au nord et au sud la guerre faisait toujours rage.

Mercredi, les heures s'étirent. J'écris et suis sans cesse interrompue. Or, plus personne ne se soucie de mes gribouillis. Tout au plus l'un ou l'autre me sort-il encore : « C'est très bien. Il faut que vous appreniez le russe. »

À part ça, toujours les Russes, le schnaps, la cuisine, la queue pour l'eau. Il paraît qu'une poutre de bois traîne encore quelque part, il faut y courir avant que d'autres ne la prennent. Deux des hommes d'Anatol sont sortis en hâte de l'appartement abandonné qu'ils occupaient ces derniers jours — des matelas et des couvertures sous le bras. Où vont-ils donc emménager ? Aucune trace d'Anatol lui-même. De toute évidence, le lieutenant n'a pas menti. Et puis, en prenant congé, le major m'a promis qu'il s'occuperait bien de moi, m'apporterait à manger. Grand bien me fasse ! Je commençais à en avoir assez de me nourrir depuis des jours de cette seule motte de beurre rapportée du Volkssturm par M. Pauli. Maintenant, la vie est bien différente de celle que je menais là-haut, dans ma mansarde dévastée et famélique. D'abord, les dernières rations allemandes. Puis mon butin, piqué à la caserne de police, les pommes de terre raflées dans le hangar. Et la veuve avait encore un petit stock de patates, de légumes secs, de lard. Plus tout ce qu'Anatol et sa bande nous ont laissé de pain, de harengs, de morceaux de lard, de conserves de viande ! (Il n'y a que l'alcool qui soit épuisé !) Sans oublier les deux boîtes de viande reçues des mains blanches de Stepan-Aliocha ! De quoi vivre bien. En réalité, voilà des années que je n'ai plus été aussi grassement nourrie, des mois que je ne me suis plus sentie aussi repue après les repas. Cela ne durera sans doute pas. Mais, en attendant, je me remplis la panse, je fais le plein de forces.

Dehors, il fait froid et le ciel est couvert. Aujourd'hui, queue interminable à la pompe, sous une petite pluie fine. Aux alentours, dans les jardins piétinés, brûlent de petits feux, retentissent des voix d'hommes qui chantent au son de l'accordéon. Devant moi, une femme chaussée de souliers d'hommes, une écharpe autour de la tête lui cache la moitié du visage, ses yeux sont gonflés d'avoir pleuré. Partout à la ronde, c'est le silence, la première fois depuis que je fais la queue pour l'eau. Les Katiouchas se taisent. Le ciel ne s'est pas encore départi de sa couleur jaune soufre. Dans la nuit de mardi à mercredi, les incendies ont fait rage. Mais, il n'y a plus de tirs à Berlin, c'est le calme. Nous restons là, debout, dans le clapotis de la pluie, nous parlons peu et à voix basse. La pompe grince, le balancier crisse, les Russes remplissent un bidon après l'autre. Nous attendons. La piteuse figure qui est devant moi fait savoir d'une voix monocorde que jusqu'ici, non, elle n'a pas encore été violée, qu'elle a pu s'enfermer dans la cave avec quelques autres habitants de la maison. Il est vrai que son mari est déjà rentré, revenu de la troupe, on comprendra donc que... Maintenant, il faut qu'elle s'occupe de lui, qu'elle le mette en sûreté, lui procure à manger et à boire, ce qui explique qu'elle n'ait plus le temps de penser à elle. Au même moment, derrière moi, une bonne femme ébouriffée se met à vociférer : « Mon beau divan de velours bleu roi, j'avais deux fauteuils assortis et ils me les ont taillés en pièces pour faire du feu ! » Puis c'est au tour d'un homme d'y aller de sa petite histoire, il est aussi sec que du bois mort et son visage pas plus gros qu'un poing : dans sa maison, une famille garde sa toute jeune fille cachée sous une chaise longue, elle reste là en permanence, étendue de tout son long, la couverture qui recouvre la chaise pend jusqu'au sol, et des Russes s'y seraient déjà assis sans se douter qu'il y avait une fille là-dessous... Vrai ou inventé de toutes pièces, je l'ignore. Mais ce serait bien possible. Le monde dans lequel nous vivons est celui du roman kitsch, ou de la littérature de colportage.

Moi, je ne peux pas me cacher, bien que je connaisse un petit trou où je pourrais me glisser sous les combles. Je n'ai personne pour m'apporter de l'eau et de la nourriture. Quand j'avais neuf ans et que j'étais en vacances dans la maison de mes grands-parents, un dimanche après-midi, je me suis cachée au grenier avec ma cousine Klara. Nous nous étions glissées dans un petit coin sous les bottes de paille de la charpente chauffée par le soleil et nous parlions à voix basse de la manière dont les enfants viennent au monde. Klara, qui était plus jeune mais en savait plus que moi, me parla de grands couteaux dont on se servait pour ouvrir le ventre des femmes et pour en retirer les bébés. Je ressens encore l'effroi qui me serra alors la gorge. Jusqu'à ce que la voix rassurante de grand-maman nous appelle du bas de l'escalier, nous rappelant d'aller aux vêpres. Soulagée, je suis descendue quatre à quatre et me suis remise à respirer plus librement à la vue de grand-maman qui portait son tablier de satin, non ouverte par un couteau, bien forte et bien ronde, ses lunettes en nickel plantées sur le bout du nez. Ça sentait bon le café et la tarte aux pommes, et, à n'en pas douter, le gâteau était saupoudré de sucre, bien qu'à l'époque une livre de ce précieux produit coûtât plusieurs millions de marks. En dégustant la tarte, j'eus tôt fait d'oublier le couteau de Klara et ma peur. Mais, aujourd'hui, je trouve que les enfants ont raison de redouter tout ce qui relève du domaine sexuel. Il abrite beaucoup de couteaux tranchants.

À la pompe, les Russes nous observaient toujours à la dérobée. Ils ont compris depuis longtemps que ce sont d'abord les vieilles et les bossues qu'on délègue ici. Je plisse donc le front, tire les commissures de mes lèvres vers le bas, fais les petits yeux, pour avoir l'air vieille et moche.

Au début, quand je n'étais pas encore connue comme le loup blanc, nos hôtes russes me demandaient souvent mon âge. Quand je leur répondais que j'avais passé les trente ans, ils ricanaient et répondaient : « Eh, eh, elle se vieillit la maligne ! » Mais ils étaient bien obligés de croire la carte d'identité que je leur brandissais alors sous le nez. Ils ne s'y retrouvent plus avec les femmes d'ici, ils sont habitués aux Russes vite avachies, abîmées par les grossesses successives, et ne savent pas lire notre âge sur notre corps — aussi piteuses et misérables à voir que soient aujourd'hui la plupart d'entre nous, en comparaison de ce qu'elles étaient en temps de paix.

Un Russe aux joues rouges se promenait le long de notre rangée, en jouant de l'accordéon. Il nous interpella : « Chitler fini, Goebbels fini. Staline bien ! » Il rit, lance son juron à la mère, tape sur l'épaule d'un camarade et crie en russe, bien que personne dans la queue ne comprenne ce qu'il dit : « Regardez celui-là ! C'est un soldat russe. Venu de Moscou à Berlin ! » Ils sont tellement fiers d'être les vainqueurs que ça leur sort par tous les pores. Apparemment, ils n'en croient pas leurs yeux eux-mêmes d'en être arrivés là. Nous, on avale tout, on fait la queue et on attend.

Je suis rentrée avec deux seaux bien remplis. Dans l'appartement, nouveau remue-ménage. Deux soldats, des inconnus, courent dans toutes les pièces à la recherche d'une machine à coudre. Je leur fais voir notre Singer dans la cuisine. Depuis que Petka, le Roméo à la tête en brosse, a joué au ballon avec, elle est toute déformée. Pourquoi ces deux-là ont-ils besoin d'une machine à coudre ?

Il s'avère bientôt qu'ils veulent envoyer en Russie des affaires emballées dans des housses de toile. Qu'il faudrait évidemment réaliser à la main. Usant de toute mon éloquence et recourant surtout à la répétition, j'ai fini par convaincre les garçons que pour exaucer leurs souhaits, la technique n'était pas encore assez avancée et que le travail manuel de grand-mère s'imposait.

Ils finissent par faire oui de la tête, qu'ils ont bien ronde, ils sont d'accord. Ils brandissent la récompense : un pain tout entier. La veuve réfléchit et décide de refiler la royale corvée à la libraire, habile en couture, et en manque de pain. Elle se hâte d'aller chercher la femme retranchée dans sa demeure fermée à triple tour.

Celle-ci s'amène effectivement, peu de temps après, méfiante, hésitante, mais louchant illico sur le pain. Voilà des jours, nous assure-t-elle, qu'elle n'en a plus avalé une seule bouchée. Elle et son mari vivent d'orge mondé et de fèves. Elle s'installe près de la fenêtre de la cuisine et coud soigneusement les pièces de lin blanc enveloppant le contenu, qui nous reste d'ailleurs caché. C'est mou au toucher, je suppose qu'il s'agit de vêtements.

J'essaie de m'imaginer ce que ressentent les Russes à la vue de tous ces biens qui les entourent, désormais sans propriétaire et sans protection. Chaque maison abrite des appartements abandonnés entièrement livrés à leur merci. Toutes les caves, avec le fatras qui y est entassé, leur sont ouvertes. Il n'y a rien dans cette ville qui ne pourrait leur appartenir, s'ils le voulaient. C'est tout simplement trop. Ils ne maîtrisent plus cette masse pléthorique, prennent indifféremment tout ce qui brille, perdent ou offrent le fruit de leur pillage, emportent souvent des objets qui ne tardent pas à les encombrer, et s'en débarrassent. Pour la première fois, j'ai ici sous les yeux des garçons qui transforment sagement leur butin en colis postal. Habituellement, ils

116

ne savent pas évaluer, n'ont aucune idée de la qualité et du prix, s'emparent du premier objet venu qui leur tape dans l'œil. Pourquoi sont-ils comme ça? Toute leur vie, ils ont porté des vêtements distribués, n'ont pas appris à trier et à choisir, ne voient pas ce qui est de qualité et coûteux. Par exemple, quand ils s'emparent de la literie, c'est pour s'y étendre tout de suite. Qu'il s'agisse de vrai duvet ou de laine de récupération, ils ne voient pas la différence. Et de tous les objets pillés, c'est le schnaps qui l'emporte.

Tout en cousant sa toile, la libraire nous fait part de ses derniers potins. Oui, Stinchen, la jeune fille de dix-huit ans, est toujours tenue cachée par sa mère dans la soupente, désormais, elle y reste même le jour, depuis que deux Russes se sont introduits dans l'appartement au moment où y entraient les porteurs d'eau, ont brandi leur revolver et ont tiré une balle dans le sol, faisant un trou dans le linoléum. Elle a une mine de papier mâché, la petite. Ce n'est pas étonnant. Mais elle est toujours intacte. La libraire parle aussi de nouvelles résidentes dans la maison, deux jeunes sœurs, dont l'une est veuve de combattant et a un petit garçon de trois ans. Elles se sont installées dans un des appartements inoccupés et y font la fête avec les soldats, tantôt le jour, tantôt la nuit; on a l'air de s'amuser là-dedans. Nous apprenons ensuite que, dans la maison d'en face, une femme a sauté du troisième étage dans la rue, pour échapper aux Ivan qui étaient à ses trousses. On l'a enterrée sous la pelouse en face du cinéma. D'autres morts s'y trouveraient aussi. Moi, je ne sais rien de tout cela, le chemin qui conduit à la pompe ne passe pas par là. Et, pour l'instant, dehors, on ne court pas les chemins.

Ainsi la libraire poursuit-elle sa couture en marmottant tout ce qu'elle sait. La rumeur. Ce mot a toujours évoqué en moi une figure de femme voilée, parlant à mots couverts. Les bruits qui courent. Nous nous en nourrissons. Dans les temps primitifs, les informations et les événements ne parvenaient aux oreilles des hommes que *via* les rumeurs. On ne se représentera jamais assez à quel point les cultures anciennes avaient une vision du monde vague et floue. Fantomatique, un cauchemar, un magma de chuchotements véhiculant des choses effroyables et abominables, des malveillances et des jalousies divines. De ces jours-ci, j'ai souvent le sentiment que plus rien n'est exact — qu'Adolf est peut-être arrivé chez Franco en sous-marin et est confortablement installé dans un château en Espagne, où il esquisse pour Truman des plans qui permettront de renvoyer les Russes chez eux. Mais au plus profond de moi demeure le sentiment que nous sommes vaincus, livrés au bon vouloir de l'ennemi.

Les deux Russes sont réapparus, satisfaits, ils ont pris livraison du paquet de toile confectionné par la libraire, lui ont remis le pain frais. Je me suis entretenue avec eux. J'ai compris que ce n'étaient pas des Russes sur le plan de la nationalité : le premier était un ressortissant allemand du Caucase, l'autre un Polonais de Lemberg. Le réfugié allemand s'appelle Adams, ses ancêtres ont quitté le Palatinat il y a deux cents ans. Il sort quelques mots allemands, en dialecte palatin, par exemple : « *Es hot gebrennt* » au lieu de « *Es hat gebrannt* », ça a brûlé. L'autre garçon, le Polonais, est beau comme un ange, cheveux noirs et yeux bleus, alerte et vif. En un clin d'œil, il nous transforme une caisse en petit bois à brûler. Il échange quelques phrases en polonais avec la veuve, qui, petite fille, a séjourné chez des parents dans une propriété agricole de Prusse-Orientale et y a récolté quelques bribes d'un polonais de moissonneurs. Il m'offre d'aller chercher l'eau avec moi.

J'ai accepté, même si c'est avec quelque hésitation. En allant chercher l'eau avec lui pour la première fois, j'avais découvert, en bas, un avis placardé à côté de la porte d'entrée, disant en allemand et en russe qu'à partir de maintenant les Russes n'avaient plus le droit de pénétrer dans les demeures allemandes et ne devaient plus fréquenter de civils allemands.

Nous nous mettons en route, moi ça me fait plaisir d'épargner grâce à lui au moins une heure d'attente dans la queue : car si un Russe pompe pour moi, j'ai priorité. Dehors, un officier crie aussitôt à l'adresse de mon Polonais : « Hé, toi ! Qu'est-ce que tu fais là avec cette Allemande ! » Le Polonais me fait un clin d'œil, reste en arrière et me rejoint à la pompe, où il se sert avant les autres. Là-dessus, dans la file d'attente des regards me fusillent, pleins de dépit et de mépris. Mais personne ne dit mot.

Le Polonais est irascible. Sur le chemin du retour, il entre dans une violente querelle avec un soldat pour une broutille, écume de rage et vocifère. Il se calme d'un seul coup, vient me chercher et m'explique en pointant un doigt sur son occiput que, depuis qu'il a reçu une balle dans la tête à Stalingrad, il est devenu impétueux et violent et ne sait plus lui-même ce qu'il fait dans ses accès de colère — avant il n'était pas comme ça. Je le regarde avec une certaine anxiété, me hâte de rentrer avec mes deux seaux. Et, en effet, le Polonais porte la grosse médaille de cuivre de Stalingrad, accrochée à son ruban multicolore et enveloppé de cellophane. J'étais contente de le voir se volatiliser devant notre porte d'entrée. Mais ça durera encore un certain temps avant qu'ils cessent de pénétrer dans les maisons allemandes, aussi longtemps que toute une partie des demeures abandonnées, disséminées parmi nos habitations, leur serviront officiellement de logements pour les troupes.

Jeudi 3 mai et la fin de mercredi

Une histoire drôle : tandis que j'étais partie à la pompe avec le Polonais, Petka, mon ex-violeur à la tête en brosse, fracasseur de machine à coudre, était venu voir la veuve. Visiblement, il avait oublié son méfait d'ivrogne car, comme le précise la veuve, il était d'une extrême gentillesse. Il avait traîné derrière lui une énorme et belle valise de cuir jaune, un vrai format à la Petka, que tout autre aurait eu beaucoup de mal à soulever. Il en étala le contenu sous les yeux de la veuve et l'invita à faire son choix, tout serait pour elle. Mais « rien, rien, rien de rien » pour moi, compris ? Bon, ce n'était que des mots en l'air. Il n'aurait jamais pu l'empêcher, après son départ, de me faire à son tour cadeau de tout ce bazar. Probablement voulait-il que sa générosité arrive jusqu'à moi et essayait-il ainsi de décrocher encore un peu de ce qu'il appelle « l'amour » — vite une dernière fois avant le départ, car il prononça vraiment son mot d'adieu à la veuve : « *dasvidania* », et lui fit comprendre que lui et toute sa bande mettaient les bouts.

Parvenant assez bien à se maîtriser, la veuve refusa le cadeau et renvoya Petka avec sa malle ! Non que ses hésitations soient d'ordre moral ! « Comment pourrais-je ! », déclare-t-elle, elle qui est issue de la respectable bourgeoisie allemande, « À moi aussi on m'a volé ma valise ». Ses scrupules étaient de nature purement pratique. « Je ne peux quand même pas porter ces

119

affaires », ajoute-t-elle. « La valise vient d'une des maisons voisines ; si je sors avec ces vêtements sur le dos, je risque de tomber entre les griffes de la vraie propriétaire. » Elle n'a retiré du lot que deux paires de chaussures, elle ne pouvait pas résister, c'était exactement sa pointure. Ce sont de bonnes chaussures de marche, marron, des souliers passe-partout, et puis, précise la veuve, il sera facile de les teindre en noir pour les camoufler. Elle veut m'offrir une des deux paires, j'en aurais bien besoin aussi car je ne possède que les chaussures que j'ai aux pieds. Malheureusement, elles sont trop petites pour moi.

Tout l'après-midi a été calme ; nous n'avons revu aucune de nos connaissances, ni Anatol ni Petka, Gricha, Vania, Iacha ou Andrei, l'instituteur. En revanche, dès la pointe du jour, le major, ponctuel, a réapparu, suivi de la silhouette rondouillarde de son Ouzbek et de quelqu'un d'autre — Dieu soit loué, ce n'était pas le sinistre lieutenant blond accroché à sa canne. Non, c'était un gamin aux joues rouges, en costume marin bleu, dix-huit ans, flotte soviétique. Apparemment, ils auraient aussi envahi Berlin par l'eau. Ce ne sont pas les lacs qui manquent ici. Le petit matelot ressemble à un écolier, et il m'adresse un sourire naïf qui mange tout son visage de poupon quand il me demande à mi-voix si je peux lui rendre un service.

Mais bien sûr ! Et je lui fais signe de me suivre jusqu'à la fenêtre, par où pénètrent encore des relents d'incendie. Le matelot me prie alors poliment, comme un enfant, d'avoir l'extrême bonté de lui procurer une fille — de préférence propre et convenable, bonne et gentille — et il lui apporterait à manger.

Je regarde le garçon, me retiens pour ne pas éclater de rire. Ça c'est la meilleure. Maintenant, ils demandent aux objets de plaisir qu'ils ont vaincus d'être propres et braves, et de noble nature ! Il ne manque plus que le certificat de bonnes mœurs avant de pouvoir s'étendre à côté d'eux. Mais le gosse a l'air tellement désespéré, il a la peau si douce d'un chéri à sa maman que je ne peux lui en vouloir. Je secoue donc la tête avec les regrets qui s'imposent, lui déclare que j'habite ici depuis peu, ne connais guère les gens et ne peux malheureusement lui dire où il pourrait trouver une gentille jeune fille. Il m'écoute à regret. J'ai les doigts qui me démangent, tant j'ai envie de vérifier s'il n'a plus de lait au bout du nez. Mais je sais d'expérience que le Russe en apparence le plus doux peut subitement se muer en bête sauvage quand il est blessé dans sa dignité. Je voudrais seulement savoir pourquoi c'est toujours à moi de jouer les entremetteuses. Sans doute parce que je suis la seule ici à comprendre les souhaits exprimés dans leur langue.

Mon matelot est reparti après m'avoir tendu sa menotte pour me remercier. Allez savoir pourquoi ces gamins s'acharnent ainsi à trouver des femmes ? Chez eux, ils devraient attendre quelque temps, bien qu'ils se marient plus tôt que nos hommes. Mais sans doute ces enfants-soldats veulent-ils justement prouver à leurs aînés qu'ils sont des hommes à part entière, comme Vania, le garçon de seize ans, le violeur de la cage d'escalier.

Ma foi, on n'en est plus à l'épidémie de viols qui sévissait les premiers jours. Les proies sont devenues rares. Et j'ai entendu dire que désormais bien d'autres femmes s'étaient trouvé comme moi des gardiens sûrs et tabous. Entre-temps, la veuve en a appris plus sur les deux sœurs, les joyeuses fêtardes ; il paraît que seuls les officiers sont admis chez elles et qu'ils sont loin de blaguer avec ceux qui n'ont pas de passe-droits ou avec les malotrus qui veulent pénétrer dans leur chasse gardée. En général, celui qui n'est pas sur le point de repartir se cherche quelque chose de fixe, de bien à lui, et est disposé à payer pour l'avoir. Que notre point faible, c'est le manque de nourriture, ils l'ont bien compris. Et le langage du pain, et du lard et des harengs — leurs principaux présents — est compris de tout le monde.

Le major m'a apporté tout ce qu'on peut imaginer, je n'ai pas à me plaindre. Sous son manteau, il portait un paquet de chandelles. Puis, d'autres cigares pour M. Pauli. L'Ouzbek était chargé d'un tas de choses, il nous a sorti l'une après l'autre une boîte de lait, une boîte de viande et une grosse tranche de lard salé ; ensuite, enveloppée dans un linge, une motte de beurre d'au moins 3 livres, à laquelle collaient des brins de laine que la veuve s'empressa d'ôter, et quand on croyait que c'était tout, il y avait encore une taie d'oreiller remplie de sucre, à vue de nez 5 livres au moins ! De vrais cadeaux de roi ! M. Pauli et la veuve n'en revenaient pas.

La veuve a couru ranger tous ces présents dans son armoire de cuisine. M. Pauli et le major fumaient gentiment ensemble, j'étais assise près d'eux et je réfléchissais à des tas de choses. La situation est tout autre maintenant. Il serait faux d'affirmer que le major me viole. Je crois qu'il suffirait d'une seule remarque cinglante de ma part pour qu'il parte et ne revienne plus. C'est donc de plein gré que je suis à son service. Est-ce que je le fais par sympathie, par besoin d'amour? À Dieu ne plaise! Pour l'instant, j'en ai plein le dos de tous ces types avec leurs caprices de mâle, et j'imagine à peine que je puisse encore jamais aspirer à ce genre de choses plus tard. Est-ce que je le fais pour le lard, le beurre, le sucre, les bougies, la viande en boîte? Sans doute un peu, oui. Ça me déplaisait d'avoir à partager les provisions de la veuve. Je suis heureuse de pouvoir lui offrir quelque chose à mon tour, grâce aux dons du major. Je me sens plus libre ainsi, je mange avec meilleure conscience. D'un autre côté, j'aime bien le major, je l'apprécie d'autant plus comme être humain que l'homme en lui exige peu de moi. Et il n'exigera jamais grand-chose de moi, je le sens. Son visage est pâle. Sa blessure au genou le fait souffrir. Peut-être recherche-t-il une présence féminine et humaine plus qu'une simple relation sexuelle. Et je la lui offre de bon cœur, oui, volontiers. Parce que, de toutes les brutes épaisses rencontrées ces derniers jours, il est de loin le plus supportable en tant qu'homme et qu'être humain. Et puis, je sais le manœuvrer. Je n'en aurais pas été aussi aisément capable avec Anatol, bien qu'Anatol soit la bonté même envers moi. Mais si avide, si fort, si... taureau! Sans qu'il le veuille, une seule petite gifle de lui m'aurait fait cracher toutes mes dents — comme ça, sans raison, par excès de force, une force d'ours! Avec le major, au contraire, il y a moyen de parler. Or, tout ça ne répond pas encore à la question de savoir si je mérite le nom de putain ou non, puisque je vis pour ainsi dire de mon corps et que je l'offre en échange de nourriture.

Cela dit, en écrivant, j'en viens à me demander pourquoi je cours ainsi après la morale et ose prétendre que le métier de prostituée est indigne de moi. De toute manière, c'est un des plus vieux métiers du monde, une activité respectable qui se retrouve dans les milieux les plus sélects. Je n'ai parlé avec ce genre de femme qu'une seule fois dans ma vie; elle était « en carte », s'adonnait officiellement à la profession. C'était sur un bateau, en Méditerranée, non loin de la côte africaine; je m'étais levée très tôt et flânais sur le pont à l'heure où les mate-lots récurent encore le plancher. Une autre femme était déjà debout aussi, je ne l'avais jamais vue, elle était rondelette, modestement vêtue, et fumait une cigarette. Je vins m'accouder près d'elle au bastingage et lui adressai la parole. Elle connaissait quelques bribes d'anglais, m'appelait *miss*, me tendit son paquet de cigarettes avec un sourire. Un peu plus tard, le chef steward me prit à part et me chuchota d'un ton dramatique que c'était là une « personne peu recommandable » ; on avait été obligé de l'emmener, mais on ne la laissait monter sur le pont que tôt le matin, quand, normalement, aucun des passagers n'était encore debout. Je ne l'ai plus revue, mais je vois encore devant moi son visage rond et affable. Qu'est-ce que ça peut bien vouloir dire, « peu recommandable » ?

La morale mise à part, serais-je capable, moi, d'entrer dans la profession et de m'y plaire ? Non, jamais. Ça va à l'encontre de ma nature, blesse ma dignité, bat en brèche ma fierté — et fait que je me sens physiquement mal. Donc, pas de souci à me faire. Je quitterai le métier, si je puis nommer ainsi mes faits et gestes actuels, avec toute la joie du monde — dès que je pourrai assurer ma subsistance d'une autre manière, plus agréable, et mieux adaptée à ma fierté.

Vers 22 heures, le major est allé caser son Ouzbek dans la chambre derrière la cuisine. De nouveau, le bruit d'un ceinturon que l'on pend au pied du lit, le revolver qui se balance en même temps, le béret qui vient couronner le pommeau. Mais la chandelle continue de brûler et nous nous racontons des tas d'histoires. Ou plutôt c'est le major qui raconte, il me parle de sa famille et sort des petites photos de son portefeuille. Par exemple, une photo de sa mère, qui a les cheveux blancs et des yeux noirs en amande. Elle est originaire du sud du pays, où les Tatares vivaient depuis toujours, et elle a épousé un Sibérien tout blond. Physiquement, le major ressemble beaucoup à sa mère. Je comprends mieux sa nature maintenant que je suis au courant de ce mélange de sang entre le Nord et le Sud : sa versatilité, l'alternance de précipitation et de lourdeur, de fougue et de mélancolie, ses élans lyriques et l'humeur maussade qui leur succède subitement. Il a été marié, est divorcé depuis longtemps, n'était manifestement pas un partenaire commode, comme il l'admet lui-même. Il n'a pas d'enfants, ce qui est très rare chez les Russes. Je m'en suis aperçue parce qu'ils me demandaient toujours tout de suite si, moi, j'en avais et manifestaient leur surprise en dodelinant de la tête, s'expliquant mal pourquoi il y a si peu d'enfants chez nous et tant de femmes sans enfants. Ils ont peine à croire que la veuve non plus n'en a pas.

Le major me montre une autre photo, le portrait d'une jeune fille très jolie, dont les cheveux sont séparés par une raie bien droite ; c'est la fille d'un professeur d'université polonais, chez qui le major était cantonné l'hiver dernier.

Lorsque le major se met à m'interroger sur ma situation familiale, j'esquive la question, je préfère ne pas en parler. Il veut alors savoir quelle a été ma formation, témoigne du respect quand je lui parle du lycée, de mes études de langues et de mes voyages à travers toute l'Europe. Il reconnaît, plein d'estime : « Tu as de bonnes qualifications. » Puis, de but en blanc, marque sa surprise de voir que les filles allemandes sont toutes si minces et sans graisse — est-ce qu'on nous donne si peu à manger ? Il imagine alors ce qui arriverait s'il m'emmenait en Russie, si je devenais sa femme, faisais connaissance de ses parents... Il me promet de me gaver de poulet et de crème, car avant la guerre on vivait vraiment bien chez lui, là-bas... Je le laisse fantasmer. Une chose est certaine : ma « formation » — qu'il jauge sans doute selon des critères russes bien plus modestes — lui inspire du respect et me rend désirable à ses yeux. C'est là toute la différence avec nos hommes allemands, pour qui, d'après mon expérience, la culture d'une femme ne vient en rien accroître son charme. Au contraire, instinctivement d'ailleurs, face aux hommes, je me suis toujours fait passer pour un peu plus bête et plus ignorante que je ne le suis, ou j'ai caché cet aspect-là de ma personne jusqu'à ce que je les connaisse mieux. L'homme allemand veut toujours être le plus malin des deux pour avoir quelque chose à apprendre à sa petite femme. Les hommes soviétiques s'intéressent moins aux braves femmes au foyer. Chez eux, la culture est tellement cotée, c'est un bien si rare, si prisé, si nécessaire et même urgent qu'il est paré d'une incroyable aura par l'État lui-même. À cela s'ajoute que le savoir, là-bas, paie bien, c'est ce que le major veut me faire entendre quand il m'explique que, dans son pays, je trouverais très certainement « un travail qualifié ». Merci beaucoup, ça part d'une bonne intention, mais je suis déjà servie. Chez vous, il y a trop de cours du soir. Je n'aime plus les cours du soir. Je préfère avoir mes soirées à moi.

Il s'est remis à chanter, tout bas, des airs mélodieux, j'aime l'écouter. C'est un homme intègre, un être propre, ouvert. Mais lointain, étranger, et encore si immature. Nous, les Occidentaux, nous sommes vieux et savants — et pourtant, maintenant, nous ne sommes que de la boue sous leurs bottes.

De la nuit, je me souviens seulement que j'ai dormi profondément et que j'ai même fait des rêves agréables; et que le matin j'ai eu recours à d'infinies circonlocutions comme « cinéma dans la tête », « images derrière les yeux fermés », « quelque chose qui ne tourne pas rond dans le sommeil » pour lui faire dire le mot « rêve » en russc. Encore un terme qui est absent du dictionnaire militaire.

Lorsque, vers 6 heures du matin, le major a voulu aller dans l'autre pièce pour sortir l'Ouzbek de son sommeil, tout est resté calme à l'intérieur. Il est venu me chercher, anxieux et excité, persuadé qu'il était arrivé quelque chose à l'Asiatique — peut-être avait-il perdu conscience, ou bien l'avait-on attaqué ou même tué? Ensemble, nous avons secoué la poignée, collé l'oreille au bois de la porte. Rien, pas un bruit : pourtant on distinguait bien la clé dans la serrure, à l'intérieur. Personne ne dort à ce point, même pas un Asiatique. Je me précipitai chez la veuve, la secouai pour la réveiller, lui fis part tout bas de nos inquiétudes.

« Mais non », dit la veuve en bâillant. « Il veut simplement rester ici tout seul et ensuite tenter sa chance auprès de toi. »

M. Pauli invoque souvent à raison « l'astuce bicn féminine » de la veuve. Mais, dans ce cas-ci, je ne la crois pas et je lui ris au nez.

Le major finit par s'en aller après avoir regardé sa montre à maintes reprises. (Une montre russe, comme il me l'a confié dès le début de notre relation, et prouvé en me faisant voir la marque.)

À peine est-il parti... Qui fait son apparition dans le corridor, bien réveillé et fin prêt? Monsieur l'Ouzbek!

Il s'avance vers moi, me regarde de son petit œil bouffi, étrangement trouble pour l'instant, sort de la poche de son manteau une paire de bas de soie, encore entourés de leur ruban de papier, et dit en me tendant l'objet, dans un russe approximatif : « Tu veux ? Je te les donne. Tu me comprends ? »

Bien sûr que je comprends, mon gros chou ! J'ouvre toute grande la porte d'entrée et lui indique le chemin. « Et maintenant va-t-en ! », lui dis-je en allemand. Il comprend et part sans se presser, me regarde encore une fois de ses yeux bouffis et pleins de reproches, et rempoche ses bas.

Un à zéro pour « l'astuce féminine ».

Nuit du jeudi 3 mai au vendredi 4 mai

Il est à peine 3 heures passées et il fait encore sombre, j'écris au lit, éclairée par la bougie, seule. Je peux me permettre ce luxe de lumière grâce au major qui nous a procuré une quantité impressionnante de bougies.

Toute la journée de jeudi, derechef grande agitation dans l'appartement. Sans crier gare, trois des hommes d'Anatol se sont pointés, se sont installés autour de la table, ont bavardé, fumé, craché à la ronde, malmené le gramophone grésillant qui traîne toujours dans un coin, et fait inlassablement grincer le disque publicitaire du grand magasin de vêtements. Je leur ai demandé des nouvelles d'Anatol — non sans une certaine appréhension —, mais ils se sont contentés de hausser les épaules en laissant entrevoir la possibilité de son retour. Il y a eu aussi le boulanger des troupes qui a réapparu dans son tablier blanc et m'a répété sa sempiternelle question : est-ce que, en échange de beaucoup de farine, je ne pourrais pas lui trouver une fille ?

Non, je n'ai pas de fille à procurer au boulanger. Les sœurs buveuses et fêtardes sont désormais entre les mains de leurs officiers attitrés. La jeune fille de bonne famille, Stinchen, est bien tapie dans sa soupente. Quant aux deux filles du concierge, ces derniers jours, je ne les ai plus vues ni entendues, je suppose qu'elles sont allées se planquer quelque part dans

126

un coin. L'une des deux vendeuses de la boulangerie d'en bas a fichu le camp, on dit qu'elle est allée se terrer dans une cave étrangère. Et la veuve s'est laissé dire qu'on tenait l'autre cachée dans la réserve. On aurait glissé une grande armoire devant la porte qui communique avec le magasin et occulté la fenêtre qui donne sur l'extérieur en abaissant les stores. Il doit faire plutôt sombre là-dedans pour elle. Théoriquement, il resterait donc la jeune femme qui ressemble à un jeune homme, vingt-quatre ans et lesbienne. À ce qu'on dit, elle a toujours réussi à échapper aux Ivan. Elle continue imperturbablement de se promener dans son complet veston gris, avec ceinture et cravate, un chapeau d'homme enfoncé jusqu'aux yeux. Ses cheveux sont de toute façon coupés court sur la nuque. Elle se faufile donc comme un mec parmi les Russes qui ignorent tout de tels cas limites, elle va même chercher de l'eau et manie la pompe la cigarette au bec.

Pauli plaisante à propos de la fille, lui souhaite une prompte reconversion, affirme que ce serait même du beau travail que de lui déléguer quelques gars, par exemple un solide gaillard comme Petka avec ses pattes de bûcheron. Petit à petit, nous nous mettons d'ailleurs à parler des viols avec humour, mais un humour noir.

Et il y a souvent de quoi. Ainsi, ce matin, la femme à la joue teigneuse a dû se rendre à l'évidence elle aussi, à l'encontre de ma prophétie. Deux gars l'ont attrapée alors qu'elle montait chez des voisins et l'ont coincée dans un des appartements abandonnés. Elle a dû subir ça deux fois, ou plutôt une fois et demie, comme elle précise assez mystérieusement. Elle a raconté qu'un des types avait pointé du doigt sa grosse dartre et demandé : « Syphilis ? » À quoi la gourde, encore sous le choc, avait secoué la tête et crié : « Non ! » Juste après, elle a fait irruption chez nous en manquant de tomber à chaque pas, a dû laisser passer quelques minutes avant de pouvoir parler, nous avons essayé de la remonter en lui faisant boire une bonne tasse de bourgogne. Elle a fini par reprendre son souffle et a pleurniché : « Et dire qu'il a fallu attendre sept ans pour ça. » (Elle vit séparée de son mari depuis tout ce temps.) Elle a ensuite parlé de l'appartement où on l'avait traînée et s'agitait : « Qu'est-ce que ça pue à l'intérieur ! Ils y ont fait leurs

127

besoins ! » Malgré tout, la teigneuse apprend bien le russe. Elle s'est procuré un petit dictionnaire et transcrit consciencieusement ses mots de vocabulaire. Elle me demande de l'aider pour la prononciation. La joue purulente est juste sous mon nez, elle est enduite de pommade et ressemble à un chou-fleur pourri. Mais, ces derniers temps, j'ai appris à ne plus être aussi vite dégoûtée.

Nous aussi, nous nous comportons en hors-la-loi dans les maisons abandonnées, nous y commettons nos petits larcins et y chipons tout ce qui peut nous servir. Ainsi, dans l'appartement voisin (où ils ont, entre autres, transformé l'évier de la cuisine en latrines), je suis allée prendre toute une brassée de briquettes, un marteau et deux bocaux de cerises. Nous vivons bien et nourrissons bien aussi ce fainéant de Pauli. Il a attrapé des joues de gros lard sur son lit de souffrance.

Tout d'un coup, dans la soirée, Anatol fait irruption dans la pièce. À l'improviste, on l'avait presque oublié. Moi, je panique, sens mon cœur cogner dans mon cou. Anatol, lui, rit et m'enlace, ignore apparemment tout du major. C'est sans doute vrai qu'il a été détaché à l'état-major, parce qu'il revient avec toute une batterie de nouvelles de premier ordre. Il nous parle de la destruction du centre de Berlin, du drapeau soviétique qui flotte sur les ruines du Reichstag et de la porte de Brandebourg. Il est allé partout. D'Adolf il n'a rien à dire, confirme en revanche le suicide de Goebbels avec sa femme et tous ses enfants. Anatol attrape le gramophone et ça suffit pour que le couvercle se brise en cinq morceaux. Il reste là, tout pantois, avec sa salade de bois dans les mains.

Images confuses, bribes d'images, tout se mélange dans ma tête, je ne parviens plus à séparer les choses. Le soir est revenu, avec beaucoup de vodka, la nuit est revenue. Je tendais anxieusement l'oreille, sursautais à chaque bruit et à chaque pas venus de l'extérieur. Je craignais que le major n'arrive et ne s'interpose ; mais ce ne fut pas le cas. Peut-être le sinistre lieutenant blond, qui connaît bien Anatol aussi et ses hommes, l'a-t-il averti en secret. De son côté, Anatol avait entendu parler du major et voulait savoir si moi et lui... J'ai fait signe que non, nous n'avions eu que des conversations sur la politique, et il s'est contenté de l'explication. Ou bien a fait comme si. Puis, il m'a juré ses grands dieux qu'à part moi, il n'avait touché aucune autre fille à Berlin. Après, il a sorti du courrier qu'il avait reçu de son pays. Quatorze lettres dont treize signées par des femmes. Il me dit, avec un sourire gêné, mais comme une évidence : « Oui, elles m'aiment toutes. »

Comme Anatol avait commis l'imprudence de me dire qu'il devait repartir vers 3 heures du matin, pour réintégrer ses nouveaux quartiers dans le centre, et aussi qu'il ne reviendrait sans doute pas, j'ai essayé de le maintenir aussi longtemps que possible loin du lit. Je l'ai amené à me montrer ses lettres une à une, j'ai posé toutes les questions possibles, lui ai demandé de me raconter, de m'expliquer la carte de Berlin, la progression du front. J'encourageais aussi ses hommes à boire et à mettre des disques, leur demandais de chanter, ce qu'ils ont fait avec plaisir jusqu'à ce qu'Anatol leur fasse signe d'aller se balader. Au lit, j'ai encore fait des chichis et quand il a eu ce qu'il voulait, je lui ai déclaré qu'il était grand temps pour moi de mettre un point final à tout ça ; que j'étais fatiguée, éreintée, que j'avais besoin de repos. Je lui ai tenu des discours moraux et lui ai fait comprendre qu'il n'était certainement pas comme tous ces hooligans, que c'était un homme plein d'égards, cultivé et sensible. Il a avalé toute la sauce, bien qu'avec une certaine réticence et des récidives d'homme-taureau que j'ai su réfréner. Il est vrai qu'après il m'a été impossible de fermer l'œil ne serait-ce qu'une minute. Enfin, 3 heures sonnèrent, Anatol devait partir. Mes adieux au chaud pur-sang furent amicaux, mais après, j'ai enfin pu respirer à l'aise et m'étirer. Je suis restée éveillée quelque temps avec le sentiment idiot que tous mes faits et gestes étaient épiés par des espions, et que le major ne tarderait donc pas à revenir. Mais jusqu'ici personne n'est venu. Dehors, le coq chante. Et maintenant je vais dormir.

Vendredi 4 mai 1945,
écrit le samedi 5 mai

Le major a fait son apparition vers 11 heures du matin, il était déjà au courant qu'Anatol avait resurgi dans le coin, a voulu savoir si lui et moi... Je lui ai dit que non, qu'il avait simplement fait la fête et bu ici avec ses hommes, et avait dû regagner le centre tout de suite. Il a tout gobé. Je me sentais moche. Ils finiront bien par tomber l'un sur l'autre. Que faire ? Je ne suis qu'une proie, c'est aux chasseurs de décider ce qu'ils font de leur proie et auprès de qui elle doit rester. Ce qui ne m'empêche pas d'espérer de tout cœur qu'Anatol ne revienne pas.

Cette fois, le major a rapporté toutes sortes de friandises, des provisions de la force aérienne, des aliments concentrés. Nous en avons mangé comme dessert, entre nous, car le major avait dû prendre congé tout de suite. Il ne savait trop s'il devait rire ou se fâcher quand je lui ai raconté l'histoire de son Ouzbek qui m'offrait des bas. Il a finalement opté pour le rire. Il a promis de revenir dans la soirée, d'un ton sévère, avec un regard sévère. Je me demande si je suis vraiment capable de le manœuvrer comme je le croyais, je dois prendre garde, ne jamais oublier que ce sont eux les maîtres.

Au grand dépit de la veuve, M. Pauli et moi mangeons comme quatre. Nous étalons des couches de beurre épaisses d'un doigt, nous gaspillons le sucre, préférons que nos pommes de terre soient revenues dans de la graisse. Mais la veuve compte chaque patate que nous portons à la bouche. Et elle n'a pas tout à fait tort. Nos petites provisions diminuent à vue d'œil. Il est vrai que nous avons encore une corbeille pleine de pommes de terre à la cave ; mais voilà, nous n'y avons plus accès. Entre 5 et 7 heures ce matin, quand tout était encore calme, les résidents de la maison s'y sont tous mis pour en barricader l'accès : avec une montagne de décombres, un monceau de chaises, des sommiers, des armoires et des poutres. Le tout solidement amarré à l'aide de fils de fer et de cordes. Pour défaire tout ça, il faudrait des heures. Aucun pillard n'en aura la patience, et c'était là le but. Ce n'est qu'« après » qu'il s'agira de tout démanteler — mais bien évidemment, personne ne sait quand cet « après » viendra.

Folle journée ! Dans l'après-midi, Anatol a refait surface inopinément, cette fois dans le side-car d'une moto. Il m'a montré la machine et son pilote, qui attendaient en bas. Il ne peut donc rester longtemps, tant mieux ! Et cette fois, m'affirme-t-il, c'est vraiment sa dernière visite — il est muté avec l'état-major et doit quitter Berlin. Où va-t-il ? Il ne le dit pas. Dans une ville allemande? Il hausse les épaules et grimace. Ça m'est plutôt égal, mais j'aurais aimé savoir s'il part pour de bon. La veuve lui a adressé un salut amical, mais tempéré. Elle a le point de vue de l'armoire de cuisine et préfère les offrandes que le major dépose sur ses étagères.

Je suis assise à côté d'Anatol, sur le bord du lit, et l'écoute parler de « sa » moto, dont il est très fier, quand soudain la porte s'ouvre, alors que j'y avais collé un fauteuil. Anatol lève les yeux, dérangé, importuné. C'est la veuve, elle est toute rouge et ses cheveux sont en bataille. Derrière elle, un Russe la bouscule pour entrer, je le connais, je me rappelle : c'est le joli Polonais de Lemberg, celui qui a reçu une balle dans l'occiput à Stalingrad et qui est spécialement doué pour les accès de colère. Et il semblerait qu'il soit sur le point d'en avoir un. Il s'époumone d'emblée, en s'adressant aussi bien à moi qu'à Anatol, nous prend à témoin : il crie qu'il est jeune, et qu'il ne doit pas y avoir deux poids deux mesures, voilà longtemps qu'il n'a plus eu de femme, et l'époux de la veuve (il croit que c'est M. Pauli qui est en train de faire sa sieste à côté) n'a pas besoin de le savoir, il ne s'en apercevra même pas, ça ne prendra pas beaucoup de temps! Et il ouvre grands les yeux, serre les poings, secoue sa tignasse — visiblement pénétré de son bon droit envers la veuve, dont les bribes de polonais de moissonneur lui sont sans doute restées dans l'oreille et dans le cœur. Il tente même sa chance par ce biais-là, lui lance des mots en polonais — le tout dans la plus grande excitation, tandis que la veuve essuie ses larmes qui n'en finissent pas de couler.

Anatol me regarde, regarde la veuve, ne veut visiblement pas être mêlé à tout ça. Il se tourne vers moi et me dit que ce n'est pas si grave, que je devrais essayer de la raisonner, de lui faire comprendre que ça serait vite passé, qu'elle ne devrait pas s'en faire à ce point-là. Puis, s'adressant au Polonais et le congédiant d'un geste, il prie qu'on veuille bien lui épargner tout ça, il est pressé, doit bientôt repartir... Et il fait mine de repousser le fauteuil contre la porte. En hâte, je chuchote quelques mots à l'oreille de la veuve, lui rappelle la balle dans le crâne et les crises de furie du Polonais. L'homme est capable de tout et va devenir fou s'il n'a pas ce qu'il veut... Et bientôt Anatol ne sera plus là, et ne pourra plus être d'aucun secours. Ou bien la veuve préfère-t-elle réveiller M. Pauli pour qu'il lui donne une bonne leçon ? La veuve fait signe que non, à quoi bon ? Et elle pleure. Le Polonais, entre-temps radouci, la caresse. Ils s'éclipsent tous les deux.

Un quart d'heure plus tard, en bas, la moto démarre et pétarade. Anatol est assis dans le side-car, lève une dernière fois les yeux vers l'appartement, m'aperçoit à la fenêtre et me fait de grands signes. Puis la machine disparaît derrière le coin.

De tout l'après-midi, la veuve ne m'a pas adressé la parole. Elle boudait. C'est vers le soir seulement qu'elle a changé d'humeur, s'est mise à parler... Le jeune diable enragé se serait calmé et radouci, il était même devenu ennuyeux à mourir, avant de se décider à la relâcher. Mais il lui aurait fait un compliment, tout d'abord elle ne voulait pas nous le dire, puis elle a fini par céder : « Femme ukrainienne... comme ça. Toi... comme ça. » Le premier « comme ça » étant illustré par un rond dessiné avec deux pouces et deux index, le second « comme ça » par un petit rond formé avec un pouce et un index.

Qu'est-ce que la journée nous a apporté d'autre ? Ah oui, une nouvelle proie dans la cage d'escalier, une autre vieille, dans la soixantaine ; le jour, les plus jeunes ne se risquent plus sur les lieux. Cette fois, il s'agissait de l'une des trois couturières vêtues de noir. Elles avaient appris que les hommes d'Anatol avaient libéré leur appartement, et à trois, escortées de notre soldat déserteur, elles s'étaient introduites dans les pièces abandonnées et avaient uni leurs efforts pour extraire de tout le fatras et des immondices une machine à coudre qu'elles avaient montée deux étages plus haut. Une des tantes était redescendue seule pour mettre en sûreté l'un ou l'autre accessoire de couture — et était tombée dans les griffes d'un homme. Dans la soirée, la veuve lui a longuement parlé, elle était là, étendue sur le sofa, dans l'appartement des libraires, et sanglotait à n'en plus finir au milieu d'un tas de femmes qui poussaient des lamentations.

Entre-temps, la cadette des concierges n'y a pas échappé non plus, c'est sa mère qui me l'a raconté à la pompe. Les premiers jours, la famille, la mère, deux filles et un petit-fils de trois ans s'étaient tenus cachés dans la cave bien barricadée des voisins. Quand le bruit a couru que les Ivan s'étaient calmés, les jeunes filles étaient retournées dans l'appartement du premier étage, y avaient fait la cuisine et la lessive. Jusqu'à ce que deux garçons complètement bourrés les y surprennent. À la plus âgée, précise la mère, ils n'ont pas touché, ni l'un ni l'autre. Depuis lors, je l'ai vue et je peux les comprendre : elle est devenue d'une maigreur maladive, a un petit visage tout mince et les joues tellement creusées qu'on y devine les contours du squelette de la tête. La plus jeune, m'a chuchoté la mère, s'était « calfeutrée » avec des tampons d'ouate, alors qu'il n'y avait pas de raison ; les filles avaient entendu dire que les Ivan n'aimaient pas les femmes pendant cette période-là. Mais ça n'avait servi à rien. Hurlant et riant comme des fous, les deux gars avaient lancé les trucs à la ronde dans toute la pièce et pris la fille de seize ans sur la chaise longue dans la cuisine. « Jusqu'ici, elle ne va pas trop mal », ajouta la mère qui s'en étonnait elle-même. Ce qui ne l'a pas empêchée de faire monter la petite, par mesure de prudence, trois étages plus haut, dans l'appartement des libraires où, au dire de la veuve, elle se plaisait à répéter que les Russes s'en étaient pris tout de suite à la plus jeune et n'avaient même pas lancé un regard à l'aînée.

Un autre aussi est venu nous faire ses adieux : Andrei, de la bande d'Anatol, l'instituteur au regard bleu acier. Il est resté assis quelque temps à la table avec moi, pour me parler de politique et, de sa voix basse et contrôlée, me tenir un discours dans lequel pullulaient des mots du style de *socialistitcheski, kapitalistitcheski, ieconomitcheski* ». Pendant ce temps, je restais calmement assise, reprisais mon unique mouchoir et recousais le porte-jarretelles violenté. Petit à petit, une certaine forme d'ordre se réinstallait.

La veuve et moi, et la femme du soldat déserteur, avons passé la soirée autour du lit de M. Pauli, à la lucur d'une chandelle. Nous avons fait don d'une bougie à la femme, en échange de quoi elle nous a offert une boîte d'allumettes. Pile à l'heure, le major est réapparu, suivi de son ombre rondouillarde. Sur son petit harmonica — un Hohner allemand, butin d'un pillage — il a joué des airs fougueux et endiablés. Il a même prié son second de le débarrasser de ses bottes de cuir souple et a dansé en chaussettes une cracovienne, en se déhanchant avec grâce et souplesse, et c'est vrai qu'il fait ça bien. Ensuite, il a dansé un tango avec la veuve au son d'un air à succès que nous chantions tous ensemble, puis s'est remis à jouer de son instrument, optant cette fois pour des extraits de *Rigoletto* et du *Trouvère*. C'est fou tout ce qu'il parvient à faire sortir de cette petite guimbarde. Son Ouzbek ne le quittait pas une seconde des yeux, de ses yeux de Mongol, noirs comme jais ; à intervalles, il exprimait toute son admiration, dans un russe enfantin et maladroit : « Oh, qu'il est bon ! Il n'y en a pas deux comme lui ! » Après maintes palabres, le major a fini par le convaincre de nous chanter un chant ouzbek, qu'il nasillait de manière très curieuse. À la fin, nous avons beaucoup insisté pour le voir danser, et il s'est mis à se balancer sur ses petits jambonneaux. La femme en visite, une solide Berlinoise, a bu avec nous le vin du major et a accepté de bonne grâce ses cérémonieuses courbettes. Pendant qu'il dansait avec la veuve, elle m'a chuchoté : « Eh bien pour lui, je serais prête à tout ! »

Le major est resté. Nuit difficile. Il avait trop dansé et son genou plus gonflé que jamais le faisait horriblement souffrir. Il gémissait dès qu'il remuait. J'osais à peine bouger. Il m'a laissée tranquille. J'ai dormi profondément.

Samedi 5 mai 1945

Aujourd'hui, sombre ciel de mai. Le froid ne nous lâche pas. Je suis assise sur un tabouret devant notre feu de bois, chichement alimenté de littérature nazie. Si tout le monde fait comme nous — et tout le monde le fait — le *Mein Kampf* d'Adolf va devenir une rareté, convoitée des bibliophiles.

Je viens d'ingurgiter toute une poêle remplie de grattons, je me farcis des couches de beurre épaisses d'un doigt, tandis que la veuve m'assaille des plus sombres prophéties. Ce que demain m'apportera, ça m'est égal. Maintenant, ce qui m'importe, c'est de vivre le mieux possible, sinon tout ce saint tremblement fera de moi une chiffe molle. L'image que me renvoie le miroir est de nouveau celle d'une face pleine.

Aujourd'hui, nous avons parlé à trois de l'avenir. En pensées, M. Pauli se revoit déjà installé au bureau de son usine métallurgique, prédit un magistral essor économique réalisé avec l'aide

134

de nos vainqueurs. La veuve se dit qu'elle pourrait peut-être travailler comme cuisinière à la cantine de la même usine. Les modestes revenus provenant de l'assurance-vie de son défunt époux lui font voir les choses en noir, elle craint bien devoir se chercher du travail. Et moi ? J'ai étudié des tas de choses, je trouverai donc bien à me caser quelque part. Je n'ai pas peur. Je confie aveuglément ma petite barque aux courants gouvernés par le temps. Jusqu'à présent, elle m'a toujours guidée vers des rivages cléments. Mais, pour ce qui est de notre pays, de notre peuple... ce n'est pas la joie. Des criminels et des aventuriers sont devenus nos chefs de file et nous les avons suivis comme les moutons à l'abattoir. Maintenant, c'est la haine qui attise tout ce monde pitoyable. « Pour celui-là, aucun arbre n'est assez haut », c'est ce que les gens disaient d'Adolf ce matin à la pompe.

L'après-midi, plusieurs hommes sont venus chez nous. Mais cette fois, c'étaient des Allemands de la maison. Sentiment étrange que de pouvoir de nouveau fréquenter des hommes que l'on a aucune raison de craindre, ni de sonder ni d'observer ou de tenir à l'œil. Ils nous ont fait les frais de la saga des libraires qui retentit dans toute la maison. Le libraire, un petit Bavarois, massif et trapu, a vraiment et carrément engueulé un Russe. Et cela s'est passé au moment où un Ivan interceptait sa femme qui ramenait de l'eau de la pompe, juste à la porte de l'appartement. (Elle empêche son mari d'aller à la pompe, parce qu'il était du Parti.) Elle a poussé des cris perçants, son mari est accouru en trombe, s'est précipité sur l'Ivan et a hurlé : « Espèce de fumier ! Sale bite ! » Et la saga précise comment le Russe s'est alors senti tout petit, s'est dégonflé, ratatiné. Donc ça marche ! Grâce à son flair de bête et de barbare, le gaillard a bien compris que l'époux rouge de colère ne blaguait pas et que, dans la seconde, tout, mais alors tout et n'importe quoi pouvait lui arriver... et il lui a donc abandonné sa proie.

C'est la première fois que j'entendais parler d'une colère aussi forte de la part d'un de nos hommes. La plupart d'entre eux gardent leur sang-froid, réagissent avec la tête et s'efforcent de sauver leur peau, et leurs femmes les soutiennent dans cette attitude. Aucun homme ne perd la face quand il abandonne une femme aux vainqueurs, qu'il s'agisse de la sienne ou de celle du voisin. Au contraire, on lui en voudrait d'exciter ces messieurs en leur résistant. Mais, avec ça, tout n'est pas dit. Je suis persuadée que la libraire n'oubliera jamais cet accès de courage, d'amour si l'on veut, dont son mari a fait preuve. Même les autres hommes, qui clament l'histoire à la cantonade, ne peuvent dissimuler un certain sentiment de respect.

Les Allemands ne sont pas venus chez nous pour s'amuser. Ils se rendent utiles, ont apporté des planches qu'ils ont sciées sur la table de la cuisine et qu'ils clouent en travers du cadre de la porte de derrière. Ils doivent faire vite. Il ne faut pas qu'un Russe vienne s'interposer maintenant. Comme récompense, nous leur offrons des cigares puisés dans la caisse bien remplie que le major nous a apportée hier. Oui, nous sommes riches.

Lorsque les planches obstruent enfin tout le châssis de la porte, un Russe se pointe dans l'escalier de derrière. À grands coups de pied, il essaie d'enfoncer l'armature de bois, mais n'y parvient pas. Nous respirons, nous nous sentons infiniment soulagées. Désormais, tous ces types que nous ne connaissons pas ne pourront plus nous tomber dessus, à grand fracas, jour et nuit. Certes, ils pourront encore venir par la porte principale, mais elle est équipée d'une bonne serrure et faite d'un bois très résistant. Ceux qui nous connaissent nous rassurent généralement tout de suite dès le palier : « C'est Andrei », ou un autre. Et pour ce qui est du major, nous avons convenu d'une manière particulière de frapper à la porte.

Une histoire touchante : ce midi Mlle Behn, la jument décidée de notre cave d'alors, est venue nous voir — maintenant, elle loge chez la jeune Mme Lehmann, dont le mari est porté disparu à l'est, et l'aide à s'occuper de ses deux enfants. À ce jour, ni la jeune femme ni Mlle Behn n'ont été violées, alors qu'elles présentent plutôt bien. Leur bouclier de protection : les petits enfants. Dès la première soirée russe, elles ont pu remarquer l'effet que les enfants font sur eux. Deux brutes avaient réussi à pénétrer dans l'appartement, à grand renfort de cris et de coups de crosse, et poussaient déjà Mlle Behn dans la pièce... mais ils s'arrêtèrent net devant le petit lit-cage où dormaient, l'un contre l'autre, à la lueur d'une bougie, le bébé et le petit Lutz, âgé de quatre ans. L'un des deux hommes, estomaqué, dit en allemand : « Petits enfants ? » Pendant un certain temps, ils ne purent détacher les yeux du petit lit... puis ils s'éclipsèrent sur la pointe des pieds.

Maintenant, Mlle Behn me prie de monter chez elle quelques minutes ; elle a reçu la visite de deux Russes, un jeune et un plus âgé, qui sont déjà venus et apportent aujourd'hui du chocolat pour les petits. Elle aimerait s'entretenir avec eux et me demande de jouer les interprètes.

Finalement, nous voilà donc assis les uns en face des autres, les deux soldats, Mlle Behn, Mme Lehmann avec le petit Lutz de quatre ans qui s'accroche à ses genoux, et moi. Devant nous, le bébé est assis dans sa voiture d'enfant. Je traduis ce que le Russe le plus âgé me demande de traduire : « Quelle jolie petite fille ! Une vraie beauté ! » Et l'homme enroule une boucle dorée du bébé autour de son index. Il me prie alors d'expliquer aux deux femmes que lui aussi a deux enfants, deux garçons qui vivent chez leur grand-mère à la campagne. Il extrait une photo de son portefeuille en carton tout râpé : deux petites têtes coiffées en brosse, sur un papier tout bruni par le temps. Il ne les a plus revus depuis 1941. Les Russes connaissent à peine les congés, c'est ce que j'ai fini par comprendre. Presque tous sont séparés de leur famille depuis le début de la guerre, c'est-à-dire bientôt quatre ans. C'est parce que leur pays fut le théâtre de la guerre pendant tout ce temps, je suppose, et que les civils s'y trouvaient chassés de tous côtés, si bien qu'aucun soldat ne savait plus au juste où sa famille se trouvait à tel ou tel moment. À cela s'ajoutent les distances incroyables dans ce vaste pays et les piètres moyens de transport. Peut-être les dirigeants craignaient-ils aussi, du moins les premières années, que leurs hommes n'en profitent pour déserter ou passer à l'ennemi. Quoi qu'il en soit, contrairement à nos soldats, ceux-là n'avaient pas droit aux congés. Je l'explique aux deux femmes, à quoi Mme Lehmann rétorque d'un air compréhensif : « Oui, cela excuse bien des choses. »

Le second Russe, un jeune garçon de dix-sept ans, a d'abord été partisan, puis a mis le cap vers l'ouest avec les troupes de combattants. Le front plissé, il me lance un regard sévère et m'invite à dire que, dans son village, des militaires allemands ont poignardé des enfants et ont aussi saisi des enfants par les pieds pour leur fracasser le crâne contre un mur. Avant de traduire, je demande : « Entendu dire ? Ou assisté vous-même à la scène ? » Lui, d'un ton sévère et le regard fixe : « Vu moi-même, deux fois. » Je traduis.

« Je ne peux pas le croire », réplique Mme Lehmann. « Nos soldats ? Mon mari ? Jamais de la vie ! » Et Mlle Behn me prie de demander au Russe si les hommes en question avaient « l'oiseau ici » (au bras) ou « l'oiseau là » (sur le béret), c'est-à-dire, s'ils étaient de la Wehrmacht ou bien des SS. Le Russe comprend tout de suite le sens de la question : ils ont appris à faire la différence, dans les villages russes. Mais, même si dans ce cas ou dans d'autres cas semblables il s'agissait de SS, désormais, pour nos vainqueurs, ils feront tous partie du « peuple allemand » et nous devrons tous payer la note. On commence d'ailleurs à le dire un peu partout ; à la pompe, j'ai entendu plusieurs fois cette phrase : « Les nôtres ont sans doute fait la même chose là-bas. »

Silence. Nous regardons fixement devant nous. Une ombre plane dans la pièce. Le bébé ne sait rien de tout cela. Il mordille l'index de l'étranger, il piaille, pousse ses petits cris. J'ai la gorge serrée. L'enfant m'apparaît soudain comme un prodige, tout rose et blanc avec ses petites boucles dorées, il est là en train de s'épanouir dans cette chambre dévastée, presque dépouillée de tout, au milieu d'adultes souillés par les événements. D'un seul coup, je comprends pourquoi le guerrier a la nostalgie du petit enfant.

Dimanche 6 mai 1945

D'abord, la fin de la journée de samedi. Vers 20 heures, le major a réapparu avec son Mongol. Cette fois, ce sont deux turbots, pas grands, mais tout frais, qu'il a sortis de ses insondables poches de soldat. La veuve a tout de suite pané et frit les savoureux poissons. Nous en avons tous mangé, même l'Ouzbek a reçu sa part dans son coin de fenêtre, qu'il va toujours occuper illico comme un brave chien. Quel régal !

Si le major est resté la nuit ? Je n'aurais pas osé me déshabiller seule, aller me coucher seule dans ma chambre, je le sais. Bien que la porte de derrière soit maintenant barricadée, bien que la guerre ait cessé de faire rage dehors, une bonne dose d'angoisse nous habite encore tous. Angoisse de nous retrouver nez à nez avec des hommes ivres, déchaînés. Le major nous en protège. Aujourd'hui, il a traîné la jambe. Son genou est toujours enflé. La veuve, dont les mains font des miracles dans ce domaine, lui a appliqué une compresse avant qu'il vienne s'étendre à côté de moi. Il m'a confié tous les diminutifs cocasses dont sa mère l'affublait et a traduit en russe mon prénom, après lui avoir trouvé une tendre abréviation. Nous sommes donc de bons amis, vraiment. Pourtant, je me force à rester sur mes gardes et à parler le moins possible.

Le matin, nous nous sommes de nouveau retrouvées seules, assises auprès du lit de M. Pauli, nous avons avalé un solide petit déjeuner et tendu l'oreille. Finalement, la veuve s'est risquée dans la cage d'escalier, a galopé en direction de l'appartement des libraires, dans lequel une douzaine de voisins logent toujours ensemble. Elle est revenue et m'a demandé : « Viens, et donne-moi ce qui reste de vaseline. » Elle avale sa salive, ses yeux s'emplissent de larmes.

Hier soir, dans l'obscurité, comme on lui a raconté, le liquoriste est revenu chez sa femme, bravant les troupes et traversant le front, il a rampé, s'est faufilé accompagné d'Elvira, la rouquine, qui avait monté la garde avec lui dans la fabrique de liqueurs — pour quelle raison, je l'ignore. Voulaient-ils prendre ensemble la défense des bouteilles d'alcool ? Ce doit être une pulsion primitive bien ancrée dans l'homme que de vouloir s'accrocher à ses biens quand pèse la menace.

La veuve et moi sommes remontées ensemble. L'appartement se trouve au quatrième étage. Il s'est avéré que la liquoriste à la poitrine opulente, qui avait déjà eu les honneurs des premières poursuites russes à la cave, avait depuis lors, c'est-à-dire... un instant... depuis plus d'une semaine, occupé son quatrième étage sans être importunée. Sa baignoire était pleine d'eau, et elle avait une bonne quantité de vivres à sa disposition. Elle est donc restée là toute seule. Et je veux bien le croire. Le fait est (et nous l'avons appris relativement tard) que les Russes n'aiment pas monter les escaliers. Ce sont, pour la plupart, des fils de paysans, ils vivent au rez-de-chaussée et ont grandi près de la terre ; ils n'ont pas appris à grimper des escaliers. Sans doute ont-ils aussi le sentiment, quand ils sont là-haut, d'être coupés du reste, et savent que la retraite vers le bas prendra quelque temps. Bref, il est rare qu'ils se risquent à monter aussi haut.

Nous entrons dans l'appartement, sur la pointe des pieds, comme chez une malade. La rousse est assise sur une chaise de cuisine, regarde fixement devant elle. Ses pieds sont plongés dans un seau rempli d'eau. Elle trempe ses orteils qui sont écorchés et tout en sang d'avoir marché, comme nous l'apprend le fabricant. Les pieds de l'homme aussi sont en mauvais état. Ils ont traversé tous les deux, en chaussettes, le front et les rues en ruine. Les Russes leur avaient pris leurs souliers.

Pendant que la rousse qui, par-dessus sa combinaison, porte une blouse beaucoup trop grande, empruntée sans doute à la maîtresse de maison, remue les orteils en gémissant, l'homme nous rapporte que la fabrique s'est retrouvée deux jours durant en pleine zone de combats ; et que les troupes, allemandes au début, russes ensuite, s'étaient régalées des dernières provisions d'alcool. Puis les Russes, qui fouinaient partout pour trouver du schnaps, avaient fini par débusquer Elvira et le chef, terrés dans un réduit à l'abri d'une cloison de planches, et aussi une seconde femme, une employée de la firme, qui avait également cherché refuge en bas. Là-dessus, l'homme hausse les épaules, incapable de poursuivre, et sort de la cuisine.

« Ils ont fait la queue », nous explique alors à voix basse la liquoriste, tandis que la rousse garde toujours le silence. « L'un attendait que l'autre ait fini. Elle dit qu'il y en a eu au moins vingt, elle ignore le nombre exact. Elle a presque hérité de tout le lot. L'autre femme n'était pas dans un bon jour. »

Je fixe Elvira. Son visage est blême et sa bouche enflée y ressort comme une grosse prune bleue. « Fais-leur voir », dit la maîtresse de maison. Sans un mot, la rousse ouvre sa blouse, et nous montre ses seins tout bleus et couverts de morsures. J'ai peine à l'écrire, la nausée me reprend.

Nous lui laissons le restant de vaseline. Que peut-on dire dans un cas pareil ? Nous ne lui avons donc rien dit. Elle s'est mise d'elle-même à parler, on avait peine à la comprendre, tellement ses lèvres étaient gonflées. « Je priais pendant ce temps-là, dit-elle à peu près, je n'ai pas cessé de prier : Mon Dieu, grâce te soit rendue de m'avoir fait soûler. » Car, avant de se mettre en rang et de faire la queue, les gaillards avaient bourré la femme de tout ce qu'ils trouvaient sur les lieux et continuaient à l'abreuver pendant qu'ils y allaient. Et tout ça, nous le devons au Führer.

À part ça, nous avons eu beaucoup à faire durant tout l'après-midi, beaucoup à nettoyer et à laver, le temps a filé. J'étais tout étonnée de voir soudain le major dans la pièce, la veuve l'avait fait entrer. Cette fois, il nous a apporté un jeu de cartes flambant neuf, il les étale sur l'édredon, devant M. Pauli. Ils ont apparemment trouvé un jeu qu'ils connaissent tous les deux. Moi, je n'y connais rien, je me suis esquivée dans la cuisine, auprès de la veuve, et j'écris vite ces quelques lignes. Le major a même apporté de l'argent pour les mises, des pièces allemandes de 3 et de 5 marks, qui n'ont plus cours chez nous depuis une éternité. Comment sont-elles tombées en sa possession? Je n'ose le lui demander. Aujourd'hui, il ne nous a rien apporté à boire, il s'en est excusé auprès de chacun de nous en particulier. Aucune importance, cette fois il est notre hôte, nous avons hérité d'une bouteille de liqueur du fabricant.

Lundi 7 mai 1945

Il fait toujours frais dehors, mais le ciel s'éclaircit, quelques timides rayons de soleil ont percé. Nuit de nouveau agitée, le major s'est réveillé plusieurs fois en gémissant, me tirant de mon sommeil. Son genou est en bonne voie de guérison, mais, quand il le cogne, il a mal. Et pourtant, il ne m'a guère laissée en paix. En plus, il m'a beaucoup parlé des deux sœurs buveuses et fêtardes qui ont emménagé dans l'appartement abandonné des sœurs pudding. Connues sous les noms d'Ania et Lisa, elles sont apparemment très populaires auprès des officiers. J'ai rencontré l'une d'elles dans les escaliers; très jolie, cheveux noirs et peau blanche, grande et fine. Le major haussait les épaules et semblait un peu gêné en me parlant de leurs petites orgies. En plein jour, ce matin, il avait été invité dans l'appartement où les deux jeunes femmes étaient au lit avec deux hommes, et ils lui avaient proposé en riant de se coucher avec eux... Une offre qui choquait encore le major bien-pensant tandis qu'il me relatait l'histoire. Il me dit aussi qu'un autre pôle d'attraction pour les Russes est le mignon petit bambin de trois ans, fils de l'une des sœurs — le major affirme qu'il babille déjà trois mots de russe et que les hôtes masculins le gâtent à qui mieux mieux.

Poursuivons. Nouvelle journée. C'est tellement bizarre de vivre sans journal, sans calendrier, sans heure et sans fin de semaine ou de mois. Le temps intemporel... il s'écoule comme l'eau et, pour nous, les seules aiguilles de montre sont désormais des hommes revêtus d'uniformes étrangers.

Parfois, je m'étonne moi-même de l'obstination avec laquelle je veux fixer ce temps intemporel. Ceci est ma deuxième tentative de monologue écrit. Pour la première, j'étais encore une écolière. Nous avions quinze ou seize ans, portions des bonnets de collégiennes bordeaux et discutions à l'infini de Dieu et du monde (parfois aussi des garçons, mais avec condescendance...). Un jour, en plein milieu de l'année, notre professeur d'histoire fut victime d'une attaque et tout de suite remplacé par une débutante qui prit donc le train en marche. Une toute jeune enseignante, au nez retroussé, qui fit l'effet d'une bombe quand elle débarqua dans la classe. Elle contredit effrontément le contenu patriotique de notre livre d'histoire. Pour elle, Frédéric le Grand n'était qu'un irresponsable et un aventurier. En revanche, elle faisait l'éloge du premier président de la République allemande, le social-démocrate Friedrich Ebert, que notre ancien professeur se plaisait à qualifier ironiquement d'« apprenti sellier ». Après de telles hardiesses, elle nous fixait de ses yeux noirs de braise et clamait haut et fort, les mains levées dans un geste implorant : « Les filles, changez le monde, car il en a besoin ! »

Cela nous plaisait assez. Nous n'aimions pas non plus le monde de 1930. Nous le rejetions énergiquement. Pour nous, les jeunes, il baignait dans la confusion totale et nous était fermé. Il y avait des millions de chômeurs. Chaque jour, on entendait dire que la plupart des métiers convoités par nous étaient sans avenir et que le monde ne nous attendait pas.

Le hasard voulut qu'à l'époque se déroulent de nouveau les élections du Reichstag. Chaque soir se rassemblaient les dix ou quinze plus grands partis. Nous y allions au pas, par petits groupes, aiguillonnées par notre professeur. Nous nous frayions un chemin, qui nous éloignait des nationaux-socialistes et nous rapprochait des sociaux-démocrates et des communistes, en passant par le centre et les démocrates, levions la main chez les nazis pour le salut hitlérien, et nous faisions appeler « camarades » chez les communistes. C'est alors que je me suis mise à écrire mon premier journal intime, avec l'intention de me forger une opinion. Neuf jours durant, je crois, j'ai fidèlement retranscrit les phrases clés des orateurs candidats aux élections — en leur adjoignant les objections de la jeune fille que j'étais. Le dixième jour, j'ai renoncé, alors que mon cahier comportait encore un grand nombre de pages blanches. Je ne m'y retrouvais plus dans tout ce fouillis politique. Mes camarades d'école non plus. Nous étions d'avis que chaque parti tenait un bout de fil du grand écheveau de la vérité. Mais chacun d'eux pratiquait et cherchait à pratiquer ce que nous appelions le maquignonnage : le marchandage, la chasse aux postes et la bastonnade dans la course au pouvoir. Nous trouvions qu'aucun parti n'était pur. Ni inconditionnel. Aujourd'hui, je pense que nous aurions dû fonder un parti des jeunes de seize ans, pour satisfaire à nos revendications morales. On se salit en grandissant.

Ce lundi midi, nous avons eu de la visite. Ce n'était pas quelqu'un de la maison, ni d'à côté : elle venait de Wilmersdorf, un quartier situé à l'ouest, à deux heures de marche. C'était une jeune fille du nom de Frida, connue de la veuve par ouï-dire, à la suite d'une histoire compliquée qui commence avec un neveu de la veuve, un jeune étudiant en médecine. Une nuit, celui-ci était de garde à l'université, dans la défense aérienne. Une jeune étudiante en médecine y avait été affectée aussi, au même moment. Le résultat de cette garde partagée avait été une grossesse, ainsi qu'un mariage, conclu en toute hâte à la demande pressante des parents — elle avait dix-neuf ans et lui vingt et un. Entre-temps, un certain général Heldenklau a mis le grappin sur le jeune homme et l'a envoyé au front. On ne sait pas exactement où. Sa jeune épouse, maintenant enceinte de huit mois, a emménagé chez la Frida en question, qui est assise en ce moment sur une chaise de la cuisine et nous apporte les nouvelles.

Première question de la veuve : « Est-ce qu'ils vous ont aussi... ? » Non, Frida s'en est sortie intacte, ou plutôt, à moitié intacte ; un homme a réussi à la coller contre un mur du couloir de la cave, mais a dû l'abandonner aussitôt pour aller faire la guerre, si bien qu'il n'a pas pu pousser son divertissement jusqu'au bout. D'ailleurs, les troupes ont pour ainsi dire traversé au galop l'immeuble où logent les filles, juste avant la capitulation, sans s'incruster d'une manière ou d'une autre. La future maman a tapoté sur son bedon et a dit : « *baby* » — et on ne l'a pas touchée du tout.

Voilà ce que nous raconte la petite en nous fixant de son regard lumineux, presque lustré. Je connais ces yeux-là, j'ai vu les miens me renvoyer le même regard dans le miroir, à l'époque où je vivais d'orties et de gruau. Et en effet, il y a quelque chose qui ne va plus chez les filles, et c'est la raison pour laquelle Frida a pris sur elle de parcourir tout ce long chemin pénible qui traversait, comme elle dit, des rues désertées et plongées dans le silence. Elle demande de la nourriture pour la nièce de la veuve, la jeune épouse, et son futur bambin. Elle raconte qu'une infirmière lui rend visite de temps en temps et lui a expliqué que le fruit de ses entrailles irait puiser dans le corps de la mère les matières dont il a besoin pour se former, si elle ne peut plus se nourrir en suffisance, et qu'il irait faire une razzia sur son calcium, son sang et sa masse musculaire.

La veuve et moi partons ensemble à la recherche de ce que nous croyons pouvoir lui donner : un peu de beurre du major, un peu de sucre, une boîte de lait, un pain, un morceau de lard. Frida est aux anges. Elle non plus n'est pas reluisante, elle a des jambes comme des échalas, et les genoux pointus et saillants. Cela dit, elle est pleine d'entrain et l'idée de refaire deux heures de marche pour rentrer chez elle ne l'effraie pas. Nous sommes heureuses d'avoir pu accueillir la messagère venue d'un autre bout de la ville, lui demandons de nous décrire exactement le chemin qu'elle a pris, ce qu'elle a vu en route. Nous lui prodiguons nos caresses, lui adressons de grands sourires, à cette jeune femme de dix-huit ans affamée, qui, comme elle nous le raconte, voulait devenir professeur de gymnastique. En attendant, le besoin de gymnastique ne se fera sans doute pas sentir de sitôt dans le pays. Nous sommes heureux dès que nous pouvons éviter tout mouvement. Ou plutôt, les autres le sont, ceux qui ont faim. Moi, pour l'instant, ça ne me concerne pas encore, il me reste des forces. La veuve touche le point névralgique quand elle propose à Frida : « Et qu'en penses-tu, ma petite, vous ne pourriez pas vous attirer les faveurs d'un Russe plus ou moins gentil en lui souriant ? Pour qu'il vous apporte un peu de quoi manger ? »

Frida répond par un petit sourire nerveux et dit que dans son coin il n'y a pour ainsi dire plus de Russes, mais... Et elle rassemble ses présents à la sauvette, les fourre dans le sac à provisions qu'elle a emporté.

Quant à nous, cette visite nous a redonné du cœur au ventre. Nous ne sommes donc pas totalement coupées du monde et pourrions nous risquer à partir à pied retrouver des amis ou des connaissances dans d'autres quartiers de la ville. D'ailleurs, depuis, nous n'arrêtons pas d'y penser et de nous demander si nous sommes prêtes à oser. M. Pauli s'y oppose. Il imagine déjà qu'on va nous tomber dessus et nous réquisitionner pour tels ou tels travaux forcés, peut-être même nous expédier en Sibérie. Nous citons Frida en exemple, elle qui a réussi, et refusons de lâcher prise.

Je poursuis. J'écris ceci en fin d'après-midi. Le premier grand voyage est déjà derrière moi. C'est venu comme ça, de manière tout à fait inattendue. J'étais postée à l'appui de fenêtre, bien qu'il n'y ait rien ni personne à voir dans la rue, si ce n'est, de temps à autre, un Russe ou quelqu'un qui va chercher de l'eau. Et voilà qu'un Russe arrive à vélo et s'arrête devant notre porte... le major.

Moi, je descends aussitôt l'escalier quatre à quatre. Découvre un vélo d'homme allemand, flambant neuf. Je prie et supplie le major : « Puis-je faire un petit tour ? Rien que cinq minutes ? » Il se tient sur le bord du trottoir, se montre hésitant. Il ne sait pas, il a peur qu'on me vole la bicyclette sur la route. Je parviens finalement à le convaincre.

Plein soleil. En un tour de main, il fait chaud. J'appuie sur les pédales aussi fort que je peux. Le vent siffle à mes oreilles. Je file à toute allure, cela me fait tant de bien après être restée sédentaire tout ce temps... et puis j'ai peur que quelqu'un ne m'arrête et me chipe le vélo. Je longe des ruines noircies par le feu. Ici, la guerre est plus vieille d'un jour que chez nous. On aperçoit déjà des civils qui balaient le trottoir. Deux femmes tirent et poussent un véhicule sanitaire complètement calciné, sans doute retiré des décombres. Au sommet de la voiture, une vieille femme est couchée sous une couverture de laine, le teint anémique ; mais elle vit encore.

Plus je roule vers le sud, et plus la guerre recule dans le temps. Ici, on aperçoit déjà des Allemands qui forment des groupes et parlent ensemble. Dans notre coin, on ne s'y risque pas encore. On voit même des enfants, ils ont les joues creuses et sont étrangement silencieux. Dans les petits jardins ouvriers, des hommes et des femmes bêchent la terre. De temps en temps, un Russe isolé. À l'entrée du tunnel se dresse encore une barricade érigée par le Volkssturm. Je descends du vélo, je le tiens à la main et longe un étroit passage ménagé sur le côté. Passé le tunnel, sur la pelouse qui s'étend devant la station de métro, un monticule se dresse jusqu'à la hauteur des genoux, garni de verdure et de trois colonnes de bois d'environ un mètre, peintes dans un rouge vif. Sur chaque colonne, on a fixé un écriteau, du papier couvert de lettres écrites à la main et mis sous verre, encadré d'une bande de papier. Sur les écriteaux, je lis trois noms russes et des dates de décès, 26 et 27 avril 1945.

J'y suis restée un long moment. Autant que je me souvienne, c'est la première tombe russe qu'il m'est donné de voir d'aussi près. Derrière moi, au cours de ma traversée, j'ai aperçu au passage des cimetières ; écriteaux délavés, croix de travers, témoins de la détresse et de l'oubli de villages qui ont sombré dans la pauvreté. Dans nos journaux, on pouvait lire et relire que le Russe préférait cacher ses victimes de guerre comme un opprobre, qu'il les enfouissait dans des fosses communes et tassait la terre pour rendre le site méconnaissable. Il est impossible que ce soit vrai. Ils doivent avoir emporté ces colonnes de bois et ces écriteaux avec eux. Tout a été fabriqué en usine, réalisé d'après des dessins, par exemple, l'étoile de bois blanche, collée au sommet — grossier sans doute, simple et sans recherche, d'une laideur absolue, mais néanmoins une marque de respect, d'un rouge lumineux, très visible, criant et criard, impossible de ne pas le voir. Sans doute dressent-ils les mêmes colonnes dans leur pays. Donc ils ont aussi des cimetières, pratiquent le culte des morts, honorent leurs héros, en dépit du fait que leur dogme officiel ne reconnaît pas la résurrection de la chair. S'il s'agissait simplement de marquer l'endroit où des morts sont enterrés provisoirement et destinés à être déplacés plus tard, une simple pancarte indiquant un nom et un matricule aurait suffi. Et ils se seraient épargné tout ce travail de peinture et de sculpture, cette couleur rouge ou toutes ces étoiles. Mais non, bien au contraire, ils auréolent la mort du soldat d'un nimbe écarlate, sacrifient du labeur et du bois autrement utile pour glorifier leurs défunts, aussi piteux que soit le résultat.

Je me remets à pédaler, du plus vite que je peux, reconnais déjà la maison de campagne dans laquelle mon entreprise avait trouvé provisoirement refuge. Je me demande si l'oisillon du rez-de-chaussée a survécu tout ce temps, privé de lait.

Pas d'enfants, pas de jeunes mamans, plus personne des gens qui logeaient au rez-de-chaussée. Je frappe à la porte et j'appelle, au bout de quelque temps apparaît un homme âgé, hirsute, vêtu d'un tricot sale. Je mets un certain temps à le reconnaître. C'est l'ex-fondé de pouvoir de notre ex-maison d'édition, jadis nickel jusqu'à la pointe de ses cols de chemise, maintenant diminué et crasseux. Il me reconnaît, mais sans se montrer ému, bougonne qu'il est venu se terrer ici avec sa femme, parce que, le dernier jour de la guerre, son appartement avait volé en éclats. Pour le reste, la maison est vide, de meubles aussi. Elle était déjà déménagée quand le fondé de pouvoir y est arrivé. Il ne sait pas si ce sont des Allemands ou des Russes qui ont tout emporté... probablement les deux. La maison a été fouillée de fond en comble, ressemble à une porcherie, partout des odeurs d'excréments et d'urine. Mais, dans la cave, il y a encore une montagne de charbon. J'ai cherché un carton vide, l'ai empli de briquettes, au grand dépit du fondé de pouvoir ; quoi qu'il en soit, ce charbon ne lui appartient pas plus qu'à moi. Il n'a pas songé à m'aider. J'ai donc péniblement acheminé mon carton jusqu'au vélo et l'ai fixé sur le porte-bagages avec ma ceinture et un morceau de ficelle trouvé.

En avant, il faut rentrer, et au plus vite. J'ai remonté la rue à toute allure, vu des rangées de soldats à n'en plus finir assis le long de la route, sur le bord des trottoirs. Image typique de l'infanterie, les cochons du front, exténués, crasseux, dégoûtants de poussière, avec des visages sales et pas rasés. Jusqu'ici, je n'ai pas eu l'occasion de voir des Russes comme eux. Je commençais à me dire que nous avions hérité des troupes d'élite dans nos maisons, de l'artillerie, des officiers de renseignement, tous des hommes lavés et rasés de près. Ce qu'il y avait de moins bien se trouvait dans les équipages, ceux qui sentaient le canasson, et pourtant ils ne donnaient pas l'impression d'être aussi exténués que toute cette bande. Ils sont trop lessivés pour faire attention à moi ou à ma bicyclette. Ils ont à peine levé les yeux, se reposent visiblement d'une longue marche harassante.

Vite, vite, voilà déjà le coin de notre rue. Passé l'ancienne caserne de la police, ça grouille d'automobiles. Le vrombissement de leur moteur est grave et soutenu, il en sort une forte odeur d'essence. Nos autos allemandes ne sentaient pas comme ça.

Fière et haletante, je grimpe les escaliers avec le vélo et ma charge de briquettes. Cette fois, le major accourt à ma rencontre, est tout excité, imaginait déjà le vélo volé et moi Dieu sait où. Sur ces entrefaites, l'Ouzbek aussi se précipite vers moi. La veuve l'envoie aussitôt à la pompe nous chercher de l'eau, avec deux seaux. Il fait un peu partie de la famille maintenant, il se met docilement en route.

Je suis ivre de soleil et ravie de ma randonnée express, voilà des semaines que je ne me suis plus sentie aussi gaie et légère. Et en plus, le major nous a apporté du tokay, de cinq *puttonyos,* nous buvons, je ronronne d'aise. Le major est resté jusqu'à 17 heures; quand il est parti, je me suis sentie mal. J'ai pleuré.

(Des semaines plus tard, griffonné dans la marge, à l'usage d'auteurs de romans : « Le temps de trois battements de cœur, son corps se fondit avec le corps étranger qui était sur elle. Ses ongles fouillèrent la chevelure étrangère, de sa gorge s'échappaient des cris, et elle entendait la voix étrangère murmurer des mots étrangers et incompréhensibles. Un quart d'heure plus tard, elle était seule. Par les vitres brisées, le soleil se déversait en larges gerbes. Elle s'étendit et apprécia la lourdeur de ses membres. Elle écarta les mèches ébouriffées de son front. Soudain, elle perçut, avec une sinistre acuité, une autre main qui se glissait dans sa chevelure, la main de l'ami lointain, peut-être mort depuis longtemps. Elle sentit quelque chose gonfler en elle et déborder. Des larmes jaillirent de ses yeux. Elle se retourna, tapa des poings sur l'oreiller, se mordit les mains et les bras, tellement que des morsures bleuâtres s'y dessinèrent. Elle sanglota dans les coussins et souhaita mourir. »)

Mardi 8 mai 1945 et la fin de lundi

Le soir, nous nous sommes retrouvés seuls, M. Pauli, la veuve et moi. Le soleil couchant était rouge. Une vision qui me déplaisait, parce qu'elle me rappelait tous les incendies de ces dernières années. La veuve et moi sommes parties ensemble au petit étang pour y puiser de l'eau sale. (Pour avoir de l'eau potable à la pompe, nous, les Allemands, devons encore compter une bonne heure d'attente.)

Il devait être environ 8 heures, nous vivons sans horloge; le réveil que nous avons enveloppé dans une serviette et caché au fond de l'armoire a des lubies et s'arrête quand bon lui semble. Près de l'étang, pas un bruit. Dans l'eau saumâtre flottent des morceaux de bois, des vieux vêtements, des bancs publics verts de mousse. Nous puisons l'eau trouble avec nos seaux, rentrons d'un pas alourdi, avec le troisième seau qui déborde entre nous deux. Il y a quelque chose par terre sur le talus, à côté de l'escalier de bois vermoulu. C'est un homme; il est couché sur le dos dans le gazon, les genoux repliés.

Un dormeur? Oui, un dormeur on ne peut plus tranquille, il est mort. Nous restons plantées là, à le regarder. Sa bouche est si grande ouverte qu'on pourrait y fourrer un poing. Ses lèvres sont bleues, les ailes du nez cireuses et pincées. Un homme d'une cinquantaine d'années, rasé de près, chauve. Il a l'air très soigné, porte un costume gris clair, des chaussettes de laine grises et des souliers à lacets, classiques et bien cirés. Je touche ses mains, elles sont posées à côté de lui, dans l'herbe, les doigts sont recroquevillés vers le haut, comme des griffes. Elles sont tièdes, pas du tout froides comme on l'attendrait d'un mort. Mais ça ne veut rien dire, c'est peut-être dû aux rayons du soleil qui tombaient sur lui. Il n'a pas de pouls, il est bien mort. Pourtant, il n'a pas encore été détroussé; sur sa cravate est épinglée une barrette d'argent. Nous hésitons à plonger la main dans les poches de son veston, pour y chercher des papiers et pouvoir prévenir d'éventuels parents. Nous nous sentons mal à l'aise. Nous épions les environs pour voir s'il y a des gens. Personne en vue. Je fais quelques pas dans la rue qui descend, aperçois un couple dans l'entrée d'une maison, une jeune fille et un jeune homme, et prie les jeunes gens de m'accompagner, il y a là quelqu'un... Ils me suivent d'un pas hésitant, restent quelque temps immobiles à côté du mort, mais ne touchent à rien et repartent sans avoir dit un mot, en haussant les épaules. Nous restons encore là un moment, sans trop savoir quoi faire, puis nous partons, nous aussi. Nous avons le cœur lourd. Ça n'empêche que, sur le chemin du retour, mon regard ne tombe presque mécaniquement sur le moindre morceau de bois et que mes mains ne les ramassent et les fourrent, tout aussi mécaniquement, dans la sacoche emportée à cet effet.

Devant la maison, nous rencontrons le vieux Schmidt des rideaux, ainsi que notre soldat déserteur. J'en reste interloquée que ces deux-là se soient risqués dans la rue. Nous leur racontons l'histoire du mort, la veuve imite sa bouche béante. « Attaque d'apoplexie », murmure l'ex-soldat. Irions-nous le voir ensemble ? « Bah, pourquoi ? », rétorque le Schmidt des rideaux, « et après il manquera quelque chose dans ses poches et on dira que c'est nous ». En un clin d'œil le mort est oublié au profit d'une autre nouvelle que nous apprend maintenant le Schmidt des rideaux : « Tous les Russes sont partis. » Ils ont quitté notre maison, évacué tout le pâté de maisons — pendant que nous allions chercher de l'eau à l'étang, ils sont partis dans leurs camions. Le Schmidt des rideaux raconte qu'ils avaient bien capitonné les véhicules, avec des matelas et des coussins qu'ils avaient pris dans les appartements abandonnés.

Partis ! Tous partis ! Difficile à imaginer, nous levons involontairement les yeux vers le sommet de la rue, comme si des camions allaient y surgir avec de nouvelles troupes. Mais non, rien, le silence, un silence bizarre. Plus de canassons, plus de hennissements, plus de coqs. Rien que du crottin de cheval, que la cadette du concierge est en train de balayer dans le vestibule. Je regarde la fille de seize ans, la seule jusqu'ici dont je sais qu'elle a perdu sa virginité avec des Russes. Elle a toujours le même visage stupide et content de soi. J'essaie de me représenter ce que ce serait si j'avais vécu ça pour la première fois de cette manière-là. Je me freine dans mes pensées, car, pour moi, c'est impensable. Une chose est claire : si un tel viol avait été perpétré sur la fille en temps de paix par un quelconque maraudeur, on aurait eu droit à tout le saint tremblement habituel, les annonces, les procès-verbaux, les auditions, et même les arrestations et les confrontations, les articles de journaux et tout le tralala chez les voisins... et la fille aurait réagi différemment, et aurait subi un tout autre choc. Mais ici, il s'agit d'une expérience collective, connue d'avance, tellement redoutée d'avance... de quelque chose qui frappait les femmes à gauche, à droite et à côté, et qui, d'une certaine manière, faisait partie de tout un contexte. Cette forme collective de viol massif est aussi surmontée de manière collective. Chaque femme aide l'autre en en parlant, dit ce qu'elle a sur le cœur, donne à l'autre l'occasion de dire à son tour ce qu'elle a sur le cœur, de cracher le sale morceau. Ce qui n'empêche évidemment pas que certaines natures, plus fines que cette vraie petite chipie berlinoise, puissent s'en trouver brisées à tout jamais ou en garder des séquelles pour la vie.

Pour la première fois depuis le 27 avril, le soir, on a fermé la porte d'entrée de la maison. À moins que de nouvelles troupes ne viennent établir leurs quartiers ici, pour nous tous, c'est un nouveau chapitre qui commence.

Et pourtant, vers 21 heures, j'entends qu'on m'appelle de l'extérieur. De sa voix de crécelle, l'Ouzbek répète mon nom plusieurs fois (c'est-à-dire la forme russifiée du nom dont m'a baptisée le major). Quand j'ai regardé par la fenêtre, l'Ouzbek rouspétait et criait dans ma direction, indigné et menaçant, en montrant la porte de la maison fermée à clé. Eh oui, mon gros, ça ne sert à rien de hurler comme ça. Je l'ai fait entrer, le major le suivait sur les talons et boitait considérablement. Le vélo ne lui a pas réussi. La veuve lui a appliqué des compresses. Le genou n'était pas beau à voir, très enflé, rouge. J'ai peine à comprendre comment on peut pédaler, danser et monter des escaliers avec une jambe dans cet état. Tous ces types ont une force de cheval, et là on ne les suit plus.

Très mauvaise nuit avec le major fiévreux. Ses mains étaient bouillantes, ses yeux vagues, il ne trouvait pas le sommeil et m'empêcha aussi de dormir. Enfin, l'aube s'est levée.

151

J'ai reconduit le major et son second en bas, leur ai ouvert la porte d'entrée, qui est redevenue la nôtre. Après cela, corvée répugnante : l'Ouzbek a chopé une espèce de dysenterie, et a maculé le w.-c., et le mur, et le carrelage. J'ai essuyé avec des feuilles qui traînaient là, arrachées à une revue spécialisée nazie pour pharmaciens, ai nettoyé autant que j'ai pu et donc gaspillé presque toute l'eau récoltée hier soir dans l'étang. Si M. Pauli savait ça, lui, le douillet, qui se fait imperturbablement soigner les mains et les pieds !

Je poursuis. Nous voilà mardi. Le matin, vers 9 heures, tapotement convenu à la porte, nous l'utilisons comme avant, bien qu'il n'y ait plus de Russes dans la maison. C'était la teigneuse, Mme Wendt, elle a eu vent des rumeurs qui annoncent la paix. Au sud et au nord, le dernier groupe allemand de résistance sauvage a été démantelé. Nous avons capitulé.

La veuve et moi respirons enfin. C'est bien que ça soit allé aussi vite. M. Pauli peste encore contre le Volkssturm, pense à ceux qui sont morts, de façon absurde, à la dernière minute, vieux et exténués, agonisants et exsangues, parce qu'il n'y avait pas le moindre lambeau de tissu pour panser leurs plaies. Les os fracassés des civils qui pointaient hors des pantalons ; les brancards recouverts de masses blanches qui dégouttaient inlassablement ; les mares glissantes de sang tiède partout dans les couloirs... Pauli est très certainement passé par de rudes épreuves. C'est pour cela que je tiens les névralgies qui le clouent au lit depuis plus d'une semaine pour une maladie d'origine psychique, un refuge, une dérobade. Pas mal d'hommes de la maison ont recours à ce type d'échappatoires. Ainsi, le libraire avec son appartenance au Parti, le déserteur avec sa désertion, et bien d'autres avec leur passé nazi pour lequel ils redoutent la déportation ou autre chose, et derrière lequel ils se retranchent quand il s'agit d'aller chercher de l'eau ou de se risquer à agir. Et les femmes font tout ce qu'elles peuvent pour cacher leurs hommes et les protéger du méchant ennemi. Car que peut-il encore nous faire ? Il nous a déjà tout fait.

Nous nous attelons donc à la charrette. C'est logique. Et pourtant, un malaise subsiste. Je ne puis m'empêcher de penser à tout ce tralala que j'ai fait autour des vacanciers qui traversaient le pays, combien je les ai choyés, respectés. Ils venaient en partie de Paris ou d'Oslo, de villes qui étaient plus éloignées du front que celle de Berlin bombardée en permanence. Ou bien ils venaient de régions baignées d'une paix profonde, de Prague ou de Luxembourg. Même quand ils venaient du front, jusqu'en 1943, ils avaient cet aspect soigné et bien nourri que peu de gens ont encore aujourd'hui. Et ils aimaient raconter des histoires dans lesquelles ils faisaient bonne figure. Au contraire, nous devrons veiller à la fermer, faire croire que nous avons été épargnées, justement nous. Sinon il se pourrait que plus aucun homme ne veuille nous toucher. Si seulement on avait du vrai savon ! J'éprouve souvent le besoin avide de me récurer la peau à fond et suis persuadée qu'après cela je me sentirais plus propre à l'intérieur aussi.

Cet après-midi, j'ai eu une conversation très intéressante, je vais m'efforcer de la retranscrire aussi fidèlement que possible, je ne peux m'empêcher d'y repenser. Le docteur bossu de la fabrique de limonade a resurgi inopinément, je l'avais presque oublié, bien que j'aie souvent échangé quelques mots avec lui dans l'abri. Il est resté terré jusqu'au bout dans une cave voisine qu'on n'a jamais découverte. Aucun Russe n'était arrivé jusque-là. En échange, le docteur avait droit aux nouvelles toutes chaudes des femmes qui se faisaient violer en allant chercher de l'eau. L'une d'elles, myope, y avait laissé ses lunettes et depuis lors fait tout à tâtons.

Il s'avère que le docteur bossu est un « camarade ». C'est-à-dire qu'il a adhéré au Parti communiste jusqu'en 1933 et a même parcouru l'Union soviétique avec un groupe de voyages organisés par une agence de l'État, et il comprend quelques mots de russe. Toutes choses qu'il m'a aussi peu confiées dans la cave que moi mes voyages et mes connaissances linguistiques. Le IIIe Reich nous a désappris ce genre de familiarités grossières. Et pourtant, il y a quelque chose que je ne comprends pas. « Pourquoi n'êtes-vous pas sorti du lot et ne vous êtes-vous pas fait connaître des Russes comme sympathisant ? »

Il me regarde d'un air embarrassé. « Je l'aurais bien fait », précise-t-il alors. « Mais je voulais laisser passer la fureur du début. » Et il ajoute : « Dans les jours qui viennent, je me présenterai à l'hôtel de ville. Dès que l'administration sera de nouveau en place, j'irai leur offrir mes services. »

(Ce que je crois, mais ne lui dis pas, c'est qu'il n'a pas osé se mettre trop en avant à cause de sa bosse. Au milieu de tous ces débordements d'hommes déchaînés, il aurait souffert de son handicap avec une amertume redoublée et se serait senti diminué aux yeux de ces vigoureux barbares qui l'auraient traité comme un sous-homme, comme une créature pitoyable.) Sa tête est enfoncée entre ses deux épaules, il se meut avec difficulté. Mais il a le regard brillant et intelligent, et il s'exprime avec aisance.

« Et maintenant vous voyez clair ? », lui demandé-je. « Êtes-vous déçu de vos camarades ? »

« Pas vraiment, me dit-il. Il ne faut pas placer les événements dans une optique personnelle et étriquée. Des pulsions et des instincts se sont déchaînés. Une certaine soif de vengeance a aussi joué son rôle ; car il ne faut pas oublier ce que nous leur avons fait là-bas, dans leur pays. Il est temps de se remettre en question et de revoir ses opinions, nous comme les autres. Un monde d'hier, voilà ce qu'est notre vieil Occident. Aujourd'hui, il engendre un monde nouveau, celui de demain, et cela se fait dans la douleur. Les pays slaves, avec leurs forces jeunes et intactes, s'avancent dans la lumière de l'histoire mondiale. Les pays d'Europe feront sauter leurs frontières et accroîtront leur espace. De la même manière que Napoléon a fait le ménage en balayant les petits trônes et les petits États, les grandes puissances victorieuses balaieront les États et les nations. »

Moi : « Vous croyez donc qu'à l'avenir l'Allemagne fera partie intégrante de l'Union soviétique, qu'elle deviendra une république soviétique ? »

Lui : « Ce serait souhaitable. »

Moi : « Dans ce cas, on nous dispersera et on fera de nous des gens sans patrie, pour nous anéantir comme peuple. »

Lui : « Il est tout à fait possible que nous autres, Allemands d'aujourd'hui, nous ne soyons que des victimes, de l'engrais, et un matériau de transition... et peut-être aussi des professeurs spécialisés. Je crois pourtant qu'il ne dépend que de nous que nous vivions une existence digne d'être vécue, même dans des conditions nouvelles. Chacun de nous reste lui-même, où qu'il aille. »

Moi : « Même en Sibérie ? »

Lui : « Je me crois capable, avec beaucoup de bonne volonté bien sûr, de me bâtir une existence digne, même en Sibérie. »

Et, en effet, on peut lui faire confiance, à cet infirme. Il a su se créer une belle place, ici aussi, il était chimiste en chef dans une grande entreprise d'eau minérale. Mais pourra-t-il supporter physiquement ce que l'avenir exigera peut-être de nous? Et nous, pourrons-nous tenir le coup aussi? Il hausse les épaules.

Je me dis parfois que, désormais, je serais capable de tout supporter sur cette terre, pour autant que cela m'assaille de l'extérieur et non des tréfonds de mon propre cœur. J'ai marché sur des braises, j'ai été exposée à tous les vents, et je me demande ce qui parviendrait encore à me toucher et à m'émouvoir vraiment aujourd'hui ou demain. S'il est question de continuer à vivre, pourquoi pas finalement dans des déserts de glace? Le docteur et moi nous sommes serré la main, nous nous sentions tous les deux revigorés.

À part cela, je vis entourée des petits tracas bourgeois qui ont repris le dessus. La veuve se sent de nouveau maîtresse des lieux. Elle frotte et brosse tout ce qu'elle touche, m'a fourré un peigne édenté dans les mains pour démêler les franges du tapis, passe toute la cuisine au sable et à la soude; se lamente à propos d'une figurine en porcelaine de Saxe qui a perdu nez et main dans la razzia de la cave; se plaint d'avoir carrément oublié où elle avait caché la perle de cravate de son défunt époux. Parfois, elle reste assise là, plongée dans ses pensées et parle soudain toute seule : « Je l'ai peut-être mise dans ma boîte à couture? » Elle se met alors à farfouiller dans les bobines de fil et les boutons, mais ne trouve pas l'épingle en question. À part cela, une femme solide et qui n'a peur de rien. Elle réduit les caisses en petit bois dix fois mieux que moi, a vu comment s'y prenait son Polonais de Lemberg à qui cet exercice réussissait particulièrement bien dans ses accès de fureur. (Et entre-temps, toute la maison connaît déjà la différence : « Femme ukrainienne : comme ça. Toi : comme ça! »)

Aujourd'hui, dehors, il fait soleil. Nous n'avons pas cessé d'aller chercher de l'eau, avons lavé les draps, ma literie est renouvelée. Il était temps, après tous ces visiteurs et leurs bottes.

En bas, chez le boulanger, la foule se presse, ils font du bruit, parlent haut et tout cela nous parvient par les fenêtres béantes.

Cela dit, il n'y a pas encore de pain, rien que des numéros pour le pain de demain et d'après-demain. Tout dépend de la farine et du charbon, que le boulanger attend. Il a utilisé les rares briquettes qui lui restaient et a cuit quelques pains pour la maisonnée. J'en ai reçu une bonne partie. Le boulanger n'a pas oublié que je suis intervenue pour sa boulangère quand les types s'en prenaient à elle. Erna, la vendeuse employée dans le magasin, celle qui en a réchappé, retranchée dans la réserve derrière la porte condamnée par une armoire, nous a apporté les pains à domicile. Il faut dire que la maison y a mis du sien pour ce pain. Plusieurs hommes, conduits par Mlle Behn, ont acheminé de l'eau pour la farine dans une carriole. Et plusieurs femmes ont, comme le dit platement Mme Wendt, « ramassé la merde à la pelle ». Car les Russes avaient transformé en latrines une banquette qui se trouvait dans le magasin : ils avaient tout bonnement écarté la banquette du mur et s'asseyaient sur le dossier... Les pains étaient donc bien mérités.

Les Russes ont apporté de l'argent bizarre. Le boulanger nous montre un billet de plus de 50 marks, une espèce de monnaie militaire jusqu'ici inconnue de nous, pour les troupes allemandes. Le boulanger a reçu le billet d'un officier russe en échange de quatorze grands pains. Il ne pouvait pas rendre la monnaie, mais le Russe n'y accordait aucune importance, il avait, comme le dit le boulanger, le portefeuille plein à ras bord des mêmes billets. Le boulanger ne sait pas ce qu'il fera de cet argent et aurait bien offert les pains au Russe. Mais l'officier insistait pour payer. Peut-être les valeurs de bonne foi et de loyauté font-elles peu à peu leur réapparition. Je suppose que l'on nous donnera cet argent à nous aussi et que l'on prendra le nôtre en échange, pour la moitié de sa valeur.

Quoi qu'il en soit, la perspective d'avoir du pain est le premier signe que quelqu'un, là-haut, se soucie de nous, que l'on va prendre soin de nous. Un second signe est placardé en bas, à côté de la porte d'entrée : une feuille tapée à la machine et polycopiée, un appel à la population, signé par le bourgmestre d'une circonscription, docteur Untel. L'avis invite à restituer les biens volés dans les magasins ou l'administration, les machines à écrire, meubles de bureau, accessoires de magasin, etc., dans un premier temps sans que peine s'ensuive. Si d'autres produits de larcins sont découverts par la suite, la loi martiale sera appliquée aux coupables. Il est écrit aussi que toutes les armes doivent être remises. Une peine collective frappera toutes les maisons où des armes seraient trouvées. Et celles dans lesquelles les Russes seraient molestés sont menacées de la peine de mort. J'ai peine à croire que les nôtres se cachent quelque part avec des armes et guettent les Russes. En tout cas, je n'ai jamais rencontré ce type d'homme-là durant toute cette période. Nous autres, Allemands, ne sommes pas un peuple de partisans. Nous avons besoin d'être guidés et commandés. Un jour que je me trouvais dans un de ces trains soviétiques qui mettent toute une journée pour traverser le pays, un Russe m'a dit : « Les camarades allemands ne prennent une gare d'assaut qu'après avoir d'abord acheté les tickets en bonne et due forme. » En d'autres termes et blague à part : la plupart des Allemands ont une sainte horreur de se servir dans l'illégalité. À cela s'ajoute qu'en cette période nos hommes ont peur. La raison leur rappelle qu'ils sont vaincus, que regimber et se rebiffer n'apportera que souffrances et n'améliorera pas la situation.

Dans notre maison, les hommes se sont mis à chercher des armes. Ils vont d'appartement en appartement sans qu'aucune femme ne les accompagne. Partout, ils demandent s'il y a des fusils, et ne dégottent que des vieux flingues sans chien. Pour la première fois depuis longtemps, j'ai entendu des hommes allemands élever la voix et les ai vus se démener énergiquement. Ils avaient l'air de vrais hommes... ou, tout au moins, de ce que l'on désignait jadis par ce nom. Désormais, il faut que l'on se mette en quête d'un terme nouveau, meilleur, qui résiste aussi aux intempéries.

Mercredi 9 mai 1945,
sans la fin de mardi

Il y avait toujours eu la nuit à raconter le lendemain. Maintenant, je n'ai rien, absolument rien à dire, si ce n'est que j'ai enfin pu la passer seule. Pour la première fois seule entre mes draps depuis le 27 avril. Aucun major, aucun Ouzbek n'a montré le bout de son nez. La veuve était reprise de ses angoisses existentielles, augurait que le beurre allait se faire rare et priait pour que le major nous réapprovisionne au plus vite. Je me suis contentée de rire. Il reviendra. J'ai passé la nuit bien à l'aise, étendue de tout mon long dans ma literie toute propre, me suis étirée, ai dormi profondément et me suis éveillée de bonne humeur. Je me suis lavée avec de l'eau chaude offerte par la veuve, ai enfilé des affaires propres, me suis laissé aller.

Voilà ce que j'écrivais à 9 heures. Maintenant, il est 11 heures, et la situation est tout autre.

Des gens nous ont appelés dehors, avec des pelles à ordure, pour qu'on descende dans la rue. Nous devions évacuer jusqu'au coin les pelletées d'immondices, acheminer les décombres et le crottin de cheval dans des brouettes jusqu'au terrain des ruines. Du plâtras très ancien et de la ferraille qui dataient encore des attaques aériennes et, par-dessus, les décombres tout frais de l'artillerie, des chiffons, et des boîtes, et beaucoup de bouteilles vides. J'ai trouvé deux cartes postales au bromure d'argent, fabrication allemande — et beaucoup d'empreintes de pouces sur des photos de couples nus enlacés. Je repense à cette fois où j'étais dans un bureau à Moscou et que j'y avais d'abord ignoré les quelques magazines allemands et américains qui s'y trouvaient. Puis, je les avais pris en main et, en les feuilletant, j'avais découvert qu'ici et là un morceau de page avait été arraché à la hâte — des réclames de sous-vêtements féminins, de gaines et de soutiens-gorge. Les Russes ne connaissent pas ce genre d'annonces. Leurs revues sont sans sex-appeal. Sans doute ces photos publicitaires dénuées d'intérêt et que l'homme occidental ne remarque même plus étaient-elles ressenties par les Russes comme de la pornographie pure.

Ils y sont sensibles, bien sûr, comme n'importe quel homme. Mais, chez eux, on ne trouve pas ce genre de choses. Et c'est sans doute une erreur. Car ce type de figures idéalisées, qui viendraient peupler leur imagination, les empêcheraient peut-être de se précipiter comme ils l'ont fait sur la première vieille ou moche venue. Il faudra que j'y réfléchisse.

Quand je suis montée dans l'appartement, vers 10 heures, pour avaler un peu de café de malt, le major y était, seul. Il m'attendait, venait faire ses adieux. Comme son genou va très mal, on lui a donné deux mois de congé qu'il va passer dans un foyer pour soldats près de Leningrad, sa ville natale. Il part dès aujourd'hui.

Il est très sérieux, presque sévère, reste ferme et maître de lui. Il note soigneusement mon adresse sur un bout de papier, dit qu'il m'écrira, veut garder le contact avec moi. Je ne peux pas lui donner la photo qu'il demande, je n'en ai pas. Tout mon passé photographié, rassemblé dans un album et placé dans une grosse enveloppe, a été bombardé, brûlé. Et depuis lors, tout au long de ces semaines, je n'ai pas eu l'occasion de faire de nouvelles photos de moi. Il me regarde longuement, comme s'il voulait me photographier des yeux. Il m'embrasse alors à la russe, sur les deux joues, et se dirige vers la porte en boitant, sans plus se retourner. J'ai un peu mal au cœur, je me sens un peu perdue. Je repense aux gants de cuir que je lui ai vus aujourd'hui pour la première fois. Il les tenait avec élégance dans la main gauche. À un moment, ils sont tombés à terre, il s'est empressé de les ramasser, mais j'ai eu le temps de voir que les gants étaient dépareillés — avec des coutures sur le dos de l'un, tandis que l'autre en était dépourvu. Sur le coup, il a semblé gêné, a détourné le regard. En cet instant, je l'aimais beaucoup.

Retour à la rue, il faut que je continue de pelleter. Ensuite, nous irons chercher du bois, nous avons besoin de combustible pour le foyer, les nombreuses soupes aux pois en consomment un paquet. Ce qui me rappelle que, désormais, plus personne ne nous apportera de la nourriture, des bougies et des cigarettes. Il faut que je le signale avec ménagement à la veuve, quand elle reviendra de la pompe. À Pauli, je ne dirai rien du tout. La veuve se chargera elle-même de lui faire avaler la pilule.

En allant chercher du bois, je me suis retrouvée, pour la première fois depuis des semaines, sur la pelouse devant le cinéma, c'est là qu'on a enterré les morts de notre rue. Entre des gravats et des entonnoirs d'obus, trois tombes doubles, trois couples, tous les trois se sont donné la mort. Une vieille qui marmonnait, accroupie sur une pierre, me fournit des précisions sur les morts, avec une amère satisfaction et des hochements de tête ininterrompus : dans la tombe de droite se trouve le chef de groupe nazi local avec sa femme (revolver). Dans la tombe du milieu, sur laquelle quelques tiges de lilas sont en train de faner, un lieutenant et sa femme (poison). Elle ne sait rien du couple de la troisième tombe ; quelqu'un y a planté une bûche dans le sable, sur laquelle est inscrit au crayon rouge « 2 Müller ». Dans l'une des tombes individuelles repose la femme qui a sauté du troisième étage quand les Ivan la poursuivaient. Une espèce de croix y a été dressée, faite de deux morceaux de panneau de porte peints en blanc et maintenus ensemble, de travers, avec du fil de fer. J'ai senti ma gorge se serrer. Comment se fait-il que la forme de la croix nous remue à ce point ? Même si nous n'avons plus le droit de nous dire chrétiens ? D'anciennes impressions d'enfants ont refait surface. Je revoyais et entendais Mlle Dreyer, quand elle nous dépeignait dans le détail et les larmes aux yeux la passion du Sauveur, à nous qui avions sept ans... Pour nous, Occidentaux élevés dans le christianisme, il y a toujours un Dieu sur une croix — même bricolée avec deux panneaux de porte et du fil de fer.

Tout autour, des immondices et du crottin de cheval, et aussi des enfants qui jouent. Peut-on appeler cela jouer ? Ils courent à gauche et à droite, nous lancent des regards furtifs, chuchotent entre eux. Dès qu'on entend une voix plus forte, on sait que c'est un Russe. Il y en a un qui s'éloigne là-bas, de son pas lourd, des rideaux sur le bras. Il nous a crié une cochonnerie quelconque. Ceux qu'on voit encore sont isolés ou font partie de troupes qui lèvent le camp. Leurs chants résonnent à nos oreilles, rudes et provocants.

J'ai donné 70 pfennigs au boulanger pour les deux pains reçus, je me suis sentie bizarre, j'avais le sentiment que ce que je déposais dans sa main n'avait aucune valeur, je ne suis pas encore parvenue à considérer notre monnaie allemande comme de l'argent véritable. Dans notre maison, Erna, la fille de la boulangerie, a récolté toutes les cartes d'identité des différents ménages, et a noté sur une liste les noms et le nombre de personnes qui y habitent encore. Apparemment, de nouveaux tickets d'approvisionnement sont prévus pour bientôt. Erna avait soigné son aspect extérieur, elle portait une robe d'été à fleurs — vision inhabituelle car, durant ces deux dernières semaines, les femmes ne se risquaient dehors que vêtues comme des souillons. Moi aussi, j'ai envie d'une nouvelle robe. On ne s'est pas encore fait à l'idée que les Russes ne frapperaient plus à notre porte, ne s'étireraient plus sur nos divans et dans nos fauteuils. J'ai remis de l'ordre dans toute la pièce, sous le lit j'ai trouvé une petite étoile soviétique en verre rouge et un préservatif dans son enveloppe de papier. Qui a pu perdre ça ici, je l'ignore. Je ne savais pas du tout qu'ils connaissaient ce genre de choses. En tout cas, ils n'ont pas jugé nécessaire d'en faire usage avec les femmes allemandes.

Ils ont emporté le gramophone, et aussi le disque publicitaire de la marque de textile (« ... pour la femme, pour l'enfant, chez nous vous s'rez tous contents... »). Mais il nous restait en tout quarante-trois disques de musique classique, de Bach à Pfitzner, et la moitié de *Lohengrin*. Les morceaux du couvercle brisé par Anatole étaient restés là aussi, nous les avons utilisés avec reconnaissance pour alimenter le feu.

Maintenant, c'est déjà le soir, mercredi 9 mai. J'écris assise sur l'appui de la fenêtre. Dehors, c'est l'été, l'érable est vert foncé, la rue est déblayée et propre, vide. Je profite des dernières lueurs du jour, car il s'agit désormais d'économiser les bougies. Personne ne nous en apportera de nouvelles.

Fini aussi le schnaps, le sucre, le beurre, la viande. Si seulement nous pouvions accéder à nos patates! Personne ne se risque encore à démonter la barricade qui bloque l'accès à la cave de la maison. On ne sait pas s'ils ne vont pas revenir ou si d'autres troupes ne vont pas suivre. La veuve prêche et prêche encore, mais elle ne parle pas des champs de lis dont la seule évocation suffirait à notre bonheur. Non, elle broie du noir quant à l'avenir, nous imagine tous mourant de faim, a échangé un regard avec M. Pauli quand j'ai réclamé une deuxième assiette de soupe aux pois.

Les pétarades de la défense antiaérienne font irruption dans mon écriture. Ils s'exercent pour la parade de la victoire, à l'occasion de laquelle les Américains aussi seraient attendus. Fort possible. Qu'ils fassent la fête, cela ne nous concerne pas. Nous avons capitulé. Ce qui ne m'empêche pas de ressentir une certaine joie de vivre.

Je continue, j'écris ceci la nuit, à la lumière d'une bougie, et avec une compresse sur le front. Vers 8 heures du soir, coups de poing à notre porte principale : « Au feu ! Au feu ! » Nous, tout de suite dehors. Clarté aveuglante. Des flammes s'élevaient de la cave des ruines situées deux pâtés de maisons plus loin, et léchaient déjà le mur coupe-feu de la maison d'à côté encore intacte. Une fumée épaisse et suffocante s'échappait d'un trou dans les décombres et s'engouffrait dans la rue. Partout, des ombres, des civils. Des appels et des cris.

Que faire ? Il n'y a pas d'eau. Le foyer de l'incendie était en bas, dans la cave de l'immeuble en ruine. Des bouffées d'air torride, du vent arrivaient par rafales, exactement comme dans les nuits de bombardement. Raison pour laquelle personne ne paniquait. « Étouffer », entendait-on. « Couvrir le feu de gravats. » En un clin d'œil, deux chaînes se sont formées. Les morceaux de pierre passaient de main en main. Le dernier de la file les lançait dans les flammes. Quelqu'un a crié qu'il fallait se dépêcher, il était bientôt 9 heures — et à 10 heures plus aucun civil ne doit être vu dans les rues.

Des silhouettes poussaient un tonneau venu d'on ne sait où et nous y avons puisé un liquide fétide à l'aide de seaux. Pendant qu'on se passait les récipients, une femme m'a heurté la tempe par mégarde avec le bord en zinc. J'ai tout de suite vu des étoiles, suis partie en titubant vers la pelouse d'en face, le rond-point aux tombeaux, et me suis assise sur une pierre. Une femme s'est installée à côté de moi pour me débiter, d'un ton monocorde, l'histoire du couple d'officiers « qui gisaient là, en dessous, empoisonnés au cyanure ». Je le savais déjà, mais j'ai laissé la femme poursuivre. « Pas de cercueil, rien du tout », ajoutait-elle. « On les a simplement enveloppés dans du papier qui sert à occulter les fenêtres, avec un cordon tout autour. Ils n'avaient même pas de draps dans leur lit, ils avaient été hospitalisés comme victimes de bombardements. » Mais le poison devait sans doute être prêt.

Ma tête tournait, je sentais littéralement la bosse enfler sur mon front. Le feu a bientôt été cerné et étouffé. J'ai rejoint un groupe qui semblait très agité et ai appris la cause de l'incendie : un épicier qui tenait jadis son commerce dans la maison détruite avait abandonné dans la cave, à moitié intacte, ce qui restait de son entrepôt de vins. Les Russes l'avaient découvert, ou plutôt flairé, et, des bougies à la main, ils avaient vidé les

162

étagères. Par inadvertance, ils avaient mis le feu à la paille qui enveloppait les bouteilles, à la suite de quoi les flammes s'étaient propagées lentement. Un homme raconte : « Les gars étaient complètement bourrés et couchés dans le caniveau. J'ai vu, de mes yeux vu, l'un d'eux qui tenait encore debout dans ses bottes longer la rangée et défaire les montres qui se trouvaient aux poignets de ses camarades. » Là-dessus, éclats de rire.

Maintenant, je suis au lit, j'écris, applique des compresses froides sur ma bosse. Demain, nous projetons un long voyage à travers Berlin, jusqu'à Schöneberg.

Jeudi 10 mai 1945

La matinée fut consacrée à des travaux ménagers, à casser du bois, à aller chercher de l'eau. La veuve a pris un bain de pieds avec de la soude et a essayé plusieurs coiffures qui permettaient de camoufler au mieux ses quelques cheveux gris. Enfin, vers 3 heures de l'après-midi, nous étions prêtes à partir. Ce serait notre première promenade à travers la ville conquise.

Pauvres mots, vous ne suffirez pas.

Nous avons traversé le cimetière de la Hasenheide, la lande aux lièvres, avec ses longues rangées de tombes uniformes, creusées dans le sable jaune, datant de la dernière attaque aérienne en mars dernier. Il faisait plein soleil. Le parc était complètement désert. À l'époque, les nôtres avaient abattu les arbres afin d'y dégager un champ de tir. Partout, des tranchées dans lesquelles traînaient de vieilles hardes, des bouteilles, des boîtes, des fils métalliques, des munitions. Deux Russes étaient assis sur un banc avec une fille. Il est rare qu'un Russe s'aventure seul dehors. Sans doute se sentent-ils plus en sécurité à deux. Nous poursuivons notre chemin, traversant des rues jadis peuplées d'une foule de travailleurs. Aujourd'hui, on croirait que les quelque dix mille personnes qui vivaient ici ont émigré ou sont mortes ; les rues sont plongées dans un profond silence, toutes les maisons donnent l'impression d'être tapies, fermées à double tour. Aucun signe de vie, ni d'hommes ou d'animaux, ni d'autos, de radio ou de tramway. Rien qu'un silence accablant

163

dans lequel résonnent nos pas. Si quelqu'un nous observe de chez lui, il le fait à la dérobée. Nous n'apercevons aucun visage aux fenêtres.

Nous continuons, pénétrons dans le quartier de Schöneberg. Nous verrons bientôt si nous pouvons continuer, si l'un des ponts qui passaient par-dessus le train de banlieue et condui-saient à l'ouest a été épargné. Pour la première fois, nous décou-vrons quelques maisons qui arborent un drapeau rouge, ou plu-tôt un fanion — visiblement découpé dans les anciens drapeaux décorés de la croix gammée ; sur certains, on aperçoit encore la partie plus foncée qui bordait le cercle blanc avec sa croix noire. Et les fanions — comment pourrait-il en être autrement dans ce pays — ont été soigneusement ourlés par des mains de femme.

Sur la route, éparpillé à gauche et à droite, tout ce que les troupes ont laissé derrière elles : des véhicules éventrés, des blindés calcinés, des affûts de canon tordus. De temps à autre, un écriteau, une pancarte en russe qui fêtent le 1er Mai, Staline et la victoire. Ici aussi, très peu de monde. Parfois, une créature à faire pitié nous dépasse furtivement, un homme en bras de chemise, une femme avec les cheveux ébouriffés. Personne ne fait vraiment attention à nous. « Oui, le pont est toujours là », nous répond une passante d'allure minable, qui marche pieds nus et file tout de suite. Pieds nus ? À Berlin ? Jamais vu une femme se promener ainsi auparavant ! Sur le pont, une autre barricade édifiée avec des pierres d'immeubles en ruine. Nous nous sommes glissées par une brèche, mon cœur cognait dans ma poitrine.

Soleil éclatant. Le pont est vide. Nous ralentissons le pas, jetons un coup d'œil en bas, sur les remblais de la voie ferrée. Un enchevêtrement de rails jaune paille, à côté de cratères pro-fonds de plusieurs mètres. Des morceaux de rails tordus se dres-sent à la verticale. Des rembourrages de sièges et des lambeaux sortent des wagons-lits et des wagons-restaurants détruits par les bombes. La chaleur est accablante. Des rails monte une odeur de brûlé. Aux alentours, tout est laissé à l'abandon, déserté, aucun souffle de vie. Voilà le cadavre de Berlin.

Nous pénétrons plus avant dans Schöneberg. Ici et là, devant une porte, une femme, une jeune fille : les traits bouffis, le regard vide. Leur visage révèle qu'ici la guerre vient de se termi-ner, il y a quelques jours à peine. Les gens ne se sont pas encore ressaisis, ils sont encore sous le choc, comme nous l'étions nous-mêmes il y a plusieurs jours.

Nous dévalons la Potsdamer Strasse, dépassons les bâtiments carbonisés de l'administration, les immeubles désertés, les montagnes de décombres.

À un coin, spectacle émouvant: devant un monceau de gravats infiniment plus haut qu'elles, deux vieilles femmes branlantes ramassaient quelques débris, à l'aide d'une pelle, et les chargeaient sur une carriole. Si elles continuent ainsi, il leur faudra des semaines pour évacuer la montagne. Elles ont de fortes mains noueuses, peut-être y parviendront-elles.

Le Kleistpark est un désert. Sous les arcades sont entassés des matelas, des hardes, des garnitures d'automobiles. Partout, des amas d'excréments, pris d'assaut par les mouches. Et, au beau milieu de tout cela, le gigantesque bunker à moitié achevé, pareil à un gros hérisson bardé de ses piquants de métal. Je suppose que c'est là que nous devions nous mettre à l'abri des bombes, lors de la septième année de guerre. Deux civils s'affairent auprès d'un amoncellement de poutres, l'un d'eux est en train de scier des morceaux pour les emporter. Tout appartient à tout le monde. La scie débite son minable petit bruit qui rompt le grand silence. Sans le vouloir, la veuve et moi parlions tout bas, la gorge sèche, car la ville morte nous coupait le souffle. Dans le parc, la poussière emplissait l'air, tous les arbres étaient poudrés de blanc, criblés de balles, gravement blessés. Une ombre allemande nous a dépassées à la hâte, chargée de literie. À la sortie, une tombe russe, entourée d'une clôture de fils de fer. Ici aussi, des stèles de bois d'un rouge criard, entre elles une plaque de granit sur laquelle une inscription peinte à la chaux signale que des héros y reposent, tombés pour la patrie. *Geroi*, héros en russe. Cela sonne tellement prussien.

Vingt minutes plus tard, nous nous trouvions devant la maison où habitent les amis de la veuve. « Un compagnon de régiment de mon mari », m'explique-t-elle, un professeur de philologie classique, marié. La maison a l'air complètement morte. On a cloué des lattes sur la porte de devant. Quand nous cherchons une entrée à l'arrière, nous tombons sur une femme qui a retroussé ses jupons et se soulage sans vergogne, sous nos yeux, dans un coin de la cour. Encore une chose que je voyais pour la première fois se faire aussi ouvertement à Berlin. Nous trouvons enfin l'escalier, grimpons deux volées, frappons à la porte, crions le nom de la veuve pour nous faire connaître... À l'intérieur, des rumeurs, des pas et des chuchotements, jusqu'à ce que l'on semble comprendre qui est dehors. Alors la porte s'ouvre toute grande, nous nous embrassons, je presse mon visage contre un autre visage, qui m'est totalement étranger ; je n'ai jamais vu ces gens auparavant. C'est la femme du professeur, derrière elle accourt bientôt le mari, il nous tend les mains, nous prie d'entrer. La veuve parle avec une agitation fébrile, elle veut tout dire en même temps, l'autre femme parle aussi, mais personne n'écoute. Un long moment s'écoule avant que nous nous retrouvions enfin assis dans l'unique pièce habitable de l'appartement, presque entièrement détruit. Nous sortons les tranches de pain de nos poches, les leur offrons. Ils semblent étonnés tous les deux. Ici, on n'a pas encore reçu de pain, et les Russes n'en n'ont pas laissé. À la question désormais rituelle : « Combien de fois vous ont-ils... ? », la maîtresse de maison explique avec un accent prononcé de Prusse-Orientale : « Moi ? Rien qu'une fois, le premier jour. À partir de ce moment-là, nous nous sommes retranchés à double tour dans l'abri de la cave, nous y avions emporté un baquet rempli d'eau. » Ici, les vainqueurs sont arrivés plus tard et ont disparu plus tôt, tout s'est passé en moins de temps qu'il ne faut pour le dire.

De quoi vivent-ils tous les deux ? « Bah, nous avons encore un sac de gruau et quelques pommes de terre. Ah oui, et aussi notre cheval ! »

Un cheval ? Éclats de rire. La maîtresse de maison raconte alors à grand renfort de gestes : quand les troupes allemandes étaient encore dans la rue, quelqu'un est accouru dans la cave pour nous apporter la bonne nouvelle, là-haut un cheval était tombé. En un clin d'œil toute la cave était dehors. L'animal eut encore quelques soubresauts, et à peine ses yeux s'étaient-ils révulsés que tout le monde y allait déjà de son couteau à pain ou de poche — bien sûr après avoir achevé la bête d'une balle. Chacun découpait et farfouillait là où il avait planté son couteau. Quand la femme du professeur avait allongé le bras pour atteindre une partie où elle avait vu briller de la bonne graisse jaunâtre, elle avait reçu un coup de couteau sur les doigts : « Eh, vous! Restez un peu où vous êtes! » Elle avait quand même réussi à couper une grosse pièce de 6 livres. « Et le reste a servi pour fêter mon anniversaire », dit-elle. « Délicieusement bon, je l'avais fait mariner dans un fond de vinaigre. »

Nous les avons vivement félicités. Une bouteille de bordeaux fit alors son apparition. Nous avons bu, porté un toast à la maîtresse de maison, la veuve a mis son grain de sel en parlant de la comparaison avec les Ukrainiennes — nous avons perdu toute notion des limites.

Nous n'en finissions pas de prendre congé. Le professeur a fouillé toute la pièce pour trouver quelque chose à nous offrir en échange des tranches de pain, mais n'a rien trouvé.

Nous poursuivons notre chemin, pénétrons maintenant dans le quartier bavarois, avec l'intention de retrouver mon amie Gisela. Une rangée interminable d'automobiles allemandes, presque toutes transformées en épaves, bloque la rue. Un peu plus loin, un coiffeur a rouvert; une pancarte annonce qu'il coupe les cheveux des hommes et lave les cheveux des femmes, si on lui apporte de l'eau chaude. Et, en effet, un peu plus tard, dans la pénombre de l'arrière-boutique, nous avons aperçu un client et un homme qui s'agitait autour de lui, une paire de ciseaux à la main. Le premier signe de vie du cadavre de la ville.

Nous montons chez Gisela. J'ai frappé à la porte et appelé, je tremblais d'émotion. Et me revoilà le visage collé à un autre visage; alors qu'avant nous nous serrions tout au plus la main.

Gisela n'était pas seule. Elle a recueilli deux jeunes filles qu'une connaissance lui a envoyées. Deux étudiantes qui ont fui Breslau. Elles étaient là, assises, sans mot dire, dans une pièce presque vide, sans vitres, mais propre.

Après les premières paroles et les premiers échanges placés sous le signe de l'émotion, ce fut le silence. Je l'ai senti tout de suite : ici, c'est la souffrance qui règne. Les yeux des deux jeunes filles étaient cernés de noir. Tout leur discours reflétait le désespoir et l'amertume. Gisela m'a prise à part sur le balcon pour me dire à voix basse qu'elles avaient été toutes les deux déflorées par les Russes et avaient dû subir la chose de nombreuses fois. Depuis lors, Hertha, la blonde, environ vingt ans, a des douleurs en permanence et ne sait quoi faire. Elle pleure sans arrêt, dit Gisela. Hertha n'a plus de nouvelles de ses parents, ils ont quitté la Silésie et sont dispersés aux quatre coins du monde, si tant est qu'ils soient encore en vie. D'un geste hystérique, la jeune fille s'agrippe à Gisela. La charmante Brigitte, qui n'a que dix-neuf ans, refuse avec un âpre cynisme d'accepter sa blessure morale. La haine et la rancœur lui sortent par tous les pores, elle trouve la vie dégueulasse et tous les hommes sont des cochons. Elle veut partir, loin, très loin, n'importe où, pourvu qu'elle ne rencontre plus d'uniformes dont la seule vue lui donne des battements de cœur.

Quant à Gisela, elle en a réchappé grâce à un truc que j'ai appris trop tard, hélas : avant de devenir rédactrice, elle ambitionnait d'être actrice et avait déjà suivi quelques cours de maquillage. Dans la cave, elle s'était donc dessiné sur le visage un magnifique faciès de vieille femme et avait camouflé ses cheveux sous un foulard. Quand les Russes arrivèrent et dénichèrent les deux jeunes étudiantes à la lumière de leurs lampes torches, ils poussèrent Gisela avec ses rides au charbon sur la couche : « Toi *babouchka*, dorrrmir. » Je n'ai pu m'empêcher de rire, mais me suis efforcée aussitôt de réprimer cette gaieté soudaine — les deux filles avaient l'air trop sombre, trop amer.

Ces filles-là sont à tout jamais lésées des premiers fruits de l'amour. Quand on a commencé par la fin, et de manière aussi brutale, on ne peut plus frissonner de plaisir aux premières caresses. Il s'appelait Paul, celui auquel je pense en cet instant, il avait dix-sept ans comme moi quand il m'a entraînée à l'ombre d'un porche de la Ulmenstrasse. Nous sortions d'un concert scolaire, encore tout emplis de la musique, du Schubert je crois, sur laquelle nous ne savions, de toute façon, pas quoi dire. Inexpérimentés tous les deux, nous pressions nos dents les unes contre les autres tandis que j'attendais, pleine de foi, le miracle censé jaillir du baiser. Jusqu'à ce que je remarque que mes cheveux étaient défaits. La barrette qui les retenait normalement dans la nuque n'était plus là.

Quelle frayeur ! Je secouai mon col et ma robe. Paul chercha l'objet à tâtons sur le pavé. Je l'aidai et nos mains, encore très froides, se rencontrèrent et se touchèrent. Nous n'avons pas retrouvé la barrette. Sans doute l'avais-je déjà perdue en chemin. C'était très ennuyeux. Ma mère le remarquerait tout de suite, elle me questionnerait, m'inspecterait. Et mon visage ne trahirait-il pas alors ce que Paul et moi venions de faire sous le porche ? Nous nous séparâmes à la hâte, soudain gênés, et ne nous approchâmes plus jamais l'un de l'autre par la suite. Et pourtant, ces timides minutes passées sous le porche restent auréolées pour moi d'un éclat magique.

Au bout d'une heure, longs adieux. Maintenant, on a beaucoup de peine à se séparer de ses amis, on ne sait jamais quand ni comment on se reverra. Tant de choses peuvent se passer. Quoi qu'il en soit, j'ai invité Gisela à venir nous voir le lendemain. La veuve, elle aussi, a invité ses amis. Nous nous occuperons de leur trouver un morceau de pain.

Nous rentrons, par le même chemin désert, interminable, poussiéreux. Maintenant, la veuve en avait assez, ses pieds étaient en feu, nous avons dû faire halte à plusieurs reprises pour récupérer, assises sur le bord du trottoir. Je traînais les pieds comme sous le poids d'un accablant fardeau, j'avais le sentiment que jamais Berlin ne pourrait renaître de ses cendres, que nous resterions toute notre vie durant des rats hantant des ruines. Pour la première fois, l'idée m'a effleurée de quitter cette ville, d'aller chercher ailleurs un asile et du pain, là où il y aurait encore un paysage et un air respirable.

Dans le parc, nous nous sommes assises sur un banc pour souffler un peu. Une jeune femme était assise à côté de nous, elle promenait ses deux bambins. Un Russe s'est approché, a fait un signe de la main au second Russe qui l'accompagnait inévitablement et lui a dit dans sa langue : « Viens, voilà des enfants, ce sont les seuls ici avec qui on peut parler. » La mère nous a adressé un regard inquiet et a haussé les épaules. Et en effet les Russes ont engagé la conversation avec les deux marmots qui se sont laissé prendre sur les genoux et balancer au rythme régulier d'une chanson russe de « hue dada ».

Un des deux soldats s'est alors tourné vers moi et m'a dit sur le ton le plus aimable du monde, dans sa langue : « Ça n'a aucune importance avec qui vous couchez. Une queue c'est une queue. » (Anatol, dans sa balourdise de paysan, m'avait déjà appris l'expression.) J'ai dû me contenir pour faire l'idiote qui ne comprenait pas, comme le type s'y attendait. Je me suis donc contentée de sourire, sur quoi les deux gars sont partis d'un bruyant éclat de rire. Eh oui, rien que ça !

En route pour la maison, avec nos pieds fatigués. M. Pauli s'était posté dans son fauteuil à la fenêtre, guettant notre retour. Il ne voulait pas croire que pendant trois heures de marche, nous n'ayons rencontré que ces deux Russes qui traînaient là par hasard. Il s'était imaginé que le centre de la ville grouillait de troupes. *A posteriori*, nous aussi, nous nous en étonnions et nous demandions où tous ces vainqueurs étaient passés. Arrivées au coin de notre rue, nous avons inspiré profondément l'air pur, repensant en frémissant au quartier désertique et désolé de Schöneberg.

J'ai eu du mal à m'endormir. Sombres pensées. Triste journée.

Vendredi 11 mai 1945

Travaux ménagers. Nous avons fait tremper de la lessive, pelé les dernières pommes de terre des provisions de la cuisine. Mlle Behn est venue nous apporter les nouveaux tickets de ravitaillement. Ils sont imprimés sur du papier journal, en allemand et en russe. Il y a un modèle pour les adultes et un pour les enfants de moins de quatorze ans.

Ma carte est là, à côté de moi, et je note les rations journalières : 200 grammes de pain, 400 grammes de pommes de terre, 10 grammes de sucre, 10 grammes de sel, 2 grammes de café de malt, 25 grammes de viande. Pas de matière grasse. Si on nous donne tout ce qui est noté, c'est déjà ça. Je reste sidérée par tout cet ordre qui vient soudainement s'installer dans le chaos.

En bas, j'ai vu la file d'attente devant le magasin de légumes et je m'y suis jointe, j'ai reçu des betteraves rouges et des pommes de terre séchées, sur nos cartes. Dans la file, les mêmes discours qu'à la pompe : maintenant tout le monde tourne le dos à Hitler, et personne n'était là. Tout le monde a été persécuté, et personne n'a dénoncé.

Moi-même, étais-je pour? Étais-je contre? En tout cas, j'étais en plein dedans, et j'ai respiré l'air qui nous entourait et nous donnait une certaine couleur, même si nous ne le voulions pas. Paris me l'a prouvé, ou plutôt un jeune étudiant que j'ai rencontré au cours de la troisième année de l'ère hitlérienne, au jardin du Luxembourg. La pluie s'était subitement mise à tomber et nous nous étions réfugiés sous un arbre. Nous parlions français et perçûmes tout de suite que nous étions des étrangers. D'où venions-nous ? Nous essayâmes de le deviner en riant et en nous taquinant. La couleur de mes cheveux le fit opter pour la Suède, tandis que, de mon côté, je m'obstinais à le prendre pour un Monégasque, parce que je venais d'apprendre cette épithète destinée aux sujets de Monaco, et que je la trouvais drôle.

La pluie a cessé aussi brusquement qu'elle avait commencé. Nous nous remîmes en route et, en marchant, je changeai de pied pour lui emboîter le pas. Il s'arrêta net et s'écria : « Ah, une fille du Führer ! », autrement dit une fille de Hitler, une Allemande, reconnue à l'instant précis où elle s'efforçait d'adapter son pas à celui de son voisin.

Fini les blagues et les taquineries. Le jeune homme se présenta : il n'était pas monégasque, mais hollandais et juif. À quoi bon encore se parler ? Nous nous séparâmes au premier croisement venu. Cette expérience m'a laissé un goût amer, je l'ai remâchée longtemps.

Je me suis rappelé tout d'un coup que je n'avais plus entendu parler depuis bien longtemps de M. et Mme Golz, ex-adeptes du Parti et voisins de palier de mon ancien immeuble, détruit dans un incendie. J'ai longé les quelques pâtés de maisons qui m'en séparaient et j'ai demandé vainement après eux ; j'ai appris simplement des voisins, qui ont entrouvert leur porte mais ont laissé la chaîne, en m'entendant frapper sans relâche à celle des Golz, qu'ils avaient pris la poudre d'escampette sans se faire remarquer — et ils ont bien fait, ont-ils ajouté ; car des Russes avaient récemment cherché l'homme qu'on avait visiblement dénoncé.

Tard dans l'après-midi, quelqu'un a frappé à notre porte en criant mon nom. À ma grande surprise, je me suis retrouvée face à un personnage presque oublié de notre passé dans la cave : Siegismund, celui qui avait foi en la victoire et avait entendu dire que j'avais des relations avec des « Russes haut placés ». Était-il bien vrai que tous les anciens camarades du Parti devaient se présenter comme volontaires pour travailler, faute de quoi ils se retrouveraient face au mur ? Mais tant de bruits courent, on ne sait plus que croire. Je lui ai dit que je

171

n'en savais rien et que je ne croyais pas que ce genre de décision était déjà arrêté — il fallait attendre. L'homme était presque méconnaissable. Son pantalon flottait autour de son corps amaigri, il avait l'air défait et minable. La veuve lui a débité un sermon pour le convaincre du danger qu'il y avait à croire qu'on pouvait collaborer impunément, et qu'il verrait sans doute bientôt le résultat lui-même... Siegismund — j'ignore toujours son vrai nom — a tout gobé dans la plus grande humilité, puis a demandé un morceau de pain. Il l'a reçu. Ensuite, après son départ, dispute de famille. M. Pauli s'est déchaîné et a hurlé, incroyable que la veuve refile encore quelque chose à un type pareil — c'est lui qui nous avait foutus dans le pétrin, il ne serait jamais assez puni, il faudrait le mettre en tôle, lui retirer sa carte de ravitaillement. (Pauli a toujours été contre, il a un tempérament de « je suis contre », il conteste, nie, il est, comme le dit Faust, « *der Geist der stets verneint* », l'esprit qui toujours dit non. Pour autant que j'aie pu le constater jusqu'ici, il n'y a rien sur terre à quoi il acquiesce sans réserves.) Voilà, et maintenant tout le monde envoie Siegismund au diable. Il n'a pas intérêt à pointer son nez dans cette maison. On le rabrouera, plus personne ne voudra avoir affaire à lui. Et quiconque se trouve dans la même situation a tout intérêt à rester à l'écart. L'homme doit se sentir mal dans son for intérieur. Moi aussi, je l'ai laissé partir sèchement, ce que je regrette en cet instant. Pourquoi dois-je suivre aveuglément les décisions du peuple ? On en revient toujours à l'*Hosanna Crucifix*.

Il y a une demi-heure, dans la pénombre du soir, soudain, des coups de feu. Un cri de femme strident a retenti au loin : « Au secououours ! » Nous n'avons même pas regardé par la fenêtre. À quoi bon ? Mais, c'est bien que ça se soit passé ; ça nous rafraîchit la mémoire, réveille notre vigilance.

Samedi 12 mai 1945

Ce matin, toute la communauté de l'immeuble — comme on l'appelle de nouveau officiellement — a uni ses forces pour creuser une grande fosse dans le jardin, que j'avais déjà, à l'époque, imaginé en cimetière ; mais ce n'était que pour y enfouir les ordures de la maison qui s'étaient amoncelées autour des poubelles. Nous travaillions avec ferveur et entrain, devisions joyeusement, éprouvions tous un certain soulagement et étions heureux de nous rendre enfin utiles. C'est tellement étrange que plus personne ne doive « se rendre au travail », que tout le monde soit pour ainsi dire en congé, que les couples restent ensemble du matin au soir.

Après cela, j'ai nettoyé la salle de séjour, frotté les crachats des Russes, les traces de cirage laissées par leurs bottes, et récuré le carrelage pour y faire disparaître jusqu'à la dernière parcelle de crottin de cheval. Tous ces efforts m'ont aiguisé l'appétit. Nous avons encore des pois et de la farine. Pour frire la nourriture, la veuve utilise la graisse fondue à partir du restant de beurre ranci que M. Pauli avait rapporté du Volkssturm.

L'appartement étincelait de propreté quand nos invités de Schöneberg sont arrivés. Ils avaient fait la route ensemble bien que mon amie Gisela ne connaisse pas les amis de la veuve. Ils étaient tous les trois bien lavés, bien coiffés, et portaient des vêtements propres. Ils avaient pris le même chemin que nous et vu la même chose — quelques rares personnes, quelques Russes isolés, à part cela, un paysage de désolation et de silence. Chacun eut droit à du jus de chaussette et à trois belles tranches de pain tartinées de beurre fondu — un vrai festin !

J'ai attiré Gisela dans la salle de séjour pour bavarder avec elle, curieuse de savoir comment elle imaginait son avenir proche. Elle broie du noir. Elle voit le monde occidental imprégné d'art et de culture, qui lui est si cher, sombrer à l'horizon. Elle se sent psychiquement trop faible pour repartir à zéro. Elle ne croit pas qu'un être sensible et raffiné puisse encore trouver ici une place où respirer et travailler avec l'esprit. Non, elle ne se sent aucune attirance pour le Veronal ou toute autre substance toxique du même acabit. Elle est bien décidée à tenir bon, même sans courage et sans joie de vivre. Elle m'a raconté qu'elle espérait trouver en elle la dimension « divine », se réconcilier avec tout ce qu'il y avait au fond d'elle-même, y découvrir une source de rédemption. Elle est sous-alimentée, a de grands cernes noirs sous les yeux et aura sans doute encore faim longtemps avec les deux jeunes filles qu'elle a recueillies et à qui elle refile probablement une grande part de tout ce qu'elle a. Les maigres provisions de légumes secs et de flocons d'avoine qu'elle gardait dans sa cave avaient déjà été volées par les Allemands avant l'arrivée des Russes. *Homo homini lupus*. En la quittant, je lui ai offert deux cigares, dérobés en cachette dans la boîte du major, déjà à moitié vidée par M. Pauli. Finalement, c'est moi qui ai casqué pour obtenir le présent, pas lui ; j'ai droit à ma part. Gisela pourra les troquer contre de la nourriture.

Le soir, je suis encore allée chercher de l'eau. Notre pompe est devenue un sacré meuble ! Le support s'est effondré, le bras, plusieurs fois arraché, a été rafistolé tant bien que mal avec des cordes et des fils métalliques. Trois personnes doivent étayer l'édifice pendant que deux autres pompent. Ce labeur collectif est bien entré dans les mœurs, personne ne bronche en l'accomplissant. Dans mes deux seaux surnageaient toujours des petits éclats et de la limaille qui y tombaient avec l'eau. Nous devions la filtrer. Ce qui ne cesse de me surprendre, c'est qu'« ils » ont pensé à dresser des barricades qui ne servent absolument à rien, mais qu'il ne leur est jamais venu à l'idée d'installer quelques points d'eau, en prévision du siège. Ils ont pourtant assiégé des villes eux-mêmes et devraient donc le savoir. Mais, sans doute, tout chef improvisé qui aurait parlé de construire des pompes aurait-il été traité de défaitiste et d'abruti.

Paisible soirée aujourd'hui. Pour la première fois depuis trois semaines, j'ai ouvert un livre : *La Ligne d'ombre* de Joseph Conrad. Mais j'ai eu beaucoup de peine à entrer dans l'histoire, j'ai encore la tête trop pleine d'images.

Dimanche 13 mai 1945

Magnifique journée ensoleillée. Dès potron-minet, des bruits optimistes : on tape, on récure, on cloue. Une angoisse pourtant nous habite : celle de devoir abandonner aux militaires notre immeuble et nos appartements. À la pompe, le bruit courait que les troupes allaient prendre leurs quartiers dans le pâté de maisons. Plus rien ne nous appartient dans ce pays, si ce n'est le moment présent. Et nous en avons profité, assis tous les trois autour de la table couverte d'un copieux petit déjeuner, avec M. Pauli encore en robe de chambre, mais déjà à moitié remis.

Berlin résonne du son des cloches qui célèbrent la victoire des Alliés. La fameuse parade, qui ne nous concerne pas, est en train de se mettre en branle quelque part. On dit qu'aujourd'hui ce serait jour de fête chez les Russes, que les hommes recevraient de la vodka pour arroser l'événement. À la pompe, on recommandait aux femmes d'éviter de sortir. Nous ne savons pas s'il faut y croire. La veuve secoue la tête en fronçant les sourcils. M. Pauli a recommencé à se faire plaindre, pense qu'il ferait mieux de se recoucher... Moi, j'attends.

Sur ces entrefaites, nous nous attaquons au thème de l'alcool. M. Pauli a entendu dire que les troupes de combattants allemands avaient reçu la consigne de ne jamais détruire les provisions d'alcool, mais de les laisser là pour l'ennemi qui leur succéderait, car l'expérience avait montré que l'alcool le retenait et diminuait sa combativité. Ce sont des sornettes inventées par des hommes pour d'autres hommes. Ils n'ont qu'à réfléchir deux minutes pour se rendre compte que l'alcool est un excitant et stimule les pulsions. Je suis persuadée que, sans tout cet alcool que les soldats ont trouvé chez nous, la moitié des viols n'auraient pas eu lieu. Ce ne sont pas des Casanova. Ils doivent s'émoustiller eux-mêmes pour commettre des actes honteux, ils doivent refouler toutes leurs inhibitions. Ils le savent ou s'en doutent; sinon ils n'auraient pas couru comme ils l'ont fait après les bouteilles. Lors de la prochaine guerre qui fera rage au milieu des femmes et des enfants (et c'est quand même pour les protéger que les hommes, avant, étaient censés partir au combat), il faudrait, avant le départ des troupes, déverser jusqu'à la moindre goutte de liquide dopant dans les caniveaux, faire exploser les dépôts de vin et voler en éclats les celliers de bière. Ou alors, pourquoi pas, que les nôtres en profitent une dernière fois et consomment tout en une folle nuit. Mais, au diable tout cet alcool, aussi longtemps que les femmes sont à portée de main de l'ennemi.

Je continue, c'est le soir. Ce dimanche tant redouté est passé. Sans encombre. C'est le dimanche le plus paisible que j'aie connu depuis le 3 septembre 1939. Je suis restée couchée sur le sofa; dehors, soleil et gazouillis. J'ai grignoté des petits gâteaux que la veuve nous a cuits à grand renfort de bois (presque un scandale !) et j'ai réfléchi à la vie. Voici le bilan.

D'un côté, les choses vont bien pour moi. Je suis en bonne santé et en forme. Je n'ai pas de séquelles physiques. J'ai la sensation d'être blindée pour la vie, comme si j'étais dotée de palmes spéciales pour nager dans la vase, comme si mes fibres étaient particulièrement souples et coriaces. Je suis bien adaptée à ce bas monde, je ne suis pas une petite nature. Ma grand-mère transportait du fumier. D'un autre côté, je ne vois que des signes négatifs. Je ne sais plus pourquoi je suis sur terre. Je ne suis indispensable à personne, je suis là et j'attends, et, pour l'instant, je n'ai ni but ni tâche en vue. Je n'ai pas pu m'empêcher de me remémorer avec intensité une conversation que j'ai littéralement soutenue avec une intelligente Suissesse, et tout au long de laquelle, en réaction à tous les projets d'amélioration du monde, je m'accrochais à cette phrase : « La somme des larmes reste constante. » Quelles que soient les formules ou les bannières auxquelles les peuples se rallient, quels que soient les dieux auxquels ils croient ou leur pouvoir d'achat : la somme des larmes, des souffrances et des angoisses est le prix que doit payer tout un chacun pour son existence, et elle reste constante. Les populations gâtées se vautrent dans la névrose et la satiété. Ceux auxquels le sort a infligé un excès de souffrances, comme nous aujourd'hui, ne peuvent s'en sortir qu'en se blindant. Sinon, j'en viendrais à pleurer jour et nuit. Or, je le fais tout aussi peu que les autres. Il y a là une loi qui régit tout cela. N'est apte au service que celui qui croit à l'invariance de la somme terrestre des larmes, n'a aucune aptitude à changer le monde ni aucun penchant pour l'action violente.

Faisons le compte : j'ai parcouru douze pays d'Europe, ai vécu notamment à Moscou, Paris, Londres, et vu de près le bolchevisme, le parlementarisme et le fascisme, comme simple être humain parmi d'autres êtres humains. Des différences ? Oui, et parfois même considérables. Mais, j'ai tendance à croire qu'elles résident dans la forme et la couleur, dans les règles du jeu respectivement appliquées ; et non dans le bonheur supposé supérieur ou inférieur, réservé à la majorité, comme le professait encore Candide. Le petit être assujetti et insignifiant ne connaissant que l'être-au-monde qui lui est échu par la naissance ne m'a pas semblé plus malheureux à Paris qu'à Berlin.

Il s'est mentalement adapté aux conditions de vie dans lesquelles il s'est retrouvé.

Pour moi, ce qui est déterminant en ce moment, c'est ce qui m'est le plus personnel : mes goûts. Je n'aimerais pas vivre à Moscou. Ce qui m'a le plus accablée là-bas, c'est l'endoctrinement idéologique constant ; puis, l'impossibilité pour les autochtones de parcourir le monde ; et enfin, l'absence totale de fluide érotique. Le régime là-bas ne me convient pas du tout. Au contraire, je me plaisais beaucoup à Paris ou à Londres. Et pourtant, j'y ai toujours ressenti avec énormément de tristesse que j'étais tenue à l'écart, perçue comme une étrangère, tolérée, une femme venue d'ailleurs. C'est de plein gré que je suis rentrée en Allemagne alors que mes amis me conseillaient d'émigrer. Et c'était bien de rentrer au pays. À l'étranger, je n'aurais jamais pu prendre racine. Je sens que je fais partie de mon peuple, je veux partager son sort, même maintenant.

Mais comment ? Je ne retournerai pas au drapeau rouge qui semblait si lumineux et prometteur à la jeune fille que j'étais. La somme des larmes est aussi restée constante à Moscou. La religion de mon enfance est encore un vœu pieux, Dieu et l'au-delà sont devenus des symboles et des abstractions. Le progrès ? Oui, vers des bombes toujours plus puissantes. Le bonheur du plus grand nombre ? Oui, pour Petka et consorts. Le paradis dans son petit coin ? Oui, pour ceux qui peignent les franges de leurs tapis. Les possessions, le bien-être ? Laissez-moi rire, moi, la nomade des grandes villes, la vagabonde. L'amour ? Foulé aux pieds. Et même s'il se relevait, je serais constamment inquiète, incapable d'y trouver refuge, je n'oserais plus tabler sur la durée.

L'art peut-être ? Vivre au service de la forme ? Oui, pour ceux qui en ont le talent, que je ne possède pas. Je ne suis qu'une petite travailleuse non qualifiée et dois m'en contenter. Je ne peux être efficace et dévouée que dans un cercle restreint. Tout le reste n'est qu'attente de la fin. Et pourtant, l'obscure et surprenante aventure de la vie ne cesse de me stimuler. Si je continue d'y participer, c'est sans doute par curiosité ; et parce que cela me fait plaisir de respirer et de sentir que mes membres sont sains.

Lundi 14 mai 1945

Hier soir, un bruit de moteur m'a tirée de mon premier sommeil. Dehors, des appels, des coups de klaxon. Je suis allée voir à la fenêtre. En bas, il y avait bel et bien un camion russe rempli de farine. Le boulanger a déjà du charbon, il pourra donc cuire le pain, servir les cartes et les numéros. Je l'ai entendu pousser des cris de joie et l'ai vu se jeter au cou du chauffeur russe qui, lui aussi, était radieux. Ils aiment jouer les Pères Noël.

Très tôt ce matin, j'ai été réveillée par les gens de la queue pour le pain qui, comme toujours, jacassaient. Elle était longue, elle avait déjà tourné le coin et atteignait la moitié du pâté de maisons. Cet après-midi, elle est toujours là. Beaucoup de femmes ont pris des tabourets. Les rumeurs sifflaient littéralement à mes oreilles.

Pour la première fois, nous sommes allées chercher de l'eau à une vraie bouche d'eau, pas loin de chez nous. C'est merveilleux ! Une pompe automatique avec trois robinets, d'où l'eau jaillit à gros jets. Le seau est rempli en un clin d'œil. On ne doit plus attendre son tour que quelques minutes. Cela apporte un fameux changement dans nos journées et nous rend la vie plus facile.

Sur le chemin, je suis passée devant un grand nombre de tombes. Presque chaque jardinet a son coin de repos éternel. Tantôt c'est un casque d'acier allemand qui y est déposé, tantôt ce sont les stèles de bois russes qui y brillent de leur rouge écarlate, surmontées des étoiles blanches soviétiques. Ils ont dû en apporter des camions entiers, de ces petits monuments.

Le long des bordures de trottoir sont plantées des pancartes de bois couvertes d'inscriptions en russe et en allemand. L'une d'elles porte les paroles de Staline souhaitant que les Hitler et compagnie disparaissent, mais que l'Allemagne subsiste. *Losungi*, comme les Russes appellent ces slogans, en déformant le mot allemand qui signifie « mot d'ordre ».

À côté de notre porte d'entrée, on a placardé des affichettes imprimées, des « Avis aux Allemands ». Dans le contexte actuel, ces mots sonnent étrangement à mes oreilles, presque comme une insulte. On peut y lire le texte de notre capitulation inconditionnelle, signé par Keitel, Stumpff et Friedeburg. On y apprend aussi que nos hommes ont rendu les armes sur tous les fronts. Göring est fait prisonnier. Une femme prétend avoir entendu sur son poste à galène qu'il a pleuré comme un petit enfant lors de son arrestation et qu'il a déjà été condamné à mort par Hitler. Un colosse aux pieds d'argile.

Une autre affiche, assiégée en permanence et très contestée, annonce que les Russes vont mettre à notre disposition de nouvelles rations de vivres, plus importantes encore, et qu'elles seront réparties et distribuées entre cinq groupes de personnes : les travailleurs de force, les ouvriers, les employés, les enfants et le reste de la population. Il y aura du pain, des pommes de terre, des céréales, de l'ersatz de café, du café en grains, du sucre, du sel, et même de la matière grasse. Pas mal dans l'ensemble, si c'est vrai. Des rations en partie plus importantes que sous Hitler. La nouvelle a fait sensation. J'ai même entendu quelqu'un dire : « Encore une occasion de voir que notre propagande ne faisait que nous abrutir. »

Et c'est bien vrai. On nous a tellement fait entrevoir le pire, la famine, l'épuisement physique total voulus par les puissances ennemies, que le moindre morceau de pain, le moindre petit espoir qu'ils continuent à s'occuper de nous nous déconcertent. Sur ce plan Goebbels a bien préparé le terrain pour les vainqueurs. Chaque croûte de pain qu'ils nous tendent est accueillie comme un présent.

L'après-midi, j'ai fait la queue pour la viande. Rien n'est plus instructif qu'une heure passée dans la file d'attente. J'ai entendu dire que le trafic ferroviaire avait déjà repris en direction de Stettin, Küstrin et Francfort-sur-l'Oder. Par contre, les moyens de transport urbains sont toujours à l'arrêt.

Une femme a expliqué avec grande satisfaction pourquoi les Russes, après avoir parcouru tout son immeuble, évitaient d'y remettre les pieds : au premier étage, ils avaient trouvé une famille entière empoisonnée sur les lits, au deuxième étage, une autre famille pendue aux croisillons des fenêtres. Spectacles qui les avaient fait fuir dans l'instant, pour ne plus jamais revenir. On laissa quand même les objets de dissuasion à leur place pendant un certain temps, au cas où... J'ai reçu ma viande sans problème. De la pure viande de bœuf, ça nous aidera à tenir.

« Cet après-midi, à 5 heures, la communauté de l'immeuble se retrouvera à la cave », a-t-on fait savoir de porte en porte.

Enfin, nous allons pouvoir évacuer la fameuse barricade qui bloque l'entrée de l'abri. Parfait, nous aurons de nouveau accès aux dernières pommes de terre de la veuve. Nous formions une longue rangée tout le long du couloir. Une petite bougie, collée sur une chaise, nous éclairait faiblement. Des tuiles, des planches, des chaises et des morceaux de matelas passaient de main en main.

Dans la cave, un vrai bazar, la pagaille, une forte odeur d'excréments. Chacun empoignait son barda. Les objets sans propriétaire devaient être déposés en haut, dans la cour intérieure. (Et là-dessus, la veuve a fait disparaître dans son sac une parure de soie qui ne lui appartenait pas. Par la suite, elle a semblé se rappeler les dix commandements, et comme le bien en question portait des initiales brodées, elle s'est empressée de l'expédier à la bonne adresse en précisant qu'elle l'avait « empoché par erreur ».) Le concept de propriété est complètement chamboulé. Tout le monde vole tout le monde, parce que tout le monde a été volé, et que tout le monde peut faire usage de tout. C'est ainsi que, pour finir, les seuls « objets sans propriétaire » rassemblés dans la cour étaient tous bons pour le rebut : des jupons délavés, des chapeaux, une chaussure dépareillée. Pendant que la veuve, encore dépitée, farfouillait pour retrouver l'épingle de cravate dont elle avait oublié la cachette, j'ai monté toute seule les pommes de terre et je les ai déposées au pied du lit de M. Pauli. Quand la veuve m'a rejointe, elle a joué de nouveau les Cassandre, prophétisant la famine qui s'abattrait sur nous quand nous aurions consommé les dernières patates. M. Pauli l'appuyait avec ardeur. J'ai le sentiment que, dans ce ménage-ci, je deviens un hôte indésirable : on me compte les morceaux que je porte à la bouche et chaque pomme de terre qui m'est offerte l'est à contrecœur. Ce qui n'empêche pas M. Pauli de puiser encore dans le sucre du major. Mais, je vais tout de même essayer de recouvrer l'indépendance de mon estomac. La question est : comment ?

Je ne peux pas leur en vouloir à ces deux-là. Je n'en ai encore jamais fait l'expérience, mais il se peut que, dans une situation semblable, moi aussi, je répugne à partager ma nourriture. Et il n'y a pas de nouveau major à l'horizon.

Mardi 15 mai 1945

Travaux ménagers habituels, c'est assommant. En haut, dans la mansarde où j'ai remis les pieds pour la première fois depuis l'arrivée des Russes, deux couvreurs se mettent à l'ouvrage. Ils reçoivent leur salaire sous forme de pain et de cigarettes. Aucun Russe ne semble avoir trouvé le chemin de la mansarde. La fine couche de plâtre, qui recouvre le plancher et trahirait le moindre pas, ne portait aucune empreinte quand j'ai fait entrer les ouvriers. Avec de l'eau en quantité suffisante et quelques provisions de bouche, j'aurais sans doute pu tenir le coup là-haut, comme une Belle au bois dormant. Mais rester seule tout ce temps m'aurait sans doute rendue folle.

Tout le monde est derechef convié à l'hôtel de ville. Aujourd'hui, c'était le tour de mon initiale. Un foule inhabituelle se trouvait dans la ruc à l'heure de l'enregistrement. Dans le vestibule, un homme armé d'un marteau et d'un burin était en train de casser le bas-relief représentant Hitler. Qu'est-ce que de la pierre, qu'est-ce qu'un monument commémoratif? Ces temps-ci, une fureur iconoclaste sévit dans toute l'Allemagne. Est-ce qu'après un tel crépuscule des dieux on verra renaître la grandeur nazie? Dès que j'aurai les idées plus claires, il faudra absolument que je me penche sur le cas de Napoléon, qui fut également banni et répudié en son temps, pour être ensuite sorti des oubliettes et remis sur un piédestal.

En haut, au troisième étage, toutes les femmes ont dû se mettre en file. Dans le vestibule, il faisait noir comme dans un four, cohue de toutes ces femmes qu'on entendait mais ne voyait pas. Devant moi, on parlait de plusieurs compatriotes qu'on avait déjà expédiées à la cueillette des asperges. Pas si mal. Derrière moi, deux autres femmes qui parlaient comme des dames. La première : « Vous savez, tout m'était devenu égal. Je suis très étroite, et mon mari a toujours fait attention. » J'ai cru comprendre qu'après plusieurs viols la femme avait tenté de mettre fin à ses jours en ingurgitant du poison. Mais : « Je ne le savais pas. On m'a expliqué par la suite qu'il fallait que l'estomac soit d'abord acidifié. Je n'ai pas pu retenir le produit en moi. »

181

« Et maintenant ? », questionne l'autre tout bas.

« Bah, il faut bien vivre. De toute façon les belles années sont derrière nous. Mais je suis bien heureuse que mon mari n'ait pas vécu tout ça. »

Une fois de plus, je suis amenée à me demander ce que cela signifie de se retrouver seule dans la crainte et le malheur. C'est sans doute plus facile puisque l'on échappe aux tourments de la compassion. Que doit ressentir la mère d'une jeune fille détruite ? Et celui qui aime vraiment sans pouvoir ni oser aider l'autre ? Ce sont les hommes mariés depuis de nombreuses années qui semblent tenir le mieux le coup. On ferme les yeux. Mais le jour viendra où les femmes leurs présenteront la facture. Le pire, c'est sans doute pour les parents. Je comprends tellement bien que des familles entières s'agrippent ensemble à la mort.

À l'intérieur, l'enregistrement se faisait en un tour de main. On devait dire quelle langue étrangère on parlait. Quand j'eus avoué mes petites connaissances du russe, on m'a fourré un papier dans la main disant que je devais me présenter demain matin à l'état-major russe pour y offrir mes services d'interprète.

J'ai passé la soirée à revoir mon vocabulaire russe et j'ai pu constater l'ampleur de mes lacunes. Pour terminer la journée, je suis descendue rendre une petite visite à la femme de Hambourg. Stinchen, l'étudiante de dix-huit ans, a enfin quitté sa soupente. Les blessures à son front causées par l'explosion sont guéries. Elle s'est comportée en petite fille de bonne famille, bien éduquée, est allée chercher dans la cuisine une théière pleine de vrai thé et a sagement suivi la conversation. Il paraît que la jeune demoiselle qui a des allures de garçon a réussi, elle aussi, à en sortir intacte. J'ai mentionné que je l'avais vue hier soir, dans la cage d'escalier, en train de se disputer avec une autre fille. Une jeune personne à la peau bronzée, vêtue d'un pull blanc, très jolie, mais plutôt vulgaire et sans aucune retenue dans ses insultes. C'est maintenant, en buvant le thé, que j'ai appris le motif de l'altercation : la jalousie. La bronzée avait eu plusieurs fois des relations avec un officier russe, puis y avait sans doute pris goût, avait bu avec lui et accepté la nourriture qu'il lui offrait. Ce qui avait tapé sur les nerfs de sa jeune amie, car elle fait partie de ces amoureux altruistes, et au cours des dernières années elle n'avait pas cessé de trimer pour lui faire des cadeaux. C'est donc en prenant notre petit goûter bourgeois que nous traitions de ce sujet sur un ton paisible et presque indifférent. Aucun jugement de valeur, aucune condamnation. Nous ne chuchotons plus. Nous n'hésitons plus à prononcer certains mots ou à parler de certaines choses. Nous osons le faire, en haussant les épaules, comme si de rien n'était.

Mercredi 16 mai 1945

Je me suis levée à 7 heures, heure de Moscou. Silence matinal dans les rues désertes. Les magasins sont encore vides et les nouvelles cartes n'ont pas encore été distribuées. À la grille de l'état-major, une jeune fille en uniforme voulait m'empêcher d'entrer ; j'y suis parvenue en lui montrant plusieurs fois mon attestation.

Me voilà finalement assise dans le bureau du commandant, qui en ce moment est responsable d'au moins cent mille âmes. Un tout petit bonhomme, tiré à quatre épingles, blond comme les blés et qui parle exagérément bas. Il ne connaît que le russe mais est secondé par une interprète qui passe à toute allure de l'allemand au russe et vice versa, sans accent ; une jeune fille à lunettes, vêtue d'une robe à carreaux, ce n'est pas une militaire. Elle traduit à la vitesse de l'éclair ce qu'une tenancière de salon de thé au petit nez retroussé est en train d'expliquer. Elle veut rouvrir son commerce ? Excellent, qu'elle le fasse. Que lui faut-il ? De la farine, du sucre, des matières grasses, du saucisson. Hm, hm. Et qu'a-t-elle encore en sa possession ? Du café de malt ? Bien, qu'elle le débite, et, si possible, sur fond musical, elle pourrait installer un gramophone, il s'agit que la vie normale reprenne son cours au plus vite. Elle aura du courant demain, il sera rétabli dans toute la rue, promet le commandant. Et là-dessus, un homme appelé par l'interprète sort de la pièce voisine, sans doute un ingénieur électricien qui, à l'aide de photocalques bleus, montre au commandant où en est l'approvisionnement en électricité de son district. Je tends le cou, mais nos maisons ne s'y trouvent pas.

Suivent d'autres solliciteurs : un homme en blouse bleue d'ajusteur-monteur demande s'il peut emmener chez lui un cheval qui gît là-bas, dans le parc, immobile et ensanglanté, il voudrait lui apporter les soins nécessaires. Mais, très certainement, s'il s'y connaît en chevaux. Je m'étonne à part moi que la bête n'ait pas encore été débitée en morceaux appropriés pour la casserole. L'époque de l'abattage sauvage est-elle révolue ? Surprenant de voir ainsi les gens se soucier tout d'un coup d'obtenir l'autorisation de faire ceci ou cela, de se mettre à couvert. Par les temps qui courent, le mot « commandant » est devenu un mot clé.

Un chef d'entreprise, accompagné de ses deux sténotypistes, vient déclarer sa petite affaire, un atelier de fabrication de tuyaux de poêle, qui a dû fermer ses portes par manque de matériel. « *Boudiet* », dit le commandant. *Boudiet*, formule magique russe que l'interprète traduit, avec un sourire réconfortant, par : « Ça va s'arranger. » Oui, moi aussi je sais traduire *boudiet*, tout comme l'autre formule magique *savtra*, qui signifie « demain ».

Viennent ensuite deux messieurs, apparemment directeurs d'une fabrique de chocolat. Ils sont venus avec leur interprète, un homme qui, à ce qu'il me semble, doit avoir passé quelque temps en Russie comme ouvrier ou comme soldat. Mais, le chocolat, cela ne donnera encore rien ; ils voudraient plutôt se procurer de la farine de seigle dans un dépôt situé en banlieue et fabriquer des nouilles. Qu'ils le fassent ! Et le commandant de leur promettre un camion pour le lendemain.

De l'efficacité dans l'air, aucun cachet, peu de paperasserie. Le commandant griffonne ce qu'il faut sur des bouts de papier. J'étais tout ouïe et observais tout, voyais les autorités au travail, trouvais cela passionnant et encourageant.

Ce fut enfin mon tour. Je me suis jetée à l'eau, ai avoué ce que le commandant pouvait de toute façon entendre lui-même : que sur le plan de la langue je n'étais pas à la hauteur des multiples performances de traductrice que l'on attendait de moi. Il me demanda d'un ton aimable d'où je tenais mes connaissances du russe, quel type de formation j'avais reçue. Me dit ensuite que, dans un avenir proche, on aurait sans doute besoin de gens qui sachent manier le crayon à dessin et l'appareil photo — il suffisait d'attendre. Tant mieux pour moi.

Sur ces entrefaites, deux Russes avaient fait leur apparition, bottes luisantes, nombreuses décorations, uniformes impeccables. Chez eux, être propre et sur son trente-et-un fait partie de la *cultura*, c'est un signe de supériorité humaine. Je me souviens encore de ces affiches collées dans les bureaux et les tramways à Moscou, avec le slogan : « Lave-toi le visage et les mains chaque jour, les cheveux au moins une fois par mois. » Et, à côté, trônaient de belles petites images représentant des gens qui s'ébrouaient et se secouaient allègrement au-dessus de bassines. Faire reluire ses bottes, cela aussi fait partie de cette *cultura* et du culte de la propreté. Je ne suis donc pas étonnée de les voir arriver tirés à quatre épingles dès qu'ils le peuvent. Les deux hommes s'entretiennent à mi-voix avec le commandant. Celui-ci se tourne finalement vers moi et me demande si je suis d'accord pour accompagner le lieutenant Untel (ah là là... pourtant, cette fois, c'était prononcé bien clairement, mais je l'ai aussitôt oublié), pour lui servir d'interprète dans ses diverses visites; il est chargé, ajoute-t-il, d'inspecter les banques du district. Cela me convient parfaitement. Tout travail me plaît du moment qu'il ne s'agit pas d'aller chercher de l'eau ou de trouver du bois.

Je trotte donc à travers les rues de Berlin, aux côtés de ce lieutenant basané et qui a plutôt belle allure. Lentement et en articulant bien clairement comme on le fait pour des étrangers qui comprennent mal, il m'explique que l'on va d'abord rendre visite au bourgmestre allemand pour obtenir de lui la liste des filiales bancaires.

« Bourgemestrrr », c'est donc ainsi qu'on appelle le bourgmestre en russe. L'hôtel de ville grouille de monde, les couloirs obscurs sont pleins de gens qui courent dans tous les sens. Des employés sautent d'un bureau à l'autre; sans arrêt, des portes qui claquent. Quelque part, on entend le bruit d'une machine à écrire. Sur certaines colonnes mieux éclairées que d'autres, on a collé des affichettes qui portent toutes le même texte écrit à la main : une femme qui a perdu la raison le 27 avril et s'est enfuie est recherchée par sa famille. « La femme en question est âgée de quarante-trois ans, a les dents abîmées, les cheveux teints en noir et est chaussée de pantoufles. »

Chez le bourgmestre, un essaim d'hommes s'agite autour du bureau. Ils parlent, gesticulent à l'envi, un interprète s'interpose autant que faire se peut. Quelques minutes suffisent pour que le lieutenant se voie remettre la liste requise des filiales bancaires. Une jeune fille tape les adresses à la machine. Un bouquet de lilas orne la tablette de la fenêtre.

Nous nous mettons en route. Le lieutenant est réservé et courtois. Il demande s'il ne marche pas trop vite, si je m'y connais un peu dans les histoires de banque, si ce n'est vraiment pas trop pénible pour moi de devoir l'accompagner...

À la Dresdner Bank, l'ordre règne : des tables nettes sur lesquelles sont posés des crayons bien alignés parallèlement au bord. Les carnets de notes sont ouverts, tous les coffres sont intacts. L'entrée de la banque est cachée au fond d'un porche, sans doute ne l'a-t-on pas remarquée.

Le spectacle est tout autre à la Commerzbank : une invraisemblable porcherie, vide, laissée à l'abandon. Tous les coffres-forts ont été sauvagement fracturés, les portes des chambres fortes forcées, des mallettes éventrées et piétinées. Des excréments partout, ça pue. Nous prenons la fuite.

À la Deutsche Bank, la propreté est relative. Deux hommes sont en train de balayer et s'affairent à gauche et à droite. Les coffres ont été vidés, mais dans les règles, c'est-à-dire ouverts avec les clés de la banque. Un des deux hommes me dit qu'« ils » se seraient procuré l'adresse du directeur, se seraient précipités chez lui en camion pour le ramener avec eux, mais auraient trouvé l'homme, sa femme et sa fille morts empoisonnés. Sans perdre un instant, ils se seraient alors rendus chez le sous-directeur et exigé qu'il leur ouvre les coffres. Cette banque-ci a déjà repris le travail. Un écriteau indique que les guichets sont ouverts et enregistrent les versements de 13 à 15 heures. Bon, moi je voudrais bien voir celui ou celle qui viendrait faire un versement ici. La bonne vieille méthode du bas de laine ou du matelas me semble décidément plus sûre.

Il y a quelque chose que je m'explique mal, c'est comment les Russes ont pu aller fouiner dans les banques avec une telle détermination. Car tous ces coffres fracturés ne peuvent tout de même pas l'avoir été officiellement, ou sur ordre de supérieurs ; tout semble le contredire, à commencer par le pillage brutal des chambres fortes de la banque que nous venons de visiter, les matières fécales qui y jonchent le sol et trahissent l'odeur des pillards. Leurs cours d'endoctrinement leur ont peut-être appris que, dans ce pays, les banques sont les bastions des méchants capitalistes et qu'en les dévalisant ils ne font, en quelque sorte, qu'exproprier les expropriateurs, comme l'enseigne leur dogme qui célèbre de tels actes à grand renfort d'éloges. Il y a là quelque chose qui cloche. Tout ressemble plutôt à une sauvage razzia, au cours de laquelle l'individu n'a pensé qu'à se servir. J'aimerais interroger le lieutenant pour savoir ce qu'il en pense. Mais je n'ose pas.

À la Städische Sparkasse, la banque d'épargne, grand branle-bas de combat. Deux femmes d'un certain âge récurent le sol. Ici, il n'y a pas de coffres-forts. Les caisses, comme on peut le voir, sont complètement vides. Le lieutenant promet que, demain, une surveillance sera assurée. Mais qu'y a-t-il à surveiller ici ?

Pendant tout un temps, nous avons vainement cherché la filiale de la Kredit- und Bodenbank. Nous avons fini par la trouver dans une arrière-cour, derrière sa grille en losanges abaissée, intacte dans son sommeil paisible de Belle au bois dormant. J'ai questionné des habitants de la maison et j'ai fini par obtenir l'adresse du gérant, pour le lieutenant. Aucun Russe n'avait vu la banque. Le panneau vitré placé dans la rue pour signaler la présence de cette filiale avait volé en éclats et seuls quelques morceaux de verre étaient restés accrochés aux montants.

Reste une deuxième filiale de la Deutsche Bank, située en bordure du district. Nous nous mettons en route. Le soleil tape. Je suis épuisée, je traîne la patte. Le lieutenant le remarque et ralentit le pas. Il me pose des questions d'ordre personnel, m'interroge sur ma formation, mes connaissances linguistiques. Et soudain, il dit en français, à mi-voix et sans me regarder : « Dites-moi, est-ce qu'on vous a fait du mal ? »

Décontenancée, je bégaie un : « Mais non, heu... pas du tout. » Puis, je me reprends aussitôt : « Oui, monsieur, enfin vous comprenez. »

D'un seul coup, le ton a changé entre nous. Comment se fait-il qu'il parle un français aussi pur ? Je le sais sans qu'il ait besoin de me le dire : c'est un *byvchi*, un ex, un membre de l'ancienne classe dominante de la Russie. Maintenant, c'est lui qui me parle de ses origines : il est de Moscou, son père était médecin, son grand-père professeur d'université et chirurgien connu. Son père a étudié à l'étranger, à Paris, à Berlin. On vivait dans l'aisance, on avait une gouvernante française à la maison. Le lieutenant, né en 1907, a gardé quelque chose de ce style de vie « révolu ».

Après ce premier échange de questions et de réponses en français, un nouveau silence s'installe entre nous. Le lieutenant a un peu perdu de sa contenance vis-à-vis de moi, je le sens. À brûle-pourpoint, il lance, toujours en français : « Oui, je comprends. Mais je vous en prie, mademoiselle, n'y pensez plus. Il faut oublier. Tout. » Il cherche les mots justes, son ton est sérieux et pressant. Je lui réplique en français aussi : « C'est la guerre. N'en parlons plus. » Et nous n'en avons plus parlé.

Nous avons pénétré sans mot dire dans la filiale dont la salle, grande ouverte, avait été complètement pillée et saccagée. Nous butions contre des tiroirs et des fichiers, pataugions dans des flots de papier, contournions prudemment des monceaux d'excréments. Partout, des mouches, des mouches et encore des mouches... Je n'ai jamais vu ni entendu autant d'essaims de mouches à Berlin. Je ne me rendais même pas compte qu'elles pouvaient faire autant de bruit.

Nous avons emprunté une échelle métallique pour descendre dans la chambre forte. En bas, des matelas gisaient partout, sans oublier les éternelles bouteilles et les chaussettes russes, les valises et les mallettes éventrées. Par-dessus le tout planaient une forte puanteur et un silence de mort. Nous avons ensuite regrimpé vers la lumière. Le lieutenant a tout noté.

Dehors, un soleil de plomb. Le lieutenant veut faire une pause, boire un verre d'eau. Nous descendons un bout de la rue en nous promenant, une rue déserte, désolée, silencieuse, qui n'est là que pour nous seuls. Nous nous asseyons sur le muret d'un jardinet, sous des lilas. « Ah, c'est bien », dit le Russe. Mais il préfère quand même me parler en russe. Son français, aussi pur et excellent soit-il, manque apparemment de pratique et s'épuise vite après les premières phrases ou questions. Il trouve mon russe fort honnête, se contente de rire de mon accent qu'il trouve... — « Excusez, s'il vous plaît » — juif. Ça peut se comprendre, la langue maternelle du juif russe est effective-ment le yiddish, c'est-à-dire un dialecte allemand.

Je contemple le visage basané du lieutenant et me demande s'il est juif. Lui poserai-je la question? J'y renonce, ce serait un manque de tact. *A posteriori*, je m'aperçois que la persécution des juifs n'est jamais entrée en ligne de compte dans les insultes ou les reproches que m'adressaient les Russes; et je me rappelle aussi la réaction du Caucasien qui, dès la première phrase qu'il m'avait adressée, protestait énergiquement à l'idée d'être pris pour un juif. Dans les questionnaires que tout le monde devait remplir en Russie à l'époque où j'y étais, on inscrivait le mot « Juif » dans la même rubrique ethnographique que « Tatare », ou « Kalmouk », ou encore « Arménien ». Et je revois aussi l'employée de bureau qui poussait les hauts cris quand on avait voulu l'enregistrer comme « juive » — sa mère était russe. Et pourtant, dans les bureaux de l'administration où les étrangers doivent faire leurs démarches, on trouve beaucoup de citoyens juifs portant des noms allemands typiques, très imagés, du style de Goldstein, Perlmann ou Rosenzweig. Le plus souvent des gens calés en langues, dévoués au dogme russe, sans Jéhovah, arche d'alliance ni sabbat.

Nous sommes assis à l'ombre. Derrière nous, encore une de ces stèles de bois peintes en rouge. Un dormeur repose paisiblement là-dessous, le maréchal Markoff. La porte du logement situé au sous-sol s'entrouvre prudemment et une très vieille femme nous lance un regard scrutateur, je lui demande un verre d'eau pour le Russe. On lui offre avec plaisir de l'eau bien fraîche, servie dans un verre embué. Le lieutenant se lève et remercie en s'inclinant.

Je repense au major et à son code des bonnes manières. Toujours les extrêmes. « Femme ici! », et des excréments dans toute la pièce; ou alors de la tendresse et des courbettes. En tout cas, le lieutenant ne pourrait être plus courtois, et il me traite comme une vraie dame. De toute évidence, à ses yeux, j'en suis une. J'ai d'ailleurs l'impression que nous, femmes allemandes, pour autant que nous soyons propres, ayons de bonnes manières et quelque savoir scolaire à notre actif, nous sommes tenues en haute estime par les Russes, et qu'ils nous considèrent comme les représentantes d'une *cultura* supérieure. Même Petka, le bûcheron, doit avoir ressenti ça. Peut-être le cadre dans lequel ils nous trouvent joue-t-il son rôle aussi : les quelques meubles bien astiqués qui nous restent, les pianos, les tableaux et les tapis, tout ce qui sent la bourgeoisie et qui, pour eux, est le summum. Je me rappelle cette fois où Anatol s'étonnait de l'aisance dans laquelle vivaient nos paysans qu'il avait eu l'occasion de connaître dans les villages qui se succédaient sur le chemin de la guerre : « Ils avaient tous des tiroirs pleins d'affaires ! » Oui, toutes ces affaires ! Pour eux, c'est quelque chose d'extraordinaire. Chez eux, on n'a pas beaucoup d'affaires. Elles se laissent toutes entasser dans une seule pièce. Au lieu d'une penderie, beaucoup de familles n'ont que quelques crochets au mur. Et s'ils possèdent quand même des affaires, elles sont rapidement fichues. L'ardeur avec laquelle les ménagères allemandes rapiècent et bricolent à tour de bras n'est pas du goût des femmes russes. J'en ai fait moi-même l'expérience dans une famille d'ingénieurs : la maîtresse de maison balayait les saletés de la pièce, puis les poussait sous une armoire où il y en avait certainement déjà d'autres. Et derrière la porte de la pièce pendait une serviette de toilette dans laquelle les trois enfants de la famille se mouchaient : le plus petit dans le bas, les plus grands dans le haut. Mœurs paysannes.

Nous sommes restés assis tout un moment sur le muret, nous nous sommes reposés et avons bavardé. Maintenant le lieutenant veut savoir où j'habite, comment je vis. Il voudrait faire plus ample connaissance, et en même temps il s'empresse d'écarter tout soupçon d'arrière-pensée : « Pas ça, vous comprenez ? » *Dixit,* le regard soudain vague. Oh oui, je comprends !

Nous prenons rendez-vous pour ce soir. Il m'appellera de la rue. Je serai à la fenêtre pour tendre l'oreille à l'heure convenue. Il s'appelle Nikolaï. Sa mère l'appelle Kolia. Je ne lui demande pas s'il a une femme. Il en a certainement une, et des enfants. En quoi cela me regarde-t-il ? En me quittant il dit : « Au revoir ! », en français.

Je rentre et sers à la veuve le plat de nouvelles toutes chaudes. Elle est ravie. « Dis, celui-là ne le lâche pas ! Enfin un homme cultivé et de bonne famille avec qui on peut causer » (Pauli et la veuve connaissent aussi un peu le français). Mais sans doute la veuve imagine-t-elle déjà tous les produits qui vont affluer, convaincue que Nikolaï a accès aux subsistances et qu'il fera quelque chose pour moi — et dès lors pour nous trois. Je ne suis pas sûre. D'un côté, je ne puis nier qu'il est sympathique. C'est le plus occidental de tous les Russes qu'il m'ait été donné de rencontrer jusqu'ici parmi les vainqueurs. D'un autre côté, je n'ai pas envie du tout d'un nouvel homme dans ma vie, je suis toujours grisée à l'idée de me retrouver seule dans mes draps propres. En outre, je suis bien décidée à quitter ce premier étage et sa veuve; et surtout M. Pauli, qui semble me tenir rigueur de chaque pomme de terre que j'ingurgite. Je voudrais me réinstaller là-haut dans mon trois pièces sous les toits, y faire le grand nettoyage, le rendre habitable. Pour les quelques jours qui restent, je ne vois donc pas pourquoi je devrais encore coucher avec quelqu'un, juste pour pouvoir fournir de la nourriture à ce fainéant de Pauli. Oui, pourquoi encore coucher-pour-manger? (Une autre de ces expressions nouvelles. Avec le temps nous avons développé un curieux jargon : le sucre-du-major et les chaussures-du-viol, le vin-du-pillage et le charbon-piqué.)

Je poursuis. Tard dans la soirée. Vers 20 heures, je guettais à la fenêtre, comme convenu, mais pas de Nikolaï en vue. M. Pauli se moquait de ma nouvelle conquête, déjà infidèle. La veuve, qui n'avait pas perdu espoir, surveillait l'horloge. Au moment où la nuit a commencé à tomber, dehors, l'appel : « C'est moi! » J'ai ouvert la porte, finalement tout en émoi, et l'ai fait monter jusque chez nous. Mais il ne resterait qu'un quart d'heure, et seulement pour nous dire qu'il ne venait pas, qu'il ne pouvait pas rester. Il a salué la veuve et M. Pauli dans un français guindé et a pris congé, une fois encore, en lançant son « Au revoir! » en français. Sur le palier, il a dit en russe, et en me serrant les mains : « À dimanche soir, 8 heures. » Puis, de nouveau en français : « Vous permettez? » Qu'avons-nous donc à leur permettre? Mais peut-être un vent différent se met-il vraiment à souffler... Nikolaï ne mise pas sur l'inflation ou l'argent nouveau, je l'ai questionné là-dessus ce matin. Il pense que notre vieil argent aura encore cours provisoirement, mais que le système bancaire va se simplifier considérablement. Moi : « Ah, la socialisation sans doute? » Et lui là-dessus : « Non, certainement pas, il s'agit d'une tout autre conjoncture. » Et il s'est mis à parler d'autre chose.

Jeudi 17 mai 1945

Levée tôt, suis allée chercher de l'eau à la nouvelle pompe. Dans une vitrine pend un quotidien qui s'appelle *Tägliche Rundschau*, un journal de l'armée Rouge destiné à la *Berliner Bevölkerung*. Désormais, nous ne sommes plus un *Volk*, un peuple, mais seulement une *Bevölkerung*, une population, nous sommes toujours là, mais nous ne représentons plus rien. La même distinction de valeur se retrouve dans d'autres langues, comme en anglais : *people-population*. Sentiment d'amertume en lisant que les vainqueurs font la fête à Moscou, Belgrade et Varsovie. Le comte Schwering-Krosigk se serait adressé aux Allemands et les aurait exhortés à voir la réalité en face. Nous, les femmes, c'est ce que nous faisons depuis belle lurette. Mais qu'arriverait-il si les titulaires de la croix de chevalier, les généraux et les gouverneurs de province devaient faire la même chose ? J'aimerais savoir à combien s'élève le nombre de suicides allemands, ces jours-ci.

Depuis peu, M. Pauli fait de nouveau montre d'optimisme. Il parle d'un essor économique rapide, de l'intégration prochaine de l'Allemagne dans le commerce mondial, d'une démocratie digne de ce nom et d'une cure à Bad Oeynhausen, qu'il a bien l'intention de s'offrir dès qu'il pourra. Mais quand, forte des leçons de Nikolaï, j'ai osé verser un peu d'eau dans son vin, il est devenu fou furieux et m'a interdit d'intervenir sur des sujets auxquels je ne connaissais rien. Je sentais bien que sa colère n'était pas due qu'à ce prétexte ridicule et qu'il en a tout bonnement marre de moi. Avant, il avait la veuve pour lui tout seul, elle l'entourait de ses soins du matin au soir. Je dérange.

Après le repas — il y avait de la soupe de pois, et je m'empiffrais en prévision des jours à venir —, Pauli s'est calmé. La veuve m'a même forcée à me resservir. Je sens que mes actions remontent dans ce ménage. Et cette hausse est sans doute due à Nikolaï. Dois-je en prendre ombrage, dois-je taxer mes congénères d'immoralité ? Je n'en ferai rien. *Homo homini lupus*, voilà qui demeure vrai, en tout lieu et en tout temps. Et aujourd'hui plus que jamais, même entre frères de sang. Je veux bien croire tout au plus que les mères affamées donnent la priorité à leurs rejetons — sans doute parce qu'ils font partie de leur chair. Mais combien de mères n'a-t-on pas collées en taule, ces dernières années, parce qu'elles avaient revendu leurs tickets de lait ou les avaient troqués contre des cigarettes ? Dans l'homme affamé, c'est le loup qui l'emporte. Moi-même, j'attends le moment où, pour la première fois de ma vie, j'ôterai le pain de la bouche d'un plus faible. Parfois, je crois que ce moment ne viendra jamais. Il est bien possible que, petit à petit, je m'épuise, m'effondre ou m'étiole, et n'aie même plus la force de voler ou de piller. Étranges ruminations d'une créature qui a l'estomac plein et un nouveau pourvoyeur russe à l'horizon !

Dernière nouvelle de la cage d'escalier : dans la maison, on a débusqué une ancienne bête du Parti, un fonctionnaire principal du Reich ou quelque chose du genre, je connais mal les grades des nazis. Je l'ai entrevu plusieurs fois dans la cave, je me souviens encore de la blonde qui avait fait son entrée et que personne ne connaissait ; elle et son sous-locataire inconnu, ledit monsieur, restaient assis main dans la main, comme deux tourtereaux. Et le pigeon, c'était donc la bête gradée. Cela dit, il n'avait rien de particulier, perdu parmi nous dans ses vêtements râpés, il ne disait pas grand-chose et rien que des fadaises. C'est ce qu'on appelle un bon camouflage.

Ce que j'aimerais savoir, c'est comment on a découvert le pot aux roses. Son amie ne l'a pas dénoncé. Au dire de la libraire, elle reste assise à pleurer toutes les larmes de son corps dans son appartement du troisième étage, où elle n'a plus vu un chat, à part les deux Ivan la première nuit. Elle n'ose plus mettre le nez dehors, redoute qu'on vienne la chercher, elle aussi. Ils ont emmené l'homme dans un véhicule militaire.

Sentiments contradictoires en nous quand nous en parlions. Une certaine joie maligne, indéniablement. Les nazis se sont montrés trop zélés, ont infligé trop de brimades au peuple, surtout ces dernières années — et maintenant ils doivent expier pour la défaite générale. Et pourtant, je ne voudrais pas être de celles qui livrent ces grandes gueules au bourreau. Ce serait peut-être différent s'ils m'avaient personnellement frappée ou s'ils avaient fait périr des gens qui me sont proches. Mais, maintenant, ce n'est pas à la grande et noble vengeance que la plupart des gens vont donner libre cours, c'est à leurs petits ressentiments, vils et mesquins : celui-là, il m'a regardé de haut, sa femme a aboyé son « *Heil Hitler!* » quand elle a vu la mienne, et par-dessus le marché il a gagné plus que moi, a fumé des cigares plus gros que les miens... maintenant c'est moi qui vais le rabaisser, lui clouer le bec...

À part cela, j'ai aussi appris dans l'escalier que dimanche prochain, c'est la Pentecôte.

Vendredi 18 mai 1945

Tôt levée. Chercher l'eau, trouver du bois. Peu à peu, j'ai l'œil pour le bois, difficile aux bûches de m'échapper. Je trouve toujours de nouveaux endroits, ignorés des autres, dans les caves, les ruines, les baraques abandonnées. À midi, Mme Behn nous a apporté les nouvelles cartes. Actuellement, la veuve, Pauli et moi-même faisons partie de la cinquième catégorie, la dernière, celle qui ressortit « au restant de la population ». Je consulte ma carte et note les quantités journalières : 300 grammes de pain, 400 grammes de pommes de terre, 20 grammes de viande, 7 grammes de matière grasse, 30 grammes de céréales, par quoi il faut entendre semoule, orge, flocons d'avoine, etc., 15 grammes de sucre. En sus, par mois, 100 grammes d'ersatz de café, 400 grammes de sel, 20 grammes de vrai thé et 25 grammes de café en grains. À titre de comparaison, quelques chiffres relevés sur les cartes de travailleurs de force du groupe I, dont font partie aussi les « artistes renommés » et les techniciens, les chefs d'entreprise, les curés, les directeurs d'école, les médecins et les infirmières spécialisées en maladies contagieuses : 600 grammes de pain par jour, 100 grammes de viande, 30 grammes de matière grasse et 60 grammes de céréales ; et par mois 100 grammes de café en grains. Entre les deux, les cartes II pour les ouvriers et III pour les employés, avec 500 grammes et 400 grammes de pain par jour. Seules les pommes de terre sont réparties de manière démocratique et égale entre tous les estomacs. Pour les travailleurs cérébraux de deuxième catégorie, c'est la carte II qui est valable ; c'est sans doute là que je trouverai ma place.

On sent une accalmie dans le peuple. Chacun reste là, à étudier paisiblement sa carte. Là-haut, on prend soin de nous, ils se sont remis à gouverner. L'idée de recevoir de telles quantités m'épate et je ne crois pas trop en ces distributions ponctuelles annoncées. La veuve se réjouit de recevoir du café en grains, promet de boire sa première tasse à la santé de Staline.

L'après-midi, j'accompagne la femme de Hambourg et sa fille Stinchen à l'hôtel de ville. C'est pour elle que la Hambourgeoise m'a priée de venir. Il semblerait que Stinchen ait été cheftaine d'un groupement de jeunes filles ou quelque chose du genre, et elle redoute d'éventuelles représailles que je pourrais contrer, si nécessaire, grâce à mes quelques connaissances du russe. La veuve s'est jointe à nous.

Sur le chemin de l'hôtel de ville, turbulences et remous. Dans la cohue, le nombre d'hommes est relativement élevé, mais il y a quand même une majorité de femmes, comme toujours à l'extérieur. L'une d'elles portait même un chapeau, la première qu'il m'était donné de voir depuis longtemps.

Devant quelques-unes des filiales que je venais d'inspecter avec le lieutenant, on avait posté des sentinelles : deux Russes qui montaient la garde, aussi droits que leurs fusils. Effet indéniablement dissuasif pour d'éventuels clients.

L'hôtel de ville ressemblait, une fois de plus, à une ruche. Nous faisions la queue dans un couloir où l'obscurité était presque totale, nous attendions. Autour de nous, les discussions allaient bon train dans le noir. Un seul sujet, « avoir été prise ».

Oui, cela nous concerne toutes, du moins celles qu'ils ont réussi à attraper.

« Une femme sur deux y est passée », clame une voix.

Là-dessus, une autre voix stridente : « Et alors ? Y a toujours moyen de s'en débarrasser. »

« À ce qu'on dit, Staline a décrété que toutes celles qui ont un enfant russe auraient droit à la carte numéro I », ajoute une troisième.

Éclat de rire général. « Et c'est pour ça que vous voudriez... ? »

« Non, je préférerais encore me flinguer. » La veuve m'a donné un coup de coude dans le noir, désireuse d'attirer mon attention. Je ne voulais pas. Je préfère ne pas penser à ça. La semaine prochaine, à ce moment-ci, j'en saurai plus.

« Vous êtes déjà allée à l'hôpital ? », c'était la question qui parcourait maintenant la file.

« Non, pourquoi ? »

« On y a ouvert un service spécial pour examiner les femmes violées. Il faut qu'on y aille toutes. À cause des maladies vénériennes. »

La veuve m'a redonné un coup de coude. Je ne sais pas encore, je me sens propre, je laisse venir les choses.

Tout s'est bien passé pour Stinchen, comme il fallait s'y attendre, et personne ne l'a questionnée sur son glorieux passé. Il ne manquerait plus que ça, que les mineurs soient punis pour des choses auxquelles ils ont participé avec la bénédiction des parents, des professeurs et du Führer. Si nos ancêtres, comme je le tiens de certaines sources, ont brûlé vifs des enfants sorciers, c'est uniquement parce qu'ils les prenaient pour les suppôts et les porte-parole de diables très adultes. Difficile de repérer le seuil à partir duquel commence la responsabilité, au sens occidental du terme.

Sur le chemin du retour, une femme de la maison voisine nous a emboîté le pas. Elle nous a raconté qu'une voisine de palier, qui avait picolé et couché plusieurs fois avec le même Russe, avait reçu une balle dans le dos, tirée par son mari, alors qu'elle était aux fourneaux. Après cela, le meurtrier, un employé renvoyé chez lui par la Wehrmacht parce qu'il était cardiaque, s'était tiré une balle dans la bouche. Ils laissent derrière eux leur enfant unique, une petite fille de sept ans. « Depuis cette histoire, la gosse est restée avec moi et mon petit garçon », expliquait la femme. « Et je la garderai bien volontiers. Mon mari n'y verra pas d'inconvénient quand il reviendra. Il a toujours voulu une fille. » On a enveloppé les parents dans des couvertures de laine et on les a enterrés à la hâte dans la cour de l'immeuble. On a enfoui le pistolet avec eux. « Heureusement qu'il n'y avait pas de Russes dans la maison », ajoute la femme. Ça aurait fait du grabuge à cause de l'interdiction de posséder des armes !

À la pelouse du rond-point, nous avons fait une pause devant les tombes. La Hambourgeoise trouvait que tout s'était passé comme il fallait — si Hitler avait été liquidé le 20 juillet 1944, il aurait probablement gardé son auréole. Bien des gens auraient continué à avoir foi en lui s'il était mort à ce moment-là. Et maintenant, est-il vraiment mort ? Ou bien s'est-il enfui ? Échappé en sous-marin ? Toutes sortes de bruits courent à son sujet, mais personne n'y prête vraiment attention.

Le soir, la teigneuse est venue chez nous pour nous rapporter une bien triste histoire : aujourd'hui elle est allée à pied jusqu'à la Lützowplatz pour rendre visite à son chef, un juriste pour lequel elle rédigeait des mémoires depuis des années. L'avocat, qui avait épousé une juive et n'avait pas l'intention de divorcer, avait dû endurer une foule d'épreuves sous le IIIe Reich, surtout les dernières années au cours desquelles il n'avait plus guère de quoi vivre. Depuis des mois, le couple se réjouissait de la libération prochaine de Berlin, passant des nuits entières l'oreille collée à la radio, guettant les nouvelles des postes étrangers. Quand les premiers Russes ont pénétré dans la cave, en quête de femmes, ça a été la bagarre et la fusillade. Une balle a ricoché contre le mur et est venue se loger dans la hanche de l'avocat. Sa femme s'est jetée aux pieds des Russes, en implorant leur aide en allemand. Là-dessus, ils l'ont traînée dehors dans le couloir, trois types sur elle, tandis qu'elle ne cessait de hurler et de crier : « Je suis juive, mais je suis juive. » Entre-temps, l'homme était mort exsangue. On l'a enterré dans le jardinet en face de l'immeuble. Depuis lors, la femme est partie sans laisser de traces, personne ne sait où elle est. Je sens des frissons me parcourir le dos en écrivant ça. Ce genre d'histoire ne peut pas avoir été imaginé, inventé de toutes pièces, elle témoigne de l'implacable cruauté de la vie, des caprices aveugles et sanguinaires du sort. La teigneuse pleurait, ses larmes restaient accrochées à ses croûtes. Elle dit : « Si ça pouvait finir, cette pauvre petite vie. »

Samedi 19 mai 1945

Nous existons sans journaux et sans heure exacte, nous nous réglons sur le soleil, comme les fleurs. Après avoir été chercher l'eau et ramassé le bois, je suis allée faire les courses. Les premières choses que j'ai reçues sur ma carte, c'était du gruau, de la viande de porc et du sucre. Le gruau était plein de glumes, le sucre grumeleux et la viande disparaissait sous le sel. Tant pis, c'est de la nourriture. Nous nous en contenterons. « Je me demande si ton Nikolaï va venir demain », me dit la veuve alors que je déposais mes petits paquets sur la table.

197

L'après-midi, on a fêté le grand nettoyage. Le coup d'envoi fut donné par un cri de la veuve : « Viens vite voir ça ! » Et en effet, oui, des gouttes coulaient du robinet, de vraies grosses gouttes d'eau sortaient de nos canalisations, à sec depuis si longtemps. Nous avons ouvert le robinet à fond ; un jet puissant en a jailli d'un seul coup, brun d'abord, puis bientôt clair et pur. Au diable la corvée de l'eau, les seaux à traîner tous les jours ! Du moins pour nous au premier étage, car peu après nous avons appris que le miracle s'arrêtait au troisième. Cela dit, les habitants des étages supérieurs vont prendre l'eau dans la cour de l'immeuble, ou chez des connaissances qui habitent un étage plus bas. Il faut pourtant ajouter que la fameuse « communauté », que ce soit celle du peuple, ou de l'immeuble, ou de la cave, commence lentement à s'effriter. Chacun préfère reprendre ses bonnes manières citadines : se retirer entre ses quatre murs et sélectionner ses fréquentations.

Ce fut donc le branle-bas de combat, la folle fête du grand nettoyage ! Je n'arrêtais pas de regarder l'eau couler ni de tâter le robinet. Certes, la source s'est tarie dans la soirée, mais nous avions songé à remplir la baignoire à ras bord.

Curieux sentiment que celui de se voir offrir, l'un après l'autre, les « miracles de la technique », les conquêtes des temps modernes. Je me réjouis déjà à l'idée que le courant sera bientôt rétabli.

Entre-temps et tandis que nous plongions tout dans le bain à la maison, la blonde est venue, la « nouvelle », celle dont les Russes, avant-hier, avaient emmené l'amant, la bête gradée du parti. Force me fut d'écouter son histoire d'amour et de fidélité, comme on en lit dans les magazines : « Un amour comme le nôtre, qu'il a dit, il n'en avait jamais vécu. C'est sans doute ça, le grand amour, qu'il a ajouté. » Et peut-être que le vrai grand amour s'exprime en effet avec ces mots-là... Mais, en ce qui me concerne, ce genre de clichés, dignes des films de bas étage ou des romans de quatre sous, me tape sur les nerfs. Elle n'arrêtait pas de pleurnicher tandis que je récurais le sol : « Où peut-il être maintenant ? Qu'est-ce qu'ils sont en train de lui faire ? » Je ne le sais pas non plus. D'ailleurs, elle ne s'est pas attardée sur le sujet et s'est vite remise à parler d'elle-même : « Je me demande s'ils vont revenir pour me chercher moi aussi ! Est-ce que je ne ferais pas mieux de décamper ? Mais pour aller où ? »

« C'est absurde ! Il n'était inscrit nulle part que les membres du parti devaient se faire connaître. » Et je lui ai demandé : « Qui est-ce qui a parlé ? »

Elle a haussé les épaules : « Je crois que c'est sa femme. Elle avait été évacuée à Schwiebus, mais, entre-temps, elle est certainement revenue à Berlin dans la maison qu'ils ont à Treptow. Et là, elle aura sans doute appris par un voisin ou un autre qu'il sortait souvent avec moi, pour aller chercher des affaires. »

« Vous connaissiez sa femme ? »

« Un peu. Avant j'étais la secrétaire de son mari. »

L'habituelle échappatoire donc, le « lit de rechange » comme l'exprime l'humour berlinois pour désigner « l'autre lit » dans lequel les maris cherchaient refuge quand femme et enfants avaient dû être évacués sur ordre venu d'en haut (et souvent pas trop mal accueilli !). Beaucoup d'histoires à l'eau de rose couraient aussi sur les *Mu-Ki's*, les *Mutter-und-Kind-Verschickten*, les « mères-avec-enfants-expédiées-ailleurs », les évacuées qui se retrouvaient sans époux : des histoires d'échelles placées la nuit à leur fenêtre et de mœurs relâchées loin du mari, etc. On ne transplante pas impunément un être ordinaire et moralement faible. L'environnement habituel de la tribu, du voisinage, des meubles polis et du remplissage de temps constitue un fameux corsct moral. Il me semble tout à fait plausible que l'épouse furieuse ait livré son mari — peut-être parce qu'elle se disait que, si elle agissait de la sorte, la compagne du « lit de rechange » serait punie du même coup.

« Ah, il était fabuleux », m'a-t-elle assuré en se tamponnant les yeux, tandis que je tentais d'orienter ses pas vers la porte.

(Juillet 1945, griffonné dans la marge : elle a été la première de la maison à avoir un Amerloque : un cuisinier, grosse panse, gros cou, lui apporte paquet sur paquet.)

Dimanche de Pentecôte, 20 mai 1945

Journée radieuse. Dès le matin, notre rue résonnait des pas d'un nombre incalculable de marcheurs qui se rendaient chez des amis ou des parents dans d'autres quartiers de la ville. Nous avons prolongé le petit déjeuner jusqu'à 11 heures, dégustant du gâteau et de l'ersatz de café mêlé de vrais grains. La veuve était en verve et nous a raconté quantité d'anecdotes sur sa famille. Elle est forte pour ça. Mais, il faut dire que sa famille est vraiment drôle, ne serait-ce déjà que parce qu'on ignore où elle commence et où elle finit : le beau-papa a été marié trois fois, à de grands intervalles ; il a survécu à deux de ses femmes. De ses différents mariages restent quantité d'enfants, et d'enfants des enfants, dispersés un peu partout ; des tantes qui sont plus jeunes que leurs nièces, des oncles qui sont dans la même classe que leurs neveux. Et par-dessus le marché, comme le confesse la veuve, la dernière épouse en date, celle qui a survécu au mari, a ensuite convolé en justes noces avec un juif. Ce beau-père au double sens du terme donc, et juif, est mort, il est vrai, bien avant le début du IIIe Reich ; ce qui n'empêche qu'il faisait tache dans l'histoire de la famille. À l'inverse, aujourd'hui, la veuve en parle avec plaisir et même fierté.

Après le repas de midi, je me suis retirée en haut, dans mon trois-pièces sous les toits, me suis frayé un passage entre les monceaux de plâtras et de décombres, ai rempli quantité de seaux de toutes les saletés, les ai descendus et ai nettoyé les planchers. Dans les jardinières pourries, j'ai planté du cerfeuil et de la bourrache, c'est-à-dire que j'ai saupoudré les petits sillons aplatis de graines brunes et de petits vers noirs, d'où mon jardin culinaire est censé sortir. L'apparence qu'auront les herbes ne m'est connue que du dessin qui figure sur les sachets de graines que la Hambourgeoise a puisés dans un vieux stock pour me les offrir. Après cela, je me suis couchée au soleil, à même le sol de la terrasse. Heure de plénitude totale. Puis quand même, nervosité grandissante. Ça bouge et ça s'impatiente, là au fond de moi. Je ne puis continuer à vivre ainsi comme une plante, il faut que j'agisse, que j'entreprenne quelque chose. C'est un peu comme si j'avais un bon jeu de cartes en main. Mais, puis-je les jouer ? Et avec qui ? Le pire, actuellement, c'est que nous sommes coupés de tout.

Quand je suis redescendue au premier, chez la veuve, j'ai atterri en pleine scène d'allégresse. Sans s'y attendre et même sans avoir cherché, la veuve avait enfin retrouvé l'épingle de cravate égarée de son regretté défunt ; l'objet précieux était caché dans le doigt de pied d'une vieille chaussette toute ravaudée. « Comment peut-on oublier des choses pareilles ! », s'étonnait-elle après coup.

Le dimanche de Pentecôte s'est écoulé paisiblement. À partir de 8 heures du soir, j'ai attendu le lieutenant, Nikolaï, qui m'avait demandé mercredi s'il pouvait venir aujourd'hui. Il n'est pas venu, et ne reviendra sans doute plus. M. Pauli n'a pu s'empêcher de faire une remarque bien appropriée.

Lundi 21 mai 1945

Rien ne trahissait que c'était un lundi de Pentecôte, jour férié. Peu de gens sont encore professionnellement actifs. Berlin est en vacances. J'étais en train de chercher du bois quand je suis tombée sur un avis invitant tous les « culturels » à se présenter aujourd'hui, à 11 heures, à l'hôtel de ville : artistes, monde de la presse, monde de l'édition. On nous demandait d'apporter notre livret de travail et, pour les artistes, des spécimens de l'art pratiqué.

J'y vais donc. Queue au deuxième étage. Les voilà, ce sont eux, on ne peut pas s'y tromper ! Des têtes bien typées, des tenues originales ; de toutes jeunes comédiennes côtoyant des femmes peintres plus âgées, chargées de tableaux dégageant encore une odeur de peinture à l'huile. Ici, la femme masculine, là le jeune homme efféminé aux longs cils, un danseur sans doute. Je me retrouve donc parmi tous ces gens, discrètement à l'écoute des paroles échangées à gauche et à droite, par exemple, à propos du célèbre collègue Untel, à ce qu'on dit retrouvé pendu... jusqu'à ce qu'une femme rectifie d'une voix stridente : « Mais pas du tout, au contraire ! On vient seulement d'apprendre qu'il était à moitié juif. » Il se pourrait même que ce soit vrai. Actuellement, les « non-Aryens », cachés jusqu'ici avec tant de crainte et de soin, voient leur nom souligné en gras dans les tableaux généalogiques, et leur blason redoré.

On ne nous a enregistrés que pour la forme. Une femme d'âge moyen, au profil juif, a relevé les identités qu'elle notait dans un gros registre, puis nous a remis à chacun une attestation, et *basta* ! Quelque chose va-t-il sortir de tout cela, un coup de pouce, une aide ? Sans doute que non...

Pour le repas du soir, la veuve a ouvert un de ses bocaux de confit de poulet, précieusement conservés depuis 1942. Du poulet, certes, mais qui avait un goût de naphtaline. Le récipient était resté à la cave, des années durant, entre des tapis protégés par des boules d'antimite, et était complètement imprégné de l'odeur du produit. Gros éclats de rire. Même notre ogre de Pauli a dû renoncer. La veuve s'est forcée à ingurgiter quelques morceaux, puis m'a laissé le reste. J'ai inventé une méthode qui consistait à me boucher le nez pendant que j'avalais. Ce qui n'empêche que les renvois à la naphtaline se sont succédé durant des heures.

Vers 3 heures et demie, je me suis mise en route, pour me rendre à pied à Charlottenburg, où habite Ilse ; Mme Ilse R., photographe de mode et rédactrice auprès d'un magazine féminin, jusqu'à son mariage avec un ingénieur, expert dans l'industrie de l'armement — et le général Heldenklau a été forcé de le lui laisser.

Profusion d'adieux à la veuve, puis en route. Longues rues désertes, mortes. Dans le tunnel où brûlaient jadis des réverbères en permanence, noir total et forte odeur d'excréments. J'avais peur, progressais le cœur battant, et du plus vite que je pouvais.

Ensuite, direction Schöneberg. En l'espace d'un quart d'heure, je n'ai rencontré que deux personnes, des femmes, l'une d'elles marchait pieds nus et avait des varices aussi grosses que des cordes. Tout me semblait déformé et fantasmatique — peut-être parce que je portais des lunettes de soleil pour me protéger de la poussière. Au carrefour, une Russe en uniforme, longues boucles noires, se trémoussait sur une estrade de bois. Chaque fois qu'une voiture russe passait, elle agitait des fanions rouges et jaunes et riait à l'adresse du conducteur. Ses gros seins suivaient le mouvement. Quelques Allemands chargés de seaux d'eau se hâtaient de la dépasser, en baissant le regard.

Des longues rues sans fin. Soudain, attroupement inhabituel, une salle de cinéma déverse un flot de vingt à trente personnes, on y joue actuellement un film russe intitulé *Tchapaïev*, comme l'indique un placard peint à la main. Un homme lance à mi-voix : « Quelle connerie ! » Sur les murs sont collées des affichettes de toutes les couleurs, barbouillées de traces de mains, elles annoncent les programmes de variétés organisés dans différentes salles publiques. Ce sont donc les artistes qui ont la priorité dans le programme de relance.

202

Sur la chaussée, les vélos défilaient avec un bruit de ferraille. Et ils faisaient vraiment un bruit de ferraille, car ils roulaient sur les jantes — nouvelle méthode très efficace pour éviter que les Russes ne les « confisquent ». D'ailleurs, ces jours-ci, plus d'un Allemand roule sur un vélo « trouvé », car les Russes abandonnent leur bicyclette dès qu'un pneu est abîmé et se mettent aussitôt en quête d'une autre, en meilleur état.

Je poursuis ma route, traverse maintenant un quartier résidentiel et vert. Silence total, ici la vie semble figée, comme si tout le monde avait préféré se terrer. De temps à autre, une jeunesse qui trottine, toute pimpante. Il paraîtrait même qu'on s'est remis à danser, à gauche et à droite, la veuve l'a entendu dire chez le boulanger.

J'ai pénétré dans la rue de mon amie, la gorge toute sèche, tant j'étais tendue. Quand on ne s'est plus vu depuis deux mois — et quels mois ! — on ignore si les maisons sont encore debout et si les gens sont encore en vie.

La maison était toujours là, bien debout, intacte, mais fermée, morte. J'ai tourné un quart d'heure autour en appelant et en sifflant, jusqu'à ce je puisse profiter de l'arrivée d'une résidente pour me faufiler à l'intérieur. En haut, dans le couloir, le nom bien connu sur la porte. Je frappe, j'appelle. Je fais savoir qui je suis. À l'intérieur, cris de joie. Me revoilà en train d'embrasser une femme avec laquelle, avant, j'échangeais tout au plus une poignée de main. Le mari s'écrie : « Ça alors ! Et elle s'amène là, comme si de rien n'était ! »

Ilse et moi échangeons aussitôt les premières questions : « Combien de fois violée, Ilse ? — Quatre fois, et toi ? — Je ne sais plus, j'ai dû me hisser du train des équipages au quartier des hauts gradés... »

Nous voilà tous les trois dans la cuisine, buvons du vrai thé, sorti du fin fond de l'armoire pour fêter la journée, mangeons du pain et de la confiture, nous nous communiquons les nouvelles... Oui, on a dû toutes y passer. La première fois, ils se sont jetés sur Ilse dans la cave, les fois suivantes au premier étage, dans un appartement vide où ils l'avaient poussée à coups de crosse dans le dos. L'un d'eux, précise Ilse, voulait coucher avec elle en gardant son arme sur lui. Alors, prise de panique, elle lui a fait comprendre par des gestes qu'il devait d'abord déposer son flingue... et le type l'a fait.

Tandis que nous étions dans le feu du débat, le mari s'est éclipsé, sous prétexte d'aller recueillir les dernières nouvelles chez les voisins qui avaient un poste à galène. Ilse a ricané en le voyant partir : « Eh oui, ça ne lui plaît pas d'entendre tout ça. » Il n'arrête pas de se faire des reproches parce qu'il est resté sans intervenir, en bas dans la cave, tandis que les Ivan s'en prenaient à sa femme. Pendant le premier viol, à la cave, il pouvait même tout entendre. Ça a dû lui faire une drôle d'impression.

Nous profitons de l'absence de M. R. pour papoter entre femmes. Ilse est une privilégiée, elle a parcouru le monde, et c'est d'ailleurs une mondaine. Qu'avait-elle à dire à tous ces nobles chevaliers russes ?

« À pleurer », me dit-elle en fronçant le nez. « Eux-mêmes n'ont d'ailleurs rien à dire. Simples et grossiers, quels qu'ils soient, comme j'ai pu m'en rendre compte en tendant l'oreille ici dans la maison. Mais peut-être as-tu fait de meilleures expériences avec tes officiers supérieurs ?

— Non, pas sur ce plan-là.

— Chez eux ils sont peut-être à la pointe pour ce qui est de l'économie planifiée socialiste, déclare Ilse, mais en matière d'érotisme, ils en sont encore à l'époque d'Adam et Ève. C'est ce que j'ai d'ailleurs dit à mon mari pour le consoler. » Elle plisse les yeux : « Un pauvre époux sous-alimenté ne vaut plus grand-chose, bien sûr. Le mien en a déjà attrapé des complexes et s'imagine que l'armée rouge avait toutes ses chances auprès de nous, en fonçant sur nous comme ils l'ont fait. » Nous avons bien ri et sommes arrivées à la conclusion que nos valeureux ennemis, lâchés dans la nature et redevenus des prétendants normaux, n'auraient pas la moindre chance dans 99 pour cent des cas. Tout au plus estimerait-on le centième digne d'une épreuve éliminatoire.

Tels furent nos petits potins et nos petits sarcasmes vengeurs à l'encontre de ceux qui nous avaient humiliées.

L'ingénieur nous rapporta effectivement quelques nouvelles de chez les voisins. Berlin allait devenir une métropole internationale et Leipzig serait la capitale russe. Cela signifie que Himmler est capturé. D'Adolf, toujours pas de nouvelles fiables. Alors qu'Ilse réagissait à tout cela sans s'émouvoir et glosait sur la conjoncture actuelle avec le détachement d'une vraie dame, son mari semblait effaré et bouleversé. C'en est fini de sa carrière. Son usine d'armement, qui n'a pas été détruite dans les bombardements, va être vidée de son contenu. Les Russes vont emporter toutes les machines allemandes. En chemin, j'ai rencontré plusieurs camions transportant d'énormes coffres de bois. Maintenant, je sais ce qu'ils renfermaient. M. R. pressent son déclin social et craint de devoir repartir à zéro comme travailleur manuel. Il est avide de contacts et de nouvelles, il est habité par une véritable angoisse existentielle et s'acharne de toutes ses forces à reconquérir salaire et pitance. Il a postulé pour un emploi de chauffagiste à l'hôpital. Il n'est pas encore remis de la défaite. Occasion de plus de constater que, quand tout s'écroule, ce sont les femmes qui tiennent mieux le coup, et qu'elles n'attrapent pas aussi vite le vertige. Ilse et son mari apprennent le russe tous les deux. Il envisage, même à contre-cœur, d'aller s'installer en Russie. Parce que, « ici ils vont nous enlever nos moyens de production ». Il ne croit pas qu'une production digne de ce nom nous soit confiée, à nous, Allemands, dans un avenir plus ou moins rapproché, il a appris par la radio des voisins que toute l'Allemagne serait bientôt transformée en un vaste champ de patates. On verra bien.

Nous n'en finissons pas de nous dire au revoir. On ne sait jamais quand on se reverra. Sur le chemin du retour, je fais encore un saut chez la nièce de la veuve, la jeune mariée et future mère qui habite avec son amie Frieda et attend son premier. Elle était allongée sur le dos, la pauvrette, une expression de douceur sur le visage, et elle semblait rayonner de l'intérieur. Mais le ventre bombé se détachait sur une carcasse bien trop maigre, exagérément saillante. C'est comme si on voyait littéralement l'enfant sucer de l'intérieur toutes les forces et les sucs du corps de la mère. Du futur papa, bien sûr, aucune nouvelle. Son souvenir semblait disparaître sous les tracasseries quotidiennes de la quête de bois et de nourriture. Comme il n'y a qu'un seul fourneau électrique dans l'appartement — d'ailleurs inutilisable pour l'instant —, les filles ont confectionné sur le balcon une sorte de petit foyer à l'aide de briques, et elles l'alimentent de branches de sapins récoltées à grand-peine. Il faut une éternité pour que la maigre purée soit cuite. En plus, Frieda doit rester constamment accroupie près du feu pour l'attiser et y ajouter les brindilles. Il y avait un parfum de Noël dans l'air, avec cette résine qui brûlait.

Me revoilà sur le chemin du retour, marcher, encore marcher. Une affiche en allemand et en russe annonce que, sous peu, « un marché libre » sera ouvert. Par qui? Pour qui? Un « quotidien mural » donne la liste des nouveaux dirigeants de la ville. Tous des grosses légumes inconnues, sans doute des émigrés revenus de Moscou. Des bandes d'Italiens de toutes sortes sont venus à ma rencontre, en chantant, chargés de baluchons et de valises, visiblement en route vers leur pays. Encore des bicyclettes qui roulent sur les jantes en faisant un bruit infernal. À Schöneberg, presque plus personne dans les rues, et le sinistre tunnel du tramway plus noir et désert que jamais. Contente d'en sortir enfin et d'apercevoir notre pâté de maisons. Je suis rentrée chez nous comme d'un long voyage et j'ai fait part de toutes les nouvelles choses que j'avais apprises.

Pieds en compote, journée suffocante. Maintenant, la soirée nous apporte le calme et la pluie.

Mardi 22 mai 1945

Dès 6 heures du matin, la veuve tournait en rond dans l'appartement. La veille au soir, elle avait reçu un billet du délégué de la maison. (Délégué de la maison... encore une de ces expressions à la mode! Chez nous, c'est le mari de la Hambourgeoise qui tient ce rôle.) Il s'agissait d'un ordre, transcrit sur un bout de papier polycopié, enjoignant la veuve de se rendre à l'hôtel de ville dès 8 heures, pour du travail. Rien d'autre. « Ce serait bien si c'était pour aller couper les asperges », nous dit-elle, et elle nous dépeignait déjà les mets les plus succulents composés des précieux légumes.

Donc, aujourd'hui, j'ai joué les ménagères, nous ai préparé, à M. Pauli et à moi, une soupe de farine de pois. Vers 14 heures, cris et appels répétés dans la rue, devant la maison : un crieur public, désigné d'office, comme il y a mille ans! Il s'était planté sous l'érable et psalmodiait un texte inscrit sur une feuille de papier, conviant tous les hommes et les femmes aptes au travail et encore inactifs, âgés de quinze à cinquante-cinq ans, à se rassembler immédiatement devant l'hôtel de ville pour y recevoir du travail.

Grandes discussions dans la cage d'escalier : doit-on y aller ou pas ? La libraire était pour, elle craignait sinon que l'on vienne nous chercher de force. Je me suis jointe à elle. Nous sommes parties ensemble. Je lui ai demandé si elle savait déjà ce qu'il était advenu de sa librairie. « Incendiée fin avril », fut la réponse laconique. La libraire envisage néanmoins l'avenir avec optimisme. À la cave, dit-elle, elle a réussi à sauver du IIIe Reich une énorme caisse pleine de livres — pour la plupart de la littérature « interdite ». S'entend, ce qui était interdit chez nous dès 1933 : au début les livres des juifs et des émigrants, plus tard les livres de nos pacifistes. « C'est là-dessus que les gens vont se précipiter maintenant », déclare-t-elle. « Au magasin, nous allons construire un coin pour y installer une petite bibliothèque de prêt, avec une caution très élevée bien sûr, sans quoi on pourra dire adieu à nos livres ! » Je me suis annoncée comme première lectrice, j'ai tant de choses à rattraper.

Devant l'escalier de l'hôtel de ville, une horde de femmes se bousculait déjà. Pour ce qui est des hommes, quelques-uns seulement par-ci, par-là. Un jeune homme transcrivait nos noms sur une liste, à grand renfort de cris et de gestes. La rue qui faisait face à l'hôtel de ville offrait le spectacle d'un chantier en pleine activité. Le fossé qui coupait la chaussée en deux avait été creusé à de mystérieuses fins guerrières, par quelques Allemands et de nombreuses jeunes filles russes vêtues de vestes ouatinées ; il est maintenant remblayé par les nôtres — une opération dont la logique m'apparaît aussitôt dans toute son évidence. La tranchée est comblée à l'aide de sable, de débris de briques et d'éboulis de maisons incendiées. Les femmes poussent des wagonnets, amènent le matériau de remplissage jusqu'au bord du fossé et l'y déversent. Dans toutes les rues avoisinantes, des chaînes humaines se sont formées et les seaux sont acheminés de main en main jusqu'aux wagonnets. Demain matin à 8 heures, je m'y mettrai, moi aussi. Je n'ai rien contre.

J'ai guetté vainement la silhouette de la veuve parmi les travailleuses. Une voiture à haut-parleur est arrivée, hurlant ses informations dans un allemand teinté de russe. Rien de nouveau pour moi.

Le soir, il y avait du pain et de la viande en conserve. La veuve n'était toujours pas rentrée. Il était déjà 21 heures quand nous avons vu son chapeau rouge poindre en bas, dans la rue. Elle était vidée, lessivée, crevée, juste capable, dans sa furie, d'éructer quelques sons incompréhensibles, elle nous refusait toute explication. Ce n'est qu'après d'infinies ablutions qu'elle s'est laissée enfin aller à quelques phrases : tu parles d'aller couper des asperges ! Un camion russe avait conduit les femmes à une fabrique de machines où la veuve et deux cents autres congénères avaient dû, du matin au soir et sous le commandement incessant des Russes, emballer des affaires dans des caisses, redéballer les affaires, changer les affaires de caisses, les remballer dans de nouvelles caisses ; le tout sous les bourrades et les coups, et le midi, elles n'avaient eu droit qu'à un morceau de pain sec.

« Si l'organisation, c'est ça ! », nous a lancé la veuve avec indignation. « Quel chaos, quel foutoir ! »

Et elle poursuivait : « Nous leur avons dit tout de suite que les pièces de fer étaient trop lourdes pour les caisses, et que le fond finirait par lâcher. Alors ils ont gueulé sur nous : "Fermez-là !", *"Rabota, rabota !"*, au travail, au travail ! Et quand la première caisse s'est brisée dès qu'on l'a soulevée, comme il fallait s'y attendre, les engueulades ont repris de plus belle, et bien sûr c'était de notre faute ! » La veuve se secoue : « Je ne comprends vraiment pas comment ces types-là ont pu gagner la guerre. Ils ont encore moins de cervelle que nos petits écoliers allemands. » Elle continue, énumère d'autres mesures forcément vouées à l'échec prises par ces Russes, butés et entêtés, impossible de la calmer. Elle avait dû revenir à pied et marcher pendant une heure et demie, pas de camion pour ramener les femmes chez elles une fois le travail accompli. Résultat : une ampoule au pied, à un orteil ; elle s'en plaint, se lamente de notre sort à tous et de la défaite allemande. Rien ne peut la consoler, même pas le marteau ou la pince, le chiffon à poussière ou la tasse en fer-blanc — objets que la veuve a sortis en fraude de l'usine sous ses jupes.

Équipée d'un seau et d'une pelle, je me suis mise en route de grand matin, sous la pluie, direction l'hôtel de ville. Il pleuvait à torrents. Je sentais ma robe de tricot littéralement prendre l'eau.

La pluie n'arrêtait pas de tomber, tantôt fine, tantôt drue. Ce qui ne nous empêchait pas de manier la pelle et de remplir de gravats un seau après l'autre, pour éviter de rompre la chaîne solidaire des mains. Nous étions une bonne centaine de femmes de toute sorte. Les unes étaient molles, indolentes et ne se remuaient que quand l'un des deux surveillants allemands nous regardait. (Ce sont toujours les hommes qui héritent des postes de surveillance.) D'autres femmes trimaient avec toute la fougue des ménagères acharnées. « Il faut quand même que le travail se fasse ! », déclarait l'une d'elles, pleinement convaincue. À quatre, nous poussions jusqu'au fossé les wagonnets remplis. J'ai appris à manœuvrer une plaque tournante. Jusqu'à ce qu'une pluie diluvienne nous interrompe.

Nous restions pressées les unes contre les autres sous un balcon, comme un troupeau. Nos affaires trempées nous collaient au corps ; toutes les femmes frissonnaient et tremblaient. Nous avons profité de l'occasion pour manger notre pain humide, sans rien dessus. Une femme bougonna : « Avec Adolf, on mangeait pas comme ça. »

Protestations de tous côtés : « Hé là, dites, vous, c'est pas plutôt sur le compte d'Adolf qu'y faut met' ça ? »

Alors la femme, tout embarrassée : « C'est pas c' que j' voulais dire... »

Nous sommes restées là plus d'une heure. La pluie frappait le sol autour de nous. Quand elle se fit moins forte, notre gardien, un jeune homme à l'accent viennois et au nom tchèque, battit le rappel et nous renvoya à nos wagonnets. Celui que je manœuvrais portait une inscription : « La charrette riante. » Un autre était baptisé à la craie du nom de « La charrette pleurante ». Mais, une main avait barré le mot « pleurante » et écrit au-dessus « souriante ».

Vers 15 heures, notre Viennois se mit enfin à cocher nos noms un par un sur sa liste et nous renvoya chez nous. J'avançais

209

pleine d'entrain, avec mon seau qui se balançait au bout de mon bras, me remémorant cette fois encore la devise : « Vaincre la mort rend plus fort. »

À la maison, j'ai trouvé la veuve dans tous ses états. Elle avoua que, ces derniers jours, « ça la démangeait et ça la brûlait », elle avait donc plongé dans son dictionnaire et pointé les mots « blennorragie » et « syphilis ». Certes, comme épouse de pharmacien, elle en connaissait un bout sur les affections humaines ; mais, dans ce domaine spécialisé, les connaissances nécessaires lui manquaient. « J'ai des pustules », affirme-t-elle, sûre et certaine. D'après le dictionnaire, ces pustules seraient caractéristiques d'un début de syphilis ; on dit qu'elles apparaissent trois à quatre semaines après la contamination. La veuve calcule que le violeur de l'escalier, le petit, l'imberbe, l'a prise il y a quatre semaines exactement.

« Quoi ? Le petit Vania ? Cet enfant ? » Je ne peux pas le croire. « Et tu crois qu'il aurait ...? »

« Et pourquoi pas ? Justement, un petit bêta comme lui. Et d'ailleurs je ne peux pas affirmer que c'était bien Vania. Alors comment savoir ? Et puis il y a aussi eu ce Polonais...! »

La veuve pleure à chaudes larmes, elle est désespérée. Que faire ? Jeter un coup d'œil moi-même n'aurait servi à rien ; je ne m'y connais pas du tout dans ces choses-là. Ma proposition d'en parler à M. Pauli pour lui demander son avis est rejetée avec véhémence. Il ne reste donc qu'à attendre le lendemain pour nous rendre le plus tôt possible au nouveau service de l'hôpital qui accueille les femmes violées. Je repense à cette fois où les oreilles me démangeaient, à l'école, quand on étudiait l'oreille humaine en observant des modèles anatomiques agrandis je ne sais combien de fois. Et chez la veuve, les symptômes se sont sans doute déclarés aussi quand elle lisait leur description dans le dictionnaire. Attendons jusqu'à demain. Il faudrait peut-être que je ne tarde pas à y aller, moi aussi, pour me faire examiner. J'ai un retard d'un jour.

Le réveil fit entendre son bruit de crécelle — debout, au boulot, ma pelle m'attend. Cette fois, j'enfilai un pantalon sport et nouai par-dessus un tablier de cuisine. Ciel toujours couvert. Il bruinait pendant le rassemblement. Nous maniions toutes la pelle avec un zèle de fourmis. Cette fois, deux hommes s'y mirent aussi, mais uniquement quand le regard du gardien tombait sur eux, c'est tout. Soudain, vers 10 heures, des cris, une voix de Russe. « Femme, ici ! Femme, ici ! » Un appel que nous ne connaissions que trop bien. En un clin d'œil, la foule des femmes était comme balayée. Elles avaient rampé derrière les portes, les wagonnets, les monceaux de décombres ; elles restaient là, accroupies, se faisaient toutes petites. Pourtant, au bout d'un moment, la plupart d'entre elles, dont moi, refirent surface. « Ils ne vont quand même pas... ? Ici, en pleine rue ? Mais non, et puis il est tout seul. »

Et l'homme passa à l'action. Il semblait équipé d'une kyrielle d'ordres, rameuta le reste des effectifs féminins et les rassembla en un gros tas. Nous marchions derrière lui, devant lui, sans nous presser. Il s'agitait autour de nous comme un chien qui rabat ses moutons ; c'était un lieutenant, et son flingue était dégainé. Nous traversâmes les jardinets au trot et la promenade se termina sur le site d'une fabrique de machines-outils.

Les salles immenses, avec leurs centaines d'établis, étaient complètement désertes. Les murs renvoyaient l'écho d'un « oh ! hisse ! ». En cet instant, des Allemands, commandés par des Russes, manœuvraient des grues pour charger sur des wagons les pièces d'une presse à forger, deux fois plus grosses qu'eux. On voyait des hommes partout, ils dévissaient, démontaient, lubrifiaient, soulevaient, déplaçaient. Dehors, sur des rails d'usine, les wagons de marchandises étaient poussés les uns contre les autres, certains déjà remplis à ras bord de pièces lourdes.

Qu'allions-nous faire ici, nous, les femmes ? Nous nous pressions dans tous les coins, sans trop savoir où aller. Pas question de filer, on avait tôt fait de le comprendre : des soldats étaient postés à toutes les issues.

Finalement, un ordre fut lancé : dans le hall de montage, nous devions ramasser tout ce qui était en laiton ou autre « métal clair », mettre tous les objets dans des caisses et les transporter jusqu'à un wagon.

Aidée de la compagne que le hasard avait placée à côté de moi, mais qui ne me regardait pas et repoussait obstinément toute tentative d'échange verbal, j'empoignai une caisse, ramassai tout ce qui brillait à gauche et à droite, des pas de vis en cuivre et autres barres de laiton : une vraie pie. Je farfouillai dans les armoires métalliques des ouvriers, y trouvai des pipes, des mouchoirs chiffonnés, des emballages de casse-croûte soigneusement pliés — exactement comme si tous ces gars avaient cessé le travail hier. Nous n'avions plus qu'à déverser notre butin de pie sur le sol d'un wagon. À l'intérieur, deux femmes s'agitaient en rythme, triant bien proprement les pièces de métal, en fonction de leur taille, comme le feraient des ménagères consciencieuses.

Sur le coup de midi, nous fûmes sommées de nous rendre dans une autre salle, une sorte de hangar. De grandes et hautes étagères étaient couvertes d'un amoncellement de barres de métal les plus diverses, de pas de vis, de boulons, d'écrous, ceux-ci parfois plus gros qu'un poing. Nous nous passions les objets de main en main, ça n'en finissait pas. La femme du bout de la queue les empilait dans des caisses, conformément aux ordres.

Je songeai à l'expérience que la veuve avait faite hier et guettais avec une certaine angoisse le moment où le fond des caisses céderait pendant le transport. Mais on n'en arriva pas là. La première caisse qu'il nous fallut soulever était beaucoup trop lourde. Même notre garde-chiourme, un sous-officier bigleux bâti comme une armoire à glace, était incapable de la remuer. Aucune brouette ou autre véhicule du genre dans les parages. Alors, le bigleux, après s'être lesté de quelques gros jurons, ordonna de vider les caisses et d'en faire passer le contenu de main en main jusqu'au wagon. Ainsi vint-on à bout d'un minimum de travail avec un maximum de complications.

De nouveaux pelotons arrivèrent, pour la plupart des femmes, des jeunes, mais aussi de très vieilles. Le bruit courut que nous allions recevoir de quoi manger. Et, en effet, dès 15 heures, nous reçûmes l'ordre d'aller à la cantine. Une bonne grosse panade

212

toute fumante nous y attendait. La quantité d'assiettes et de cuillers en fer-blanc était insuffisante. Il fallait donc que chaque femme attende qu'une autre ait terminé. Il était rare que l'on coure d'abord au robinet pour rincer les couverts. La majorité des mangeuses se contentaient de frotter sommairement la cuiller à leur jupe ou à leur tablier, et prenaient l'assiette telle quelle des mains de la précédente.

Et c'était reparti, « *Rabota!* ». Au travail! Le hangar était plein de courants d'air. Cette fois-ci, nous devions faire passer des tableaux de commandes en zinc, ce que nous fîmes des heures durant. Enfin — ce devait être aux environs de 20 heures — notre bigleux réapparut pour nous annoncer : « Femmes — à la mêzoon! », en faisant mine de nous effaroucher comme s'il avait affaire à des poules. Gloussements de soulagement. Après quoi, à la cantine, on nous offrit encore un petit morceau de 100 grammes de pain. Puis, on fit rouler un fût à l'intérieur; de la bonde jaillit un liquide visqueux et blanc — une sorte de sirop de sucre. Nous fîmes la queue pour en recueillir chacune notre part. « C'est vraiment bon », assuraient les premières arrivées, en se pourléchant. Je ne voyais pas comment m'y prendre jusqu'à ce qu'une femme me tende un bout de papier d'un vert criard, trouvé dans le hangar. Le vert déteignait, mais à en croire les femmes, ça n'avait rien de dangereux.

Toute fière de mon butin, je réapparus chez la veuve, vers 22 heures. Elle se contenta de hocher la tête en me voyant défaire le papier vert pour en extraire avec les doigts la glu devenue verte. J'avalais le sirop à la cuiller, le léchais, j'avais la bouche pleine de papier. Tant pis — ça a un bon goût sucré. Ce n'est qu'au bout d'un moment que je repensai à l'histoire du dictionnaire et des « pustules » de la veuve.

« Bah! ce n'était rien », me répondit-elle. « Le médecin a dit que pour moi, tout était en ordre. »

J'insistais, je voulais savoir comment ça se passait au nouveau service de consultations.

« À part moi, il y avait deux autres femmes », raconta la veuve. « Le médecin était un gai luron. Il a un peu regardé, puis il m'a dit : "Le feu est vert, la route est libre !" » La veuve agita la tête : « Non, non, fini tout ça, j'ai réussi l'examen ! » Entre-temps, d'ailleurs, on a inventé une expression officielle pour désigner

213

tout ce trafic de viols : « rapports forcés », disent maintenant les autorités. Un vocable que l'on pourrait peut-être prendre en considération dans la nouvelle édition des dictionnaires à l'usage des soldats.

Vendredi 25 mai 1945

Me suis de nouveau levée tôt, ai marché dans le matin clair jusqu'à l'usine. Des femmes arrivaient de tous les côtés. Aujourd'hui, la plupart avaient emporté des récipients de cuisine. Moi aussi, j'avais une gamelle de soldat qui se balançait à ma ceinture. On nous ordonna de nous mettre en rang, d'abord par trois, puis par quatre, on n'en finissait pas de nous compter, de nous trier, de nous enregistrer. Le Viennois qui s'occupait de nous aux wagonnets et nous avait suivies ici — il paraît que c'est un musicien — prit plus d'une heure pour nous inscrire toutes sur ses listes. Pas mal de femmes étaient nouvelles. « Il faut quand même qu'on travaille », dit l'une d'elles. « Ici on reçoit tout au moins à manger. »

Et, en effet, ce nouveau jour de labeur commença par la distribution d'une bonne soupe d'orge mondé. Nous nous dirigeâmes, sans nous presser, vers les hangars, en traversant le remblai. Des prisonniers allemands y travaillaient comme des forçats, pauvres hères aux cheveux gris et en guenilles, sans doute des hommes du Volkssturm. Ils soulevaient en gémissant de lourdes jantes qu'ils devaient charger dans des wagons. Ils nous regardaient avec insistance, se pressaient autour de nous. Je ne comprenais pas pourquoi. D'autres femmes, elles, comprirent et leur tendirent des morceaux de pain en cachette. Pourtant, la sentinelle russe regardait fixement dans une autre direction. Les hommes n'étaient pas rasés, leur visage était émacié, ils avaient un air de chien battu. Je trouvais qu'ils n'avaient plus rien d'allemand du tout. Ils ressemblaient aux prisonniers russes que l'on avait eu l'occasion de voir pendant la guerre, quand ils déblayaient les ruines. Voilà encore un renversement dont la logique est flagrante.

Retour au hangar. À deux et à trois, nous transportons d'énormes barres de fer, faisons ensuite passer des plaques et des tiges de main en main, à la chaîne, jusqu'au wagon. Un Russe surgit dans la salle, toisa la rangée de femmes au travail et fit signe à deux d'entre elles, puis à trois de le suivre. La troisième, c'était moi. Nous trottions derrière lui. Pour aller où ? L'une de nous crut deviner : « Peut-être pour peler les pommes de terre ? » Non, parce qu'ils sont déjà venus chercher une douzaine de femmes pour les conduire au remblai, là où se trouvent les roulottes russes ingénieusement garnies de petits rideaux.

C'est ailleurs qu'il nous conduisait, il nous fit entrer dans une baraque, longer un long couloir obscur où l'odeur d'excréments allait croissant. L'une de nous réussit à se débiner, prit ses jambes à son cou et traversa tout le site en sens inverse. Sur ce, le Russe nous fit passer toutes les deux devant lui. Il nous conduisit dans une pièce au sol carrelé. Nous y vîmes une grande bassine, des baquets, des battes, des seaux. Il nous les montra du doigt et fit les gestes de quelqu'un qui lessive.

C'était donc ça ! Mais tout de même pas ici, dans ce cagibi ! Aidée de ma compagne d'infortune, une petite à l'air déluré, je traînai la plus grosse des bassines à l'extérieur, pour l'installer devant la porte de la baraque, dans un espace couvert qui ressemblait à une véranda. Nous nous y sentions plus en sécurité, et ça sentait moins mauvais. Le Russe n'y vit pas d'inconvénient. Il nous apporta deux gros savons de Marseille et un nombre impressionnant de blouses de travail qui avaient dû être blanches, des chemises et des serviettes, et nous fit comprendre, toujours par des gestes, que nous devions laver le tout. Il était avare de paroles mais pas désagréable, il ne chercha pas à nous peloter, même pas des yeux.

Ma colavandière m'apprend qu'elle vient de Danzig et échange avec le Russe quelques bribes de polonais. Tant mieux ! Je n'ai plus besoin de parler et peux cacher mes connaissances du russe. Ça ne me dit rien de causer avec eux en faisant la lessive.

Ils n'arrêtent pas de nous rejoindre par petits groupes, traînent la semelle autour de la bassine et disent n'importe quoi sur nous. Par exemple, deux d'entre eux se chamaillaient à propos de notre âge. Après de longues tergiversations, ils m'ont donné vingt-quatre ans. Pas mal !

Les heures filaient. Nous savonnions, frottions, apportions de l'eau, de l'eau chaude puisée dans le chaudron des troupes, de l'eau froide prise à la bouche dans la rue. J'ai frotté à m'en écorcher les doigts, tant le linge était crasseux. Les serviettes étaient raides de graisse. C'était toutes, sans exception, des serviettes brodées de monogrammes de familles allemandes, fruits de larcins. Je brossais les affaires à l'aide d'une brosse à cheveux et me tuais à la besogne. Et, pendant ce temps, des Russes n'arrêtaient pas de tourner autour de nous, et de nous pincer là où ils avaient prise. Je ruais comme un cheval et les éclaboussais avec ma brosse mouillée, mais ne laissais sortir aucun son de ma bouche. Parfois, notre donneur d'ordres revenait et chassait nos courtisans. Puis, il nous apporta une pile de caleçons; les leurs n'ont pas de boutons, ils se ferment à l'aide de petits cordons.

Entre-temps, la fille de Danzig me racontait d'une voix monocorde que les Ivan avaient attrapé sa vieille mère. Sa mère, déjà grand-mère, avait demandé dans son polonais de Danzig si les garçons n'avaient pas honte de s'en prendre ainsi à une vieille femme.

À quoi ils avaient répondu en allemand, par la phrase classique : « Toi vieille, toi saine. »

J'étais sur le point de m'effondrer sur la cuve quand notre chef apparut et nous annonça la pause de midi. Il nous apporta à chacune une gamelle pleine de soupe bien grasse, dans laquelle baignaient des morceaux de viande, des concombres et du laurier, et en plus une assiette de purée de pois avec du lard frit. Il semblerait donc que notre chef soit un cuisinier, et un bon de surcroît. Le repas était succulent. Je sentais littéralement les forces me revenir.

Nous reprîmes le travail, sans en voir la fin : 2 heures de l'après-midi ; 3 heures, 4 heures, 5 heures, 6 heures. Nous lessivions sans arrêt, sans arrêt sous surveillance. Nous savonnions, essorions, acheminions l'eau. Nous avions mal aux pieds, et nos doigts étaient écorchés jusqu'à l'os. Les Russes qui nous entouraient étaient persuadés qu'en nous obligeant à lessiver leur linge, ils nous offensaient. Ils se frottaient les mains avec une joie maligne : « Hihi, vous devez faire notre lessive, c'est bien fait pour vous ! » La femme de Danzig se contentait de ricaner. Je faisais la sourde-muette, souriais de tous les côtés et lavais, lavais. Les gars s'étonnaient. J'entendis l'un d'eux dire à l'autre : « Elles travaillent vraiment bien. Et elles sont toujours de bonne humeur. »

Nous avons traîné les dernières serviettes jusqu'à 18 heures, avons récuré nos bassines et sommes allées à la cantine, où chacune de nous eut droit à une louche de bouillie de gruau. Après cela, alors que nous voulions rentrer chez nous avec les autres femmes, on nous fit revenir à la grand-porte : « *Rabota !* » Au travail ! Les femmes criaient dans tous les sens, se pressaient vers la sortie, se rebellaient. Mais pour les vaincus, il n'y pas de journée de huit heures. Un soldat nous repoussa, le fusil brandi, et hurla, menaçant : « Femme ! *Rabota !* » Un vocable russe que désormais tout le monde connaît.

Nous dûmes toutes retourner dans le hangar, poursuivre le chargement des pièces de métal. Muettes et abruties, nous nous passions les plaques et les barres. Cela fait très mal de saisir du fer froid avec des mains écorchées par la lessive.

Finalement, vers 20 heures, notre gardien nous cria que le wagon était plein. Oui, plein à craquer même, et il semblait geindre sur ses rails quand la locomotive se mit en branle pour le sortir du hangar. Peut-être le plancher se rompra-t-il avant d'arriver à Moscou. Un vieil ouvrier sauta du train en marche et dit qu'ils auraient mieux fait de le laisser là-dedans et de l'expédier là-bas avec tout le reste, car « qu'est-ce qu'on fout encore ici ? ». Et il désignait du doigt la grande salle dégarnie, vidée de son contenu. Et les femmes demandaient : « Où est-ce que nos hommes vont travailler maintenant ? »

Une heure plus tard, j'étais à la maison, cette fois morte de fatigue, les mains toutes raides, ce qui me complique la tâche pour écrire ce soir. Et avec ça, encore un peu grisée du repas de midi, bien copieux et bien gras. Demain, on reprend la lessive. Notre chef nous a déjà annoncé le travail qui nous attendait.

Samedi 26 mai 1945

Sur le site de l'usine, le comptage reprend, comme pour du bétail ; ça n'en finit pas, alors que notre Viennois devrait pourtant être rodé. Cette fois encore, la journée a commencé par la distribution d'une soupe d'orge mondé, bien chaude. Toutes contentes, les femmes comptaient les morceaux de viande qui y baignaient. Et moi, je suis heureuse de ne pas avoir devant moi un Pauli qui me compte les bouchées.

Je guettai vainement l'arrivée de ma coblanchisseuse. La petite femme délurée de Danzig n'avait pas fait son apparition. Je tentai donc de convaincre deux autres femmes, qui avaient l'air gentilles, l'une toute jeune et l'autre dans la quarantaine, de m'accompagner jusqu'aux baquets. Des vestes d'uniformes très sales et maculées de taches de graisse trempaient déjà dans des seaux ; car nous avions affaire ici à des troupes motorisées.

Une journée qui ne diffère pas de celle d'hier. Les nouvelles lavandières mettent de l'ardeur au travail et sont très gentilles. Les Russes se pressent de nouveau autour de nous. Nous nous défendons en leur donnant des petits coups de poing et en pouffant de rire. Un soldat aux yeux bridés s'était mis en tête de nous pousser à bout. Il agrippa plusieurs vestes qui pendaient déjà à la corde à linge et les replongea dans le baquet, en nous montrant les taches qui y étaient restées visibles. Oui, c'est vrai, il y a encore des taches. Le peu de savon dont nous disposons et nos petits coups de brosses ne suffisent pas à la peine. D'autres types se montraient plus aimables et déposaient des morceaux de pain à côté de leurs blousons.

Vers midi, notre chef nous aménagea une sorte de petite salle à manger à l'aide d'une caisse et de deux tiroirs retournés, nous invita à prendre place, et avec son sourire immuablement affable nous servit une grande casserole de soupe bien grasse et pleine de morceaux de viande. Nous mangions consciencieusement sous le soleil. Mes coblanchisseuses savouraient le repas autant que moi. Cela dit, elles évitèrent de répondre quand je leur demandai combien de fois ça leur était arrivé. La plus âgée, qui a son franc-parler, les dents très abîmées, mais un humour à toute épreuve, me répondit qu'au fond tout ce qui s'était passé lui était égal — l'essentiel étant que son mari n'apprenne rien quand il reviendrait du front de l'ouest. À part cela, son credo restait « qu'un Russe sur le ventre », c'était moins grave « qu'un Amerloque par-dessus la tête ». Elle en sait quelque chose ; elle s'est trouvée, comme elle dit, ensevelie dans une cave bombardée dans laquelle elle s'était réfugiée avec d'autres habitants de la maison. Il y eut des blessés et une morte. Il a fallu attendre deux heures pour que les secours arrivent et les libèrent. Quand elle en vint à parler de la morte, elle entra dans un état d'excitation extrême ; il s'agissait d'une vieille femme : « Elle était assise dos au mur, exactement devant le miroir. » Si les constructeurs avaient placé le miroir aussi bas, c'est parce qu'à l'origine la cave avait été conçue pour accueillir les petits du jardin d'enfants qui se trouvait dans un baraquement situé juste à côté. Mais, quand tous les enfants avaient été évacués de Berlin, on avait fermé l'école et la cave avait été mise à la disposition des habitants de la maison. « Le miroir a volé en éclats et la vieille a reçu tous les morceaux dans le dos et dans la nuque. Elle s'est vidée de son sang, lentement, et elle est morte sans que personne ne s'en aperçoive, à cause de l'obscurité et de la panique. » Indignée, elle agitait sa cuiller dans les airs : « Un miroir ! C'est incroyable ! »

Et il est vrai que c'est une mort peu banale. Je suppose que les tout-petits, pour qui la cave avait été construite, brossaient leurs boucles blondes devant ce miroir, tous les matins qui suivaient les bombardements nocturnes. On avait sans doute encastré cet objet de décoration tout au début de la guerre aérienne, à l'époque où nous envisagions encore la protection civile avec un sentiment de confiance et de sécurité.

Nous avons passé l'après-midi à lessiver, à frotter les vestes, les pantalons et les bérets, de nos mains gonflées et toutes fripées. Vers 19 heures, nous sommes parvenues à nous éclipser par une porte latérale. Une fois dans la rue, sentiment extraordinaire de liberté, d'école buissonnière et de vacances.

À la maison, la veuve, M. Pauli et moi avons fini la bouteille de bourgogne que j'avais chipée, à l'époque, dans la caserne de police. Demain, c'est dimanche, mais pas pour moi. Le Viennois nous a tenu un discours, nous faisant bien comprendre que si nous ne venions pas demain, on viendrait nous faire sortir de force de nos maisons, pour nous conduire au travail à l'usine.

Dimanche 27 mai 1945

Journée interminable, monotone, harassante. Le plus long dimanche de toute mon existence. Travail de 8 heures du matin à 8 heures du soir, sans interruption, sur le site baigné des rayons d'un soleil éclatant. Aujourd'hui, pas de buanderie. Pour nos Russes, c'est jour de congé. Nous formions une chaîne dans la cour, sous le soleil cuisant. Des barres de zinc, des morceaux de zinc aux arêtes tranchantes passaient de main en main. La chaîne, qui devait bien faire cent mètres, était clairsemée. Pour rejoindre sa voisine, il fallait toujours faire deux ou trois pas, les mains chargées de grosses pièces. J'attrapai mal à la tête, tant le soleil tapait. Sans compter les douleurs dans le dos et les mains encore tout écorchées par les heures de lessive.

Partout à la ronde, les petits cancans stupides, les querelles mesquines. Puis, une espèce de chant. Les femmes débitaient un couplet d'une voix monotone : « Le beau soleil qui brûle dans le ciel, et le bourgmestre assis près de la rivière, et le soooool... eil qui brûle dans le ciel... », et ainsi de suite, sur le même ton. C'est comme ça que les femmes réprimaient leur colère parce qu'on leur avait volé leur dimanche.

Parfois, une grande femme osseuse allait fouiller dans les profondeurs d'un quelconque tas de linge pour en extraire une montre-bracelet, enveloppée dans un mouchoir, et nous donnait l'heure. Et les heures s'étiraient lentement. Parfois entrecoupées d'une ration de bouillie de gruau.

Nous revoilà dans la chaleur accablante d'un soleil de plomb. Aucune ombre. Du zinc, encore du zinc, ça n'en finissait pas. Vers 16 heures, le premier wagon était rempli. Il étincelait d'un éclat argenté. Toutes ensemble, nous le poussons au son des « oh ! hisse ! » pour le faire glisser d'un petit mètre sur les rails, puis nous faisons avancer le wagon de marchandises suivant. Un wagon français en provenance de Bordeaux, portant le sigle que je connaissais si bien : SNCF. Ça puait à l'intérieur. Des gens l'avaient utilisé comme latrines. Les femmes riaient. L'une d'elles s'écria : « Que la merde aille aussi jusqu'à Moscou. »

Et ça continue. Du zinc, encore du zinc. On n'en voit pas la fin. Même nos deux surveillants commencent à trouver le temps long. Entre-temps, nous connaissons bien les deux soldats. Nous les avons baptisés l'un « Teddy » et l'autre « Schielewipp », c'est-à-dire « le bigleux », parce qu'il louche vraiment beaucoup. Aujourd'hui, ils n'ont pas été trop sévères, ils nous ont même crié deux fois le beau mot de « pause ». Et Schielewipp s'est risqué à un petit pas de danse avec l'une de nos compagnes pendant que les autres tapaient des mains en rythme. Vers 17 heures, ils avaient subitement disparu. Pour eux, c'était congé, mais pas pour nous malheureusement. D'un coup, tout le site se trouvait plongé dans un drôle de silence. Fini les cris des gardiens, les papotages, les gémissements, rien que le glissement de nos pieds et parfois un rappel discret : « Attention ! », quand une des femmes somnolait. Et bien sûr aussi l'heure qu'on n'arrêtait pas de demander.

De la cave où d'autres femmes trimaient toute la journée, nous parvint la nouvelle qu'il s'y trouvait encore des quantités innombrables de barres de zinc. Vers 19 heures, le bruit courut que nous pouvions partir — bruit qui se révéla vite être faux. Et ça continuait, du zinc, et encore du zinc... Enfin, vers 20 heures, apparut un Russe qui nous fit signe de le suivre à la cantine. Nous avons avalé d'une traite la bonne soupe grasse et sommes rentrées au trot à la maison. Je tombais de fatigue, mes mains étaient gris foncé. Plus tard, dans l'eau du bain, je vis flotter de gros flocons grisâtres. Ensuite, je m'étendis de tout mon long, me laissai gâter par la veuve qui m'apporta du thé et du gâteau.

Le courant est rétabli depuis hier. Fini le temps des bougies, des coups frappés à la porte, du silence. La radio est diffusée par l'émetteur berlinois. La plupart du temps, elle transmet des informations, des révélations, une odeur de sang, des évocations de cadavres et de cruauté. Il paraîtrait qu'à l'est, des millions de gens, pour la plupart des juifs, ont été brûlés dans des camps, de grands camps. Il paraît aussi qu'on aurait utilisé leurs cendres comme engrais chimique. Et ce qu'il y a de plus incroyable : tout aurait été soigneusement noté dans de gros livres, registres comptables de la mort. Il se fait que notre peuple aime l'ordre. Plus tard dans la soirée, il y eut du Beethoven, qui fit jaillir des larmes. J'ai tourné le bouton. Pour l'instant, c'est insupportable.

Lundi 28 mai 1945

Retour à la buanderie. Aujourd'hui, nos Ivan étaient particulièrement en forme. Ils nous pinçaient, nous bécotaient et nous ressassaient leur petite rengaine en allemand : « Du lard, des œufs, dormir chez toi », et pour qu'on les comprenne mieux, ils posaient gentiment leur tête sur leur avant-bras, comme les angelots de Raphaël.

Du lard, des œufs, oui, on en aurait bien besoin. Et pourtant, l'offre, aussi alléchante soit-elle, et d'après ce que je pouvais voir, ne trouvait pas d'amateurs. Des viols en plein jour sur un site ouvert à tous, au vu et au su d'une foule grouillante, ce n'est guère pensable. On s'affaire de tous côtés, et les gars auraient bien du mal à trouver un coin tranquille. De là, leur proposition de « dormir chez toi » — ils voudraient qu'on les ramène chez soi, chez des filles consentantes et en manque de lard. Et il y en a certainement assez parmi nous, ici à l'usine, mais la peur les retient.

Et c'est reparti pour laver les vestes, les chemises et les mouchoirs. L'un de ceux-ci avait dû être un napperon de table de chevet, un petit rectangle ourlé de rouge et portant une inscription au point de croix : « Bonne nuit. » C'est la première fois que j'avais à laver des mouchoirs pleins de morve, qui appartenaient à des étrangers. Dégoût des crottes de nez ennemies ? Oui, plus que pour les caleçons, j'ai dû faire un effort pour ne pas vomir.

Visiblement mes coblanchisseuses n'éprouvaient pas la même chose, elles frottaient opiniâtrement. Maintenant, je les connais déjà bien toutes les deux. La petite Gerti, dix-neuf ans, douce et pensive, me confessa à mi-voix ses chagrins d'amour de toutes sortes, me parla d'un ami qui l'avait quittée, d'un autre qui était tombé au combat... Je l'aiguillai sur les derniers jours d'avril. Et, finalement, elle m'avoua, les paupières baissées, que trois Russes l'avaient sortie de la cave et l'avaient prise quelque part dans un rez-de-chaussée étranger, sur un sofa, d'abord l'un après l'autre, puis tous dans le désordre. Une fois l'acte perpétré, les jeunes gars avaient fait les petits sots. Ils avaient fouillé le frigo et n'y avaient trouvé — typique pour les frigos allemands en cette période — que de la confiture et de l'ersatz de café. Morts de rire, ils avaient alors étalé la confiture à la cuiller sur les cheveux de Gerti, et saupoudré le tout d'ersatz de café.

Je fixais la petite, tandis que, toute honteuse, elle me racontait cette histoire à voix basse, en continuant de frotter le linge sur sa planche ; je tentais de me représenter cette scène effroyable. Jamais, jamais un écrivain n'aurait l'idée d'inventer une chose pareille.

Partout à la ronde, et toute la journée durant, les cris des gardiens : « *Davaï, pustaï, rabota, skoreï.* » En avant, on y va, au travail, plus vite que ça ! Tout à coup, ils ont tous le feu au derrière. Peut-être sont-ils sur le point de décamper.

Un problème qui se pose à nous, les lavandières, c'est le petit coin. Nous sommes obligées d'utiliser un endroit répugnant, on doit se forcer pour y entrer. Le premier jour nous avons d'abord essayé avec l'eau de rinçage. Mais les canalisations sont bouchées. Ce qui est ennuyeux, c'est que les Russes nous épient quand nous y sommes. Alors, maintenant, voici ce que nous faisons : nous postons deux sentinelles, une à chaque bout du couloir, pendant que la troisième occupe les lieux. Nous emportons toujours le savon et les brosses, c'est le genre de choses qui disparaîtrait vite.

Pendant l'heure de midi, nous sommes restées assises au soleil sur nos tiroirs retournés, nous avons mangé une bonne soupe grasse et puis piqué un petit somme. Ensuite, c'est reparti pour laver, laver. Nous sommes rentrées chez nous vers 19 heures, trempées de sueur. Nous avions pu, cette fois encore, nous glisser sans être vues par la petite porte latérale.

À la maison, le bonheur de pouvoir se laver, d'enfiler une petite robe, de passer une soirée tranquille. Il faut que je réfléchisse. Grande est notre détresse spirituelle. Nous attendons la parole miraculeuse qui nous interpellera et nous ramènera à la vie. Nos cœurs se sont vidés, nous avons besoin de nourriture, de ce que l'Église catholique appelle la « manne céleste ». Si nous avons congé dimanche prochain, et si jamais il y a un service religieux, j'aimerais me rendre à la messe — pour voir si les gens y trouvent le fameux pain spirituel. Nous qui n'appartenons à aucune Église, nous souffrons dans la solitude de nos ténèbres. L'avenir s'étale devant nous comme une chape de plomb. Je résiste, tente de maintenir la petite flamme en moi. Pourquoi ? À quoi bon ? Quel est le but de mon existence ? Je me sens désespérément seule, avec mon fardeau.

Mardi 29 mai 1945

Nouveau jour de lessive, horriblement chaud, terriblement long. Cette fois les pantalons et les vestes d'uniformes nous tombaient littéralement dessus comme des grêlons. Une veste qui pendait à la corde à linge, apparemment de très bonne qualité et appartenant à un officier, avait disparu. Personne, même pas le militaire concerné, ne songea un instant que l'une de nous pouvait avoir fait le coup. En revanche, vives altercations entre les hommes; et pourtant, on sentait bien que, pour eux, ce vol était comme un phénomène naturel. Le larcin est une manie profondément ancrée en eux. Quand j'étais là-bas, surtout au début, on m'a volé à peu près tout ce qui pouvait l'être : sac à main, serviette, manteau, gants, réveille-matin, des bas qui séchaient au-dessus de ma baignoire. Un jour, dans un bureau où se trouvaient trois employés, on m'a chipé une paire de petits ciseaux — à la minute même où je me penchais sur un tiroir pour y chercher une photo. Une seule des trois personnes présentes méritait d'être soupçonnée — sinon c'était tous de braves employés de bureau, aimables et polis. Je n'osais rien dire, me contentais de promener la main partout sur la table, à la recherche de l'objet, et de rougir pour le voleur — tandis que les trois autres poursuivaient leur travail comme si de rien n'était. Qui cela pouvait-il être, je l'ignore encore aujourd'hui. Je sais simplement qu'à l'époque des Russes ordinaires ne pouvaient pas se permettre de tels ciseaux. Sans doute la manie du vol plonge-t-elle ses racines dans la pauvreté, elle commence à se répandre chez nous aussi. Mais les Russes ont une manière très particulière de voler : ils font ça de bonne foi, comme si c'était la chose la plus naturelle du monde ! C'est comme ça... Que peut-on y faire ?

Aujourd'hui, les gars tournaient de nouveau autour de nous et essayaient de nous séduire avec leurs sempiternelles ritournelles : « Du lard, des œufs, dormir chez toi. » L'un d'eux ne me quittait pas d'une semelle, m'exhiba en cachette un billet allemand de 20 marks, en proposa un deuxième, si je voulais bien le suivre là-bas dans la baraque, pour, en vitesse... Il avait dit la même chose juste avant à la petite Gerti.

Aujourd'hui, une Russe est venue faire la lessive avec nous, la femme ou l'amie d'un capitaine, une blonde à la poitrine opulente. Elle lavait des chemises d'homme en soie artificielle et chantait en même temps, avec des *la la la*, des rengaines allemandes qu'elle avait sans doute entendues sur des disques. Gerti et l'autre blanchisseuse, qui chantaient très juste toutes les deux, s'y sont mises aussi. La Russe nous souriait. Il y avait de l'amitié dans l'air.

Dehors, parfait petit temps pour sécher le linge, soleil et vent. La plupart des Russes piquaient un roupillon quelque part sur le site. Personne ne vint nous pincer ou nous bécoter. Nous lavions sans arrêt, c'est tout. Je ne sais plus comment nous en sommes venues à la poésie. Il s'avéra que la petite Gerti connaissait par cœur la moitié de son livre de lecture scolaire. Je lui emboîtai le pas ; et pendant un certain temps les vers de Mörike, Eichendorff, Lenau et Goethe résonnèrent par-dessus la cuve. Gerti, les paupières baissées : « *Warte nur, balde — ruhest du auch* », « Prends patience, bientôt toi aussi tu trouveras le repos ». Et puis, en soupirant : « *Wär's nur erst soweit...* », « Si on y était déjà... ». L'autre lavandière se secouait. Elle est à peu près deux fois et demie plus âgée que nous, mais n'en a rien à faire de mourir. Elle n'arrête pas de dire : « Tout passe, tout lasse. »

Je rentrai à la maison vers 20 heures, exténuée. Pour découvrir « qu'à la maison » n'était plus le terme exact. Notre famille forcée a éclaté. M. Pauli, voyant que le panier de pommes de terre était presque vide, a déclenché la scène qui couvait depuis longtemps et exigé de la veuve qu'on m'interdise dorénavant de manger et de loger chez eux. Eh oui, mes actions sont très basses depuis que Nikolaï s'est évaporé et que, aussi loin que je puisse voir, aucune nouvelle « histoire de lit » n'est en vue. La veuve m'a accrochée dans le couloir mais hésitait à parler, préférant reporter à plus tard la fatale sentence. D'un côté, elle m'aime bien. Les jours de malheur nous ont rapprochées. De l'autre, elle connaît M. Pauli depuis plus longtemps que moi, trouve que sa place est à ses côtés, espère qu'il lui offrira une certaine sécurité pour l'avenir. Et elle répugne à le chagriner. Moi : « Dieu merci, maintenant je sais à quoi m'en tenir. Voilà longtemps que je n'apprécie plus ce que je mange ici. J'étais bien contente toute cette semaine de prendre mes repas chez les Russes. »

En réalité, je ne sais pas encore de quoi je vais vivre la semaine prochaine, quand j'aurai fini de travailler pour les Russes et que je me retrouverai, seule, dans ma mansarde, devant des armoires vides, dépendante des petites rations que nous sommes censés recevoir, mais que nous n'avons toujours pas reçues. J'ai fait mon baluchon, rassemblé mes quelques cuillers et mes vieilles nippes, et j'ai grimpé là-haut; mais je passerai encore une dernière nuit dans l'appartement de la veuve, où je suis en train d'écrire ceci. Les orphelins sont des nomades. Le plus triste pour une femme seule, c'est que chaque fois qu'elle trouve une sorte de vie de famille, elle dérange au bout d'un certain temps, elle est de trop, déplaît à l'un parce qu'elle plaît à l'autre, et qu'à la fin on l'expulse pour avoir la paix. Voilà tout de même quelques larmes qui viennent souiller ma page.

Mercredi 30 mai 1945

Dernier jour de lessive. À partir de demain, nous serons libres, nous toutes. Les Russes ont fait leurs baluchons, partout régnait une atmosphère de départ. À l'intérieur, ils avaient fabriqué eux-mêmes un feu sous la cuve à lessiver; un officier voulait prendre un bain. Les hommes se lavaient dehors en plein air, dans des petites bassines qu'ils avaient placées sur des chaises; ils se récuraient le torse, qu'ils avaient bien large, avec des serviettes mouillées.

Aujourd'hui, j'ai fait une conquête : notre jeune peloteur nous fit comprendre, par des gestes et dans un allemand boiteux, que « celui-là, là-bas », s'était amouraché de moi et était prêt à faire n'importe quoi pour moi, à condition que je veuille bien... « Celui-là, là-bas », se révéla être un grand soldat bien baraqué; visage de paysan aux yeux bleus et candides, tempes déjà grises. Gêné, il détourna le regard, au moment où je le regardais, puis s'approcha très progressivement, et me prit des mains le seau d'eau qui pesait lourd pour le porter jusqu'à la cuve. Ça, c'est la meilleure! Jusqu'ici aucun d'eux n'en avait eu l'idée. Après, surprise encore plus grande, il me dit dans un allemand complètement dépourvu d'accent russe : « Demain, on part, tous, loin d'ici. » Je compris tout de suite. C'était un réfugié allemand. Il me le confirma, il venait du côté de la Volga, et l'allemand était sa langue maternelle — juste un peu rouillée. Toute la journée, il tourna autour de moi, me couvait de ses petits yeux langoureux. Il n'a pas la main baladeuse, il est plutôt timide, un paysan. Mais, une fois encore, ce regard de chien battu auquel il essayait de faire dire des tas de choses. Tant qu'il était dans mes parages, la cohue des pinceurs se dissipait et s'éloignait de la cuve à lessiver.

Une fois de plus, boulot énorme pour toutes les trois. Aujourd'hui, la petite Gerti était particulièrement joyeuse, elle fredonnait et chantait sans arrêt. Et si elle est tellement joyeuse, c'est qu'elle sait enfin que la scène du sofa n'aura pas donné de petit Russe. Ce qui me rappelle que moi je suis en retard d'une semaine. Et pourtant, je n'ai aucun pressentiment, je crois toujours que mon « non ! » intérieur m'a bel et bien préservée.

L'heureuse Gerti avait très mal au ventre. Nous décidâmes de l'épargner un peu, et lui avons pris sa part de lessive. Il faisait gris et lourd, les heures s'étiraient. Dans la soirée, les Russes sont venus, l'un après l'autre, pour reprendre leurs affaires qui entre-temps avaient séché. L'un d'eux pressa contre son cœur un beau petit mouchoir de dame dont l'ourlet était crocheté, et ne prononça qu'un seul mot, les yeux romantiquement révulsés, un nom de lieu : « Landsberg ». Encore un de ces Roméo, à ce qu'il me semble. Peut-être qu'un jour Petka, dans ses forêts sibériennes, pressera lui aussi ses grosses pattes de bûcheron contre son cœur et, les yeux pareillement révulsés, murmurera mon nom — à moins qu'il ne me maudisse encore après tout ce temps, en abattant ses arbres.

Aujourd'hui, dans la cohue du départ, pas de cuisinier pour nous apporter le repas des troupes. Nous avons dû nous-mêmes traîner nos pas jusqu'à la cantine pour y prendre notre soupe d'orge mondé. Là-bas, le bruit courait que le salaire de 8 marks qu'on nous avait promis la semaine passée ne nous serait jamais payé, que tout l'argent avait été empoché par les Russes. Un autre bruit courait aussi, pire encore : on aurait dit à la radio qu'une sauvage invasion de Mongols allait déferler sur Berlin,

227

que même Staline ne pouvait retenir ces hordes et qu'il avait dû leur concéder trois journées au cours desquelles ils auraient le droit de piller et de violer tout à loisir, et qu'il conseillait à toutes les femmes de se tenir bien cachées chez elles... Des balivernes, sans aucun doute. Mais les femmes y croient dur comme fer, et piaillent et geignent à qui mieux mieux, jusqu'à ce que l'interprète vienne s'interposer. Une solide bonne femme, à l'allure tirant vers le dragon. Elle nous tutoie toutes et sonne de la même corne que nos gardiens, bien qu'elle n'ait reçu aucun mandat pour ce faire, mais soit arrivée ici au même titre que nous toutes, comme simple travailleuse; jusqu'à ce qu'elle se hisse au grade d'interprète, grâce à ses petits rudiments de russe (elle est originaire de la Haute-Silésie polonaise). Ses connaissances de la langue, je les possède aussi depuis longtemps. Mais je suis tout heureuse de ne pas avoir vendu la mèche. Il m'aurait été pénible de traduire les ordres et les cris des gardiens. Nous avons tous peur de cette interprète. Elle a des canines terriblement pointues et le regard perçant et méchant. C'est exactement comme ça que je me représentais les gardiennes des camps de concentration.

Le soir, à la cantine, on nous annonça que nous étions congédiées. Quant à notre solde, comme on l'appelait, nous aurions à nous rendre à l'hôtel de ville pour la réclamer, la semaine prochaine, à la caisse, bureau untel. Finalement, on l'aura peut-être ce salaire, ou pas. Il faut attendre. J'ai serré la main de la petite Gerti et de l'autre blanchisseuse — mais précautionneusement, car nos mains à toutes les trois sont écorchées d'avoir lessivé — et je leur ai souhaité bonne chance pour la suite. Gerti veut rentrer en Silésie, où vivent ses parents. Ou bien où vivaient ses parents. Ici, on ne sait rien.

Jeudi 31 mai 1945

Aujourd'hui a débuté ma vie de solitude et de famine dans la mansarde. Je suis persuadée que si je me suis ruée sur la nourriture comme je l'ai fait chez la veuve, c'était d'instinct, en prévision de ce qui allait suivre. Je savais bien que cela ne pouvait pas durer. Raison pour laquelle je me suis empiffrée et bourrée autant que j'ai pu. Et cela, personne ne peut me le reprendre aujourd'hui. D'autant plus dur est le passage de la bombance au presque rien. Je n'ai pas de provisions. Jusqu'ici, les rations n'ont pas encore été distribuées. Reste le pain que nous recevons ponctuellement. Pour moi, cela fait 300 grammes par jour, six petits pains de seigle gris, dont je viens facilement à bout au petit déjeuner. Aujourd'hui, comme il n'y avait pas de petits pains, j'ai dû prendre un pain entier d'un kilo. J'y ai dessiné une croix comme le faisaient les pieuses mères de nos mères. Puisse le pain ne jamais me manquer ici, en haut! J'ai fait deux entailles dans la croûte pour délimiter les quantités à répartir sur trois jours. Mais, pas de matière grasse pour tartiner les tranches. Les pommes de terre séchées et le reste de farine de pois, que la veuve m'a donnés pour le ménage, suffiront pour deux repas de midi. Pour le soir, il n'y a rien, si ce n'est des orties. Ça m'ôte tout courage. Au moment où j'écris cela, j'ai l'impression que ma tête est un ballon qui n'attend que l'occasion de s'envoler. Et dès que je me penche, j'attrape le vertige. La transition est trop brutale. Pourtant, je me réjouis d'avoir eu ces quelques semaines de festins. J'en ai gardé des forces. Les rations finiront bien par arriver. Je ne puis plus compter sur un pourvoyeur russe. C'est fini ce temps-là.

Aujourd'hui, j'ai trimé toute la journée dans mon trois-pièces sous les toits. Journée de mutisme total et de solitude, la première depuis longtemps. J'ai aussi découvert qu'entre-temps la TSF du locataire avait disparu. À l'endroit où elle se trouvait, on peut voir des traces de mains dans la poussière de plâtras; de véritables empreintes digitales. De quoi intéresser un Sherlock Holmes. J'en ai conclu que ces messieurs les couvreurs s'étaient servis, mais ils vont en prendre pour leur grade. J'obtiens l'adresse auprès de la gouvernante de notre propriétaire qui a sombré quelque part dans l'ouest de l'Allemagne. Elle a pris la relève dans la maison, exerce son autorité et encaisse, pour l'instant, les loyers de juin. Les loyers de mai tombent d'office — le mois de mai 1945 a été rayé de la vie civique.

Vendredi 1ᵉʳ juin 1945

Dans les bacs à plantes du balcon, le cerfeuil et la bourrache poussent dru. Le matin, je prends plaisir à regarder cette petite vie qui verdoie. Pour le petit déjeuner, j'ai pris trois tranches de pain, recouvertes d'une espèce de glu que j'ai concoctée moi-même avec du levain sec et de l'eau. Les temps sont durs.

Ce qui ne m'a pas empêchée d'entreprendre une longue marche, cette fois en direction de Steglitz, où j'avais l'intention de rendre visite à une jeune secrétaire, employée de mon ancienne entreprise.

Berlin se nettoie. On voit que les enfants se sont lavés. Partout, de longues caravanes de familles poussant des petites voitures à bras — des réfugiés des environs de Berlin qui rentrent chez eux. Ici et là, sur les murs et les réverbères, des affichettes invitant les Silésiens et les Prussiens de l'Est à rejoindre les convois qui les ramèneront chez eux. Du côté de l'ouest, il paraît que tout est plus difficile, il est toujours impossible de traverser l'Elbe. C'est là que les Ivan et les Amerloques se sont retrouvés pour fêter, comme le dit la radio, leur fraternisation.

Sur le chemin, j'ai rencontré de longues chaînes de femmes, elles s'étiraient, bleues et grises, sur les monceaux de décombres. Les seaux passaient de main en main. Nous revoilà au temps des pyramides, à la différence qu'ici on ne construit pas, mais on déblaye.

La maison était encore debout, mais partiellement soufflée par les bombes. Dans l'appartement, des traces d'incendie et des crevasses dans les murs. Le papier peint était en lambeaux; mais dans la chambre de Hilde, des fleurs dans un vase. Je faisais seule les frais de la conversation, car Hilde était particulièrement silencieuse, et je cherchais toutes sortes d'histoires drôles à lui raconter pour la faire rire. Jusqu'à ce qu'elle se mette enfin à parler. Alors, c'est moi qui me suis tue, consternée.

Hilde portait des vêtements bleu foncé, parce qu'elle n'en avait pas de noirs. Le 26 avril, elle a perdu son frère unique. La mère et la sœur étaient restées à la cave, lui était monté dans la rue, pour faire le point de la situation. Un éclat d'obus lui avait alors arraché la tempe. Des Allemands ont pillé le cadavre.

D'autres ont emporté la dépouille dénudée à l'intérieur d'un cinéma proche. C'est là qu'au bout de deux jours seulement Hilde trouva son frère, après l'avoir cherché partout. La mère et la fille le transportèrent dans une charrette à bras jusqu'au parc, creusèrent à la bêche une fosse peu profonde et y couchèrent le jeune homme de dix-sept ans, enveloppé dans son imperméable. Il s'y trouve toujours. La maman venait juste de sortir pour aller déposer des lilas sur la tombe.

Ni la mère ni la fille n'avaient eu à subir les Russes. Les quatre volées d'escaliers qui conduisaient à leur appartement les avaient protégées ; de plus, il n'y avait plus de rampe à partir du troisième, si bien qu'on n'imaginait pas que quelqu'un puisse habiter plus haut. Hilde raconte aussi que chez eux, à la cave, dans la précipitation, une fille de douze ans, poussée trop vite, avait été « abusée dans la foulée ». Heureusement, un médecin se trouvait à proximité et avait pu lui venir en aide tout de suite. Une autre femme de la maison s'était vu remettre par un Russe, qui passait en trombe, un mouchoir sale dans lequel se trouvaient emballés toutes sortes de bijoux — les bruits les plus fous couraient dans la maison sur la fabuleuse valeur de ce trésor.

Hilde raconte tout cela sans sourciller. Elle a un autre visage, elle a l'air desséchée. Elle est marquée à vie.

En rentrant, j'ai fait un détour pour aller voir mon amie Gisela. Les deux ex-étudiantes de Breslau vivent toujours chez elle. J'ai trouvé trois filles toutes sales ; le matin même, elles avaient dû se joindre à la chaîne des femmes pour évacuer les décombres durant des heures. La blonde, Hertha, était couchée sur le sofa, les joues en feu. La femme médecin qui habite à côté a diagnostiqué une inflammation des ovaires. En outre, il y a fort à parier que Hertha soit enceinte. Tous les matins elle vomit son petit bout de pain sec. Le Mongol qui l'a défoncée l'a prise quatre fois d'affilée.

Ce midi, les trois femmes mangeaient une soupe de farine très légère. J'ai été obligée de les accompagner pour ne pas les vexer. Moi aussi, j'avais une faim de loup. Gisela y a jeté des petits bouts d'orties qui avaient poussé toutes seules dans les bacs de son balcon.

Je rentre à la maison, grimpe dans ma mansarde. Visions captées en route : un cercueil noir, amarré avec des sangles à une charrette à bras, forte odeur parce qu'il était enduit de goudron. L'homme et la femme poussaient; un enfant était assis au sommet. Autre vision : un camion d'enlèvement des ordures de la ville de Berlin, chargé de six cercueils ; l'un d'eux servait de banquette aux éboueurs. Ils déjeunaient tout en roulant, se passaient une bouteille de bière, la portaient tour à tour à la bouche.

Samedi 2 juin 1945

J'ai rendu visite à l'un des deux couvreurs et déclaré d'emblée, à la porte, que je venais pour reprendre le poste de radio qui avait disparu dans ma mansarde. Au début, il fit l'étonné : il ignorait tout de ce poste de radio, je devais me tromper.

J'eus alors recours à un sale petit truc : je lui exhibai le vieux bout de papier de l'hôtel de ville, qui disait que j'étais affectée au poste d'interprète auprès du commandement de la place, et lui fis comprendre qu'à tout moment je pouvais faire appel à un Russe, pour qu'il vienne fouiller la maison. Sur le coup, l'homme recouvra la mémoire : ah oui, il se pouvait bien que son collègue, qui habitait d'ailleurs dans la même maison, ait emporté l'appareil qu'ils avaient trouvé là, abandonné, pour le mettre en sûreté. Il me pria d'attendre, grimpa une volée de marches et revint trois minutes plus tard avec le poste, emballé dans un paquet encore ficelé. Et je pus constater que même le papier d'emballage provenait de ma mansarde.

Le pouvoir comme moyen de pression. Un bout de papier a suffi pour lui faire croire que j'avais du pouvoir. Le truc a marché tout de suite. Je suis persuadée que, sans cela, je n'aurais pas récupéré la radio. N'empêche que je ne parvenais pas à me défaire d'un certain malaise. Mais, je suppose que la plupart des mécanismes vivants progressent en recourant à de pareilles astuces — les couples, les entreprises, les États, les armées.

À midi, je me suis étendue au soleil sur le balcon. En même temps, je regardais ce qui se passait de l'autre côté, derrière une fenêtre. Une femme actionnait sa machine à coudre et cousait l'une à l'autre des bandes de tissu rouges et bleues. Ensuite, elle découpa des cercles dans un linge blanc, et tailla les bords en forme d'étoile. *Stars and Stripes*. Il allait en sortir un drapeau américain. Dans les escaliers, la teigneuse m'a souvent demandé combien d'étoiles devait avoir le drapeau américain. Je ne savais plus exactement si c'était quarante-huit ou quarante-neuf, et renvoyais la teigneuse au dictionnaire de la veuve. Drapeau bien pénible pour les couturières allemandes, ne serait-ce déjà qu'en raison des couleurs ; plus pénible encore en raison des motifs. Mais combien, en revanche, le drapeau russe est simple : il suffit de découper dans les vieux drapeaux allemands que l'on trouve dans n'importe quel ménage sinistré, et de retirer le motif noir et blanc de la croix gammée ; reste alors à coudre le marteau, la faucille et l'étoile, en jaune sur le rouge. Je voyais les petits marteaux déformés et cocasses, et les faucilles gauchies. Le plus réussi, c'est le tricolore ; car les Français aussi sont vainqueurs : rien que du bleu, du blanc et du rouge, trois bandes cousues l'une à l'autre verticalement, et terminé. Pour le rouge, la plupart des couturières utilisent des housses d'édredon ou des restes de drapeaux nazis. Pour le blanc, les bouts de drap sont faciles à trouver. Le problème, ici aussi, c'est le bleu. J'ai vu taillader dans des vêtements d'enfant et des nappes, pour en trouver. La veuve a sacrifié une vieille blouse jaune pour le marteau, la faucille et l'étoile soviétiques. D'après son dictionnaire, l'Union Jack britannique a été « bricolé » aussi ; mais lui ne flotte pas, il pend là, comme une planche, à sa hampe — raidi par tous ces mètres de bandelettes de linge cousues les unes aux autres et piquées sur un fond bleu fait de tissu de tablier, pour maintenir les bandes diagonales et celles qui se croisent.

Il n'y a que dans ce pays que l'on peut voir des choses pareilles ! L'ordre avait été donné — mais d'où venait-il ? — de faire flotter les drapeaux des quatre vainqueurs. Et regardez-moi ça, voilà que les ménagères allemandes faisaient surgir tous ces drapeaux de presque rien, comme par enchantement. Si j'étais un de ces vainqueurs, collectionneur de souvenirs en quête d'objets rares, je partirais à la recherche de ces curieux assemblages de chiffons disparates, de couleurs, de formes et de matières si diverses. Spectacle presque pathétique : dans le courant de l'après-midi, notre rue se para progressivement de toute une série de chiffons penchés, décolorés, et qui ressemblaient à des mannequins de tissu pendus aux fenêtres.

Vers 17 heures Ilse R., à qui j'avais rendu visite il y a près de deux semaines à Charlottenburg, est arrivée à l'improviste. Elle avait fait tout ce long chemin à pied, en plus, avec des hauts talons, parce que, coquette comme elle était, elle n'avait pas d'autres chaussures ! Elle est venue pour me faire part d'un projet. Son mari connaît un Hongrois qui s'était retrouvé en Allemagne peu avant la guerre. Le Hongrois en question, me dit-elle, a tout un paquet de dollars ! Il veut les employer à fonder quelque chose. Le plus rentable, selon lui, serait une maison d'édition dans laquelle il publierait des journaux, des revues et des livres. En effet, affirme-t-il, toutes les anciennes maisons d'édition sont mortes, parce qu'elles ont pactisé avec les nazis. Ce vaste secteur reviendra donc à celui qui arrivera blanc comme neige et dénichera du papier. Ils veulent m'associer au projet parce que j'ai de l'expérience dans l'édition et que je sais faire des mises en page. Je ne connais pas ce Hongrois, je n'ai jamais entendu parler de lui, et je ne crois pas trop à toute cette histoire. Mais peut-être que je me trompe. Quoi qu'il en soit, j'ai dit oui. Dès que la société existerait, je recevrais un certificat de travail — et du coup une carte de rang II et 500 grammes de pain par jour au lieu de 300 ! Inimaginable !

Pendant qu'Ilse était chez moi, la veuve est venue. Nous avons papoté toutes les trois comme des dames à un petit goûter. Il ne manquait que le café et les biscuits, mais je n'avais rien à offrir. Ce qui n'empêche que nous nous sommes bien amusées, et que nous rivalisions même d'humour à propos du viol.

Soirée calme pour moi, agrémentée par la radio que j'ai reprise de haute lutte aux couvreurs. Mais je n'ai pas tardé à tourner le bouton. Après le jazz, les informations, Heinrich Heine et l'humanité, suivaient toute une série d'éloges sur l'armée rouge, et je trouve qu'ils n'y allaient pas avec le dos de la cuiller. Ils feraient mieux de ne rien dire du tout, ou alors de dire carrément : « On tire un trait et on tourne la page. »

Dimanche 3 juin 1945

Matinée tranquille, soleil brûlant. Les minables petits drapeaux faits maison mouchetaient la rue de taches de toutes les couleurs. J'ai tripoté à gauche et à droite dans l'appartement, ai préparé ma soupe de gruau sur la plaque électrique qui n'arrêtait pas de tomber en panne. Encore deux fois de la soupe, puis terminé le gruau. Je suis à court de matière grasse ; on n'a pas encore distribué les rations. Mais, au magasin, on m'a dit que l'huile de tournesol russe était en route. Et je revis les vastes champs de fleurs d'un jaune doré et huileux, en Ukraine. Oui, ce serait bien.

Après le repas, j'ai entrepris ma deuxième marche vers Charlottenburg, traversant une ville désertée et plongée dans la brume. Mes jambes se meuvent mécaniquement. Je suis comme une machine à marcher.

Chez Ilse et son mari, j'ai rencontré le Hongrois ; il est possédé par son envie de fonder. Type plutôt basané, front carré, chemise fraîchement repassée et l'air bien nourri, ce qui m'incite à croire à son histoire de dollars. Dans un allemand assez boiteux, il me tint un long discours pour m'expliquer qu'il avait d'abord l'intention de fonder un journal. Ce futur numéro un de la presse porterait le nom de *Die neue Tat*, l'action nouvelle. Et en effet, chez nous, pour l'instant, tout est nouveau. Nous avons discuté du genre et de la tendance du quotidien. Il y avait un dessinateur avec nous ; il a déjà fait un projet de titre, plutôt osé.

Le Hongrois veut aussi créer plusieurs revues, une pour les femmes et une pour les jeunes, sortis de l'adolescence — des revues visant à réapprendre la démocratie (il a entendu l'expression à la radio). Je lui demandai où il en était dans ses négociations avec les Russes. Il me répondit qu'il avait le temps — il s'agissait d'abord d'acheter tout le papier encore disponible à Berlin, pour empêcher toute concurrence dès le départ.

De toute évidence, le Hongrois se prend pour l'Ullstein et le Hearst de l'avenir. Il voit déjà des tours là où nous ne voyons que des ruines, et rêve d'un trust mammouth. Telle est la force d'inspiration que peut insuffler une poignée de dollars.

En dépit de mes doutes et de mes réserves, je me suis mise immédiatement au travail avec le dessinateur pour concevoir un projet de couverture. Le Hongrois opte pour un grand format et beaucoup de photos. Pour ce qui est de la presse, le mari d'Ilse, qui est ingénieur, se fait fort de nous la procurer. Il connaît une imprimerie incendiée qui gît encore, en grande partie, sous des décombres faciles à évacuer. Il est d'avis que quelqu'un qui s'y connaît pourra facilement remettre en état de marche les machines enfouies sous les gravats. Je lui fis remarquer que nous ne pourrions songer à les exhumer qu'une fois les troupes russes parties. M. R. rétorqua, avec un sourire, que, pour les vainqueurs, des machines comme celles-là étaient bien trop démodées ; ils avaient des spécialistes avec eux et ne lorgnaient que sur ce qu'il y a de meilleur et de plus récent.

Rentrée sans problème à la maison, j'ai encore les jambes raides de mon rythme accéléré. N'empêche que je me sens pleine d'entrain et flaire du positif.

Maintenant, tout dépend de moi. Demain, on va planifier le travail pour les revues. Pour l'instant, c'est l'appartement de l'ingénieur qui nous sert de bureau. C'est là aussi que je prendrai mes repas de midi. Ilse a réussi à nous dénicher un sac de petits pois. Bravo.

Je me suis inventé une petite friandise pour le soir. J'ai rempli le fond d'un verre d'une pleine cuiller à thé du sucre qui restait dans le sachet et je le puise par petites touches, lentement et précautionneusement, avec le bout de mon index ; le lécher et sentir les cristaux sucrés sur ma langue me procure un plaisir plus intense encore qu'une boîte de chocolats en temps de paix.

Lundi 4 juin 1945

Me suis mise en route très tôt pour Charlottenburg, temps lourd. Nos revues commencent à prendre forme. J'ai rassemblé des textes d'auteurs interdits, du moins ceux qui étaient à portée de la main ; dans la bibliothèque de M. R. ou ailleurs dans la maison. Maxime Gorki, Jack London, Jules Romains, Thomas Wolfe, et aussi des auteurs plus anciens comme Maupassant, Dickens, Tolstoï. Reste à savoir comment acquérir les droits, dans la mesure où les auteurs ne sont pas encore dans le domaine public, étant donné qu'aucune des anciennes maisons d'édition n'a rouvert ses portes. C'est le genre de fadaises qui n'inquiète nullement le Hongrois. Il veut passer à l'impression. « S'il y en a un qui se pointe par la suite et nous réclame de l'argent, eh

236

bien nous paierons. » Et ce disant, il tapote sur la poche de son pantalon. Il a déjà dégoté une bicyclette et la met à la disposition de la maison d'édition, qui, pour l'instant, n'est encore qu'un château en Espagne.

À midi, il y eut effectivement de la soupe aux pois, mais pas tout à fait orthodoxe : les petits pois, me dit Ilse, ne s'attendrissent pas à la cuisson, elle a donc passé toute la bouillie grumeleuse au hachoir. C'est râpeux sur la langue comme du sable, mais ça se laisse manger. En revanche, elle avait mis un morceau de lard dans la soupe, je reçus la couenne, parce que je devais marcher beaucoup. Il faudrait que je me pèse, j'ai l'impression que je maigris à vue d'œil. Je flotte déjà dans toutes mes jupes.

Vers 18 heures, retour au bercail. Plusieurs petites caravanes animaient les rues, elles traînaient le pas. D'où venaient-ils tous ces gens ? Où allaient-ils ? Je l'ignore. La plupart prenaient la direction de l'est. Les véhicules se ressemblaient tous : de misérables charrettes à bras, chargées de monceaux de sacs, de caisses, de valises. À l'avant, attelés par des cordes, une femme ou un tout jeune homme. À l'arrière, les enfants plus jeunes, ou bien un grand-père, qui poussait. Presque toujours, au sommet de tout ce bric-à-brac, d'autres créatures : les tout-petits, les enfants ou les plus vieux. Ils faisaient peur à voir, ces vieux, homme ou femme, au milieu des paquets. Livides, délabrés, déjà à moitié morts, un tas d'os inertes. Chez les populations nomades, comme les Lapons ou les Indiens, on dit qu'avant, les vieux devenus impotents se pendaient eux-mêmes à une branche d'arbre ou se couchaient dans la neige pour mourir. L'Occident chrétien continue de les traîner tant qu'ils respirent. On devra en ensevelir pas mal sur le bord de la route.

« Du respect pour le grand âge », oui — mais pas sur les charrettes d'évacuation, ce n'est ni le lieu ni le moment. J'ai beaucoup réfléchi au statut social des vieux, à la valeur et à la dignité de ceux qui vivent longtemps. Jadis, ce sont les vieux qui possédaient les biens, qui régnaient en maîtres sur les avoirs. Dans la masse dépouillée de tout, dont nous faisons presque tous partie aujourd'hui, la vieillesse ne compte plus. Elle n'est plus honorable, elle fait seulement pitié. Or, c'est précisément cette menace qui semble aiguillonner les vieux et attiser leur pulsion de vie. Le déserteur qui vit chez nous dans la maison a raconté à la veuve qu'il devait mettre la moindre parcelle de nourriture sous clé pour empêcher sa vieille belle-mère de s'en emparer. Elle vole tout ce qu'elle peut saisir et l'ingurgite en cachette ; elle mange sans scrupule les rations de sa fille et de son gendre. Et si on lui dit quelque chose, elle proteste avec véhémence et les accuse de vouloir la laisser mourir de faim, pis encore : de vouloir la tuer, pour pouvoir hériter de son appartement... Ainsi les dignes matrones se changent-elles en bêtes qui s'agrippent goulûment à ce qui leur reste de vie.

Mardi 5 juin 1945

Mal dormi, maux de dents. Je me suis quand même levée tôt pour me rendre à Charlottenburg. Aujourd'hui, on pavoise de nouveau dans toutes les rues. Il paraît que les Alliés ont atterri par milliers à l'aéroport, les Anglais, les Américains, les Français. C'est en leur honneur que tous ces petits drapeaux variés et cocasses flottent au vent, fruit du travail appliqué des femmes allemandes le week-end dernier. Pendant ce temps, les camions russes poursuivent leur route, chargés de nos machines.

Je trotte, trotte, encore la machine à marcher. D'ailleurs, je fais environ 20 kilomètres par jour, bien que sous-alimentée. Le travail, c'est la santé ! Chaque jour le Hongrois trouve une nouvelle combine. Il s'est laissé dire que le papier serait distribué en priorité pour les livres d'école. Donc, il intègre les livres scolaires dans son programme éditorial. Il parie sur le besoin urgent d'abécédaires et de grammaires russes actualisés, et m'a chargée d'activer ma cervelle dans cette direction-là. Entre-temps, Ilse nous a régalés d'une bonne tasse de café en grains. Dès 18 heures, je me suis remise à battre la semelle (désormais aussi fine que du papier !) et suis rentrée chez moi. Sur le chemin, j'ai rencontré la première voiture allemande remise en service, un bus qui roule toutes les demi-heures ; mais désespérément bondé, impossible d'entrer. J'ai aussi vu des agents de police allemands, nouvellement affectés au poste ; des gamins tout chétifs, qui s'efforçaient de ne pas se faire remarquer.

Je suis rentrée trempée de sueur et les pieds en feu. La veuve m'a attrapée dans l'escalier, avec une grosse surprise : Nikolaï est venu et a demandé après moi ! Nikolaï ? Je dus réfléchir tout un temps pour me rappeler qui c'était, oui, le lieutenant d'antan, inspecteur des banques ; Nikolaï qui avait l'intention de venir et n'était pas venu. « Il repassera à 8 heures », poursuivit la veuve. « Il montera directement sonner chez toi. Tu es contente ? »

« Je ne sais pas », répondis-je en français, me rappelant que Nikolaï le parlait bien. Je ne savais vraiment pas si j'avais lieu de me réjouir. Nikolaï s'était déjà évaporé deux fois dans les airs, et sa venue en chair et en os me semblait peu crédible. Et puis, il y avait si longtemps. Je préférais ne plus y penser. Et j'étais si fatiguée.

À peine avais-je fini de me débarbouiller et de m'allonger pour une petite heure, comme je le fais toujours après cette marche forcée, que la sonnette retentit. Nikolaï, en vrai ! Dans la pénombre du palier, nous échangeâmes quelques politesses en français. Quand je le fis entrer dans la pièce et qu'il me vit au grand jour, il fut visiblement horrifié : « Qu'est-ce qui se passe ? Qu'est-ce que c'est que cette mine ? » Il me trouva très amaigrie, et l'air pitoyable, il voulait savoir comment c'était possible, en si peu de temps. Eh oui ! beaucoup de travail et ces longues marches forcées, malgré la faim et le peu de pain sec pour la calmer — ça suffit pour vous transformer en squelette. Curieux que je n'aie pas remarqué ce changement moi-même. On n'a pas l'occasion de se peser ; et on ne se regarde que furtivement dans le miroir. Mais que ça soit grave à ce point-là... ?

Nous nous assîmes l'un en face de l'autre, au petit guéridon. J'étais tellement fatiguée que je ne pouvais réprimer mes bâillements, je ne trouvais plus mes mots, j'étais hébétée au point de ne plus comprendre de quoi Nikolaï me parlait. Je tentai de reprendre mes esprits, et me donnai pour consigne d'être gentille avec lui ; lui-même était très aimable, mais bizarre. De toute évidence, il s'attendait à un autre accueil. Ou alors, le spectre livide que j'étais devenue ne lui plaisait tout simplement plus. Finalement, je compris que, cette fois encore, Nikolaï n'était là que pour faire ses adieux, il logeait déjà en dehors de Berlin et ne s'y trouvait aujourd'hui que pour une journée, car il avait à faire, mais c'était la dernière fois, comme il disait. Donc, plus besoin de lui faire des sourires, ni de feindre de l'intérêt à son égard. Pourtant, pendant tout ce temps, je ne pouvais réprimer un certain regret d'en être arrivée là avec Nikolaï. Il a une bonne tête. En prenant congé, sur le palier, il me glissa quelque chose dans la main, et murmura en même temps : « En camarades, n'est-ce pas ? » C'étaient des billets de banque, plus de 200 marks. Et pourtant, à part mes quelques bribes de phrases entrecoupées de bâillements, je ne lui ai rien donné pour le mériter. J'aimerais bien m'acheter quelque chose à manger avec cet argent, ne serait-ce déjà que de quoi dîner ce soir. Mais, dans des temps comme ceux-ci, chacun garde ce qu'il a pour lui. C'est la mort du marché noir.

Mercredi 6 juin 1945

Revoilà le soir, et la machine à marcher est rentrée à la maison. Dehors, la pluie tombe. À l'intérieur, ô joie, l'eau des canalisations coule aussi dans ma mansarde. J'ai rempli la baignoire et je me suis aspergée tant que j'ai pu de toute cette eau. Fini de grimper l'escalier chargée de seaux trop lourds.

Nouvelle journée de travail ardu. J'ai accompagné le Hongrois qui cherchait des locaux à louer. Avant cela, nous sommes passés à l'hôtel de ville où il s'est procuré les papiers, les cachets et les signatures nécessaires pour constituer son dossier de bonnes mœurs, et lui donner le feu vert pour ses projets. J'ai vu là de bien curieux personnages : des jeunes danseurs, une juive « assimilée » qui nous parle de l'opération de son nez, un homme plutôt âgé, avec une barbe d'Assyrien d'un roux prononcé, peintre de tableaux « dégénérés ». Ils sortent tous de leur trou ; des créatures qu'on n'avait plus vues depuis des années.

Après une petite tasse de vrai café en grains, discussion houleuse avec Ilse et son mari : M. R. doit-il répondre à l'offre qu'on lui fait d'aller à Moscou ? On lui propose un poste important, beaucoup d'argent... Ilse fait des pieds et des mains pour l'en dissuader, ne serait-ce déjà que parce que l'homme devrait y aller seul. Mais lui non plus ne veut pas tomber dans le panneau. Il préfère continuer à respirer l'air de l'ouest, tous nos projets éditoriaux lui ont remis du cœur au ventre et il espère avoir l'occasion, un jour, de rejouer avec les autres le grand jeu de l'argent, et du pouvoir, et des grosses voitures.

Aujourd'hui, les Alliés vont passer aux négociations. La radio crache discours sur discours, regorge des belles paroles que se lancent nos ex-ennemis pour la fête. Tout ce que je comprends, c'est que nous, les Allemands, nous sommes fichus, une simple colonie qui leur est livrée. Je ne peux rien y changer, il faut avaler la pilule ; et je vais faire l'impossible pour bien manœuvrer ma petite barque. Le travail est dur, le pain rare — mais notre bon vieux soleil brille toujours dans le ciel. Et peut-être le cœur va-t-il se réveiller. Tout ce que j'ai déjà vécu dans mon existence — bien plus qu'il n'en faut !

Jeudi 7 juin 1945

Aujourd'hui, la machine à marcher a pris un jour de congé. Me suis rendue très tôt à la boutique de l'épicier, pour acheter du potiron. Malheureusement, trop saumuré, comme j'ai pu le constater par la suite en m'efforçant d'en avaler des morceaux. Heureusement, j'ai reçu aussi deux plats de légumes secs, qu'on appelle « fils barbelés », et un sachet de pommes de terre séchées. Puis, je me suis cueilli une grosse botte d'orties dans les jardinets en face des ruines, avec précaution, les mains protégées par les gants de poissonnier que j'avais réussi à sauver et gardés dans mes caisses en bas à la cave. J'ai avalé goulûment la verdure et bu le jus de cuisson jusqu'à la dernière goutte, je me sentais revigorée.

Puis, j'ai calculé que j'avais un retard de deux semaines, je suis donc allée tout de suite sept maisons plus loin, où se trouve une plaque de médecin, bien que je n'y aie jamais mis les pieds auparavant et ignorais même si la doctoresse s'était remise à pratiquer. Je suis tombée sur une blonde qui n'était pas beaucoup plus âgée que moi et officiait dans une pièce traversée par les courants d'air. Les vitres y étaient remplacées par de vieilles radiographies fixées dans l'encadrement des fenêtres et affichant de curieux thorax. Elle ne se laissa pas aller à la conversation et alla droit au but. « Non, finit-elle par me dire après l'examen, rien à constater, tout est en ordre.

— Mais j'ai du retard. D'habitude je n'en ai jamais.

— Qu'est-ce que vous croyez, c'est le cas de beaucoup d'autres femmes. Moi aussi j'ai du retard. C'est dû à la nourriture. Le corps fait l'économie de son sang. Veillez à vous renflouer les côtes. Et tout se remettra normalement en marche. »

Elle me réclama 10 marks, que je lui remis avec mauvaise conscience. Qu'est-ce qu'elle pourra faire d'une somme aussi ridicule ? Avant de partir, je me risquai à lui poser la question : est-ce que des femmes engrossées par les Russes ne venaient pas la trouver pour lui demander de l'aide ?

« Nous ferions mieux de ne pas en parler », me rétorqua-t-elle d'un ton sec, avant de me congédier.

Soirée tranquille, rien qu'à moi. Des rafales de vent s'engouffrent par les fenêtres sans vitres et, avec elles, des tourbillons de poussière. Où irais-je si le locataire de cet appartement revenait un jour ? Ce qu'il y a de certain, c'est que, sans ma présence, le trois-pièces serait depuis longtemps ratiboisé, après le passage des couvreurs et autres concitoyens. Les meubles d'autrui brûlent mieux que les siens propres.

Vendredi 8 juin 1945

La machine à marcher s'est remise en marche. Aujourd'hui, expérience extraordinaire : tout récemment, et à titre d'essai, on a remis en service un tronçon du tramway. En haut, sur le quai, j'ai pu voir les voitures rouge et jaune, j'ai grimpé les marches, ai acheté un ticket que j'ai payé 2 de nos anciens groschens, et suis montée. À l'intérieur, les gens étaient assis solennellement sur les banquettes. Deux d'entre eux se sont aussitôt bougés pour me faire de la place. Course d'enfer sous le soleil, à travers les déserts de ruines. Toutes mes longues et pénibles minutes de marche infinie défilaient là-dehors. J'étais triste de devoir descendre après si peu de temps. Le trajet m'a vraiment plu, un réel cadeau.

Aujourd'hui, j'ai bien travaillé. Avec Ilse, j'ai réalisé une épure du premier numéro de la revue pour femmes. Seuls les titres restent encore à fixer ; nous avons longuement cogité ensemble.

En tout cas, le mot « nouveau » doit apparaître dans chacun d'eux.

Journée curieusement floue comme dans un rêve, je voyais les gens et les choses comme à travers un voile. Suis rentrée à la maison, les pieds écorchés, morte de faim. Chez Ilse, on ne reçoit plus qu'une assiette de soupe aux pois, deux louches chacun, ce qui permettra de tirer les provisions en longueur. J'avais l'impression que tous ces passants lançaient des regards de bêtes affamées. Demain, je retournerai cueillir des orties. En chemin, j'ai déjà repéré les moindres coins de verdure.

On sent l'angoisse régner partout, pour le pain, la vie, le travail, le salaire, le lendemain. Cuisante, cuisante défaite.

Samedi 9 juin 1945

Cette fois encore, jour de repos pour moi. Nous sommes convenus que tant je n'aurais plus rien à manger, je n'effectuerais qu'un jour sur deux la pénible marche de 20 kilomètres.

Au magasin où je suis enregistrée, j'ai reçu du gruau et du sucre sur mes bons ; voilà encore deux ou trois repas assurés. Et en plus, de mes mains soigneusement protégées par les gants, j'ai arraché toute une montagne d'orties, et j'ai aussi cueilli de l'arroche et des pissenlits.

L'après-midi, je suis allée chez le coiffeur pour la première fois depuis des siècles. Je me suis fait décrasser la tête d'une bonne livre de saletés et me suis fait faire une mise en plis. Le nouveau coiffeur, surgi d'on ne sait où, s'est installé dans la boutique d'un collègue disparu, qu'on était venu chercher en dernière minute pour l'emmener au Volkssturm et dont la famille avait été évacuée en Thuringe. L'endroit avait été pillé de fond en comble, mais le miroir était encore là, intact, ainsi qu'un casque à cheveux tout cabossé et à peu près utilisable. Le coiffeur s'adressait à moi comme en temps de paix : « Oui, bien sûr, m'dame, très certainement, volontiers, m'dame... » Je me sentais une autre, avec toutes ces formules empressées. Les « m'dames » sont des sortes de devises intérieures, une monnaie qui n'a cours qu'ici, entre nous. Aux yeux du monde, nous sommes les *Trümmerweiber,* les filles des ruines, et de la crasse.

Dimanche 10 juin 1945

La radio annonce que l'administration militaire des Russes s'installera quand même à Berlin, et qu'à l'avenir, les frontières de la Russie s'étendront jusqu'à la Bavière, Hanovre et le Holstein; que les Anglais recevront le Rhin et la Ruhr, et les Américains la Bavière. Monde confus, pays débité en morceaux. La paix règne maintenant depuis un mois.

Matinée méditative, soleil et musique. J'ai lu du Rilke, du Goethe, du Hauptmann. C'est consolant de savoir qu'eux aussi sont des nôtres et de notre espèce.

À 1 h 30, je me suis mise en route pour Charlottenburg. Marche pénible dans l'atmosphère lourde d'une ville encore déserte et muette. Autre après-midi passé ensemble à nous concerter. Un nouveau est venu se joindre à nous, un imprimeur de métier. D'après lui, ça n'a aucun sens de vouloir donner la priorité à l'achat du papier. Celui qui en a ne le lâchera pas, ou le cachera dans la crainte qu'on ne le lui confisque. Et s'il est disposé à en céder une partie, c'est nous qui n'aurons pas de véhicule pour le transporter ni de locaux où le stocker, jusqu'au moment où on pourra commencer à imprimer. Et en effet, à ce jour, notre parc automobile est riche de tout juste deux bicyclettes — ce qui est plus que ce que possèdent la plupart des entreprises pour l'instant. L'expert imprimeur est d'avis que ce qui importe avant tout, c'est d'aller voir les autorités et de leur arracher une licence, l'autorisation officielle d'acquérir du papier. L'ingénieur a déjà fait la tournée de tous les bureaux administratifs possibles, allemands ou russes, il est revenu découragé par toutes les promesses qu'on a bien voulu lui faire et auxquelles il ne croit guère. Seul le Hongrois déborde d'optimisme. Un petit futé, sans aucun doute. Tout en parlant, j'ai laissé échapper que dans la cave de mon ancien employeur se trouvait encore une caisse pleine de cadres, avec des photos de titulaires de la croix de chevalier, que l'on avait prévu de distribuer comme prix à l'une ou l'autre occasion, mais qu'il était désormais impensable d'expédier; alors il a demandé, avec une remarquable présence d'esprit: « Des cadres? Avec du verre? »

— Oui, de vrais cadres avec du vrai verre.

— Nous prendrons le verre », ordonna-t-il. Il a déjà des locaux en vue pour son affaire, mais, bien sûr, sans vitres aux fenêtres comme la plupart des pièces à Berlin. Pour ma part, il peut risquer l'effraction. Je pourrai même faire le guet. Mais je ne le « sens » pas... À mon avis, tout le fatras a disparu depuis longtemps.

Sur le chemin du retour, j'ai rendu visite à Gisela. J'ai retrouvé la blonde Hertha malade sur le sofa, mais, cette fois, elle n'avait plus les joues en feu, elle était blanche comme neige. Elle a eu une fausse couche, comme le dit Gisela. Je n'ai pas cherché à en savoir plus. Je me suis contentée d'offrir à chacune des trois filles un des bonbons que notre Hongrois m'avait donnés sur le chemin du retour « en remerciement pour lui avoir parlé du verre ». Des grains de moka fourrés, délicieux. C'était beau à voir, ces visages qui se décrispaient, se détendaient en savourant la pâte contenue dans les friandises.

J'ai parlé avec Gisela de nos projets éditoriaux. Dès qu'un de ces projets prendra forme, Gisela pourrait y collaborer. Elle a l'air sceptique. Elle a peine à croire que, dans notre pays, nous aurons le loisir de concevoir des imprimés comme bon nous semble. Elle est persuadée que seuls des journaux du style de ceux de Moscou seront autorisés à voir le jour, un style qui n'est pas le sien. Elle a encore trop de pudeur pour oser prononcer le nom de Dieu devant moi ; et pourtant, tout ce qu'elle dit tourne autour de ça. Je suis convaincue qu'elle prie et puise sa force dans la prière. Elle n'a pas plus à manger que moi. Elle a de grands cernes autour des yeux. Mais ces yeux-là brillent, tandis que mon regard est vide. Pour l'instant, personne ne peut aider personne. Cependant, la simple présence autour de moi d'autres créatures affamées m'aide à rester debout.

Lundi 11 juin 1945

Une autre journée tout à moi. Je suis allée à la police pour tenter d'obtenir l'autorisation officielle d'exploiter le jardin abandonné qui se trouve derrière la maison incendiée du professeur K., une ancienne connaissance. Je montrai une lettre que le vieux monsieur m'avait envoyée en mars dernier, de l'endroit où il s'était réfugié dans la Marche, et dans laquelle il me priait de prendre soin de son terrain. On m'envoya de Caïphe à Pilate. Je n'étais jamais chez le bon fonctionnaire. Partout, odeur de renfermé et chamailleries dans des locaux sombres, aux murs calfeutrés avec du carton. Rien n'a changé.

En chemin, je me suis cueilli ma ration d'orties. J'étais harassée, manque de matière grasse. Toujours ce voile qui danse devant mes yeux, et le sentiment de planer et d'être de plus en plus légère. Le seul fait d'écrire ceci me demande déjà un effort, mais c'est une consolation dans ma solitude, une sorte de conversation, d'occasion de déverser tout ce que j'ai sur le cœur. La veuve m'a parlé de ses cauchemars avec les Russes, elle n'arrête pas d'en faire. Chez moi, rien de semblable, sans doute parce que j'ai tout craché sur le papier.

Avec les pommes de terre, ça devient grave. On nous a déjà remis les rations pour un mois et demi, jusqu'à fin juillet; obligatoire, on était forcés d'aller les prendre. La raison en est simple : les tubercules viennent seulement d'être arrachés de terre, ils fermentent et sont en partie devenus de la bouillie, ils puent. L'odeur dans la cuisine est presque intenable; mais je crains bien que sur le balcon ils ne pourrissent encore plus vite. De quoi vivrons-nous en juillet? En plus, la cuisinière au gaz me donne du fil à retordre. Quand la pression du gaz est suffisante, comme c'est parfois le cas, ça explose dans la conduite comme des coups de fusil. Et la plaque électrique, bricolée comme elle est, a rendu l'âme.

Pour le pain, il faut que je me surveille. Je suis déjà en avance de 100 grammes sur ma ration de demain, je ne peux plus me permettre de pareilles entorses.

Mardi 12 juin 1945

La machine à marcher s'est rendue une fois de plus à Charlottenburg. Fini les voyages éclairs en tramway. Il est tombé en panne au premier essai : les voitures sont de nouveau en grève. Nous avons bien avancé dans le travail. Il s'agira maintenant d'aller soumettre nos projets et nos plans à toutes les autorités compétentes possibles.

En chemin, j'ai été gratifiée d'une nouvelle expérience. Des cadavres ont été exhumés d'une pelouse pour être transportés dans un cimetière. L'un d'eux était déjà déposé sur le déblai, longue masse glaiseuse enveloppée dans de la toile de voile de bateau. L'homme qui les déterrait, un civil d'un certain âge, s'essuyait la sueur du front avec ses manches de chemise et s'éventait avec sa casquette. Pour la première fois, je sentis l'odeur de la charogne humaine. Dans toutes les descriptions que j'avais pu lire, j'avais toujours trouvé l'expression « odeur douceâtre du cadavre ». Je trouve cette épithète « douceâtre » bien imprécise et largement insuffisante. Voilà une exhalaison qui, pour moi, n'a rien d'une odeur ; c'est plutôt quelque chose de solide, d'épais, comme une bouillie d'air, un concentré d'émanations qui viennent s'amasser devant le visage et les narines ; trop putride et trop compact pour être respiré. À vous couper le souffle. Comme un coup de poing qui vous fait tomber à la renverse.

D'ailleurs, pour l'instant toute la ville pue. Le typhus se propage ; la dysenterie n'épargne presque personne. M. Pauli en est gravement atteint. Et comme je viens de l'entendre, on est venu chercher la teigneuse pour l'emmener dans la baraque des gens contaminés. De tous côtés, des champs de détritus infestés de mouches. Des mouches et encore des mouches, bleu-noir et bien grasses. Quelle vie pour ces sales bestioles ! La moindre parcelle de matière fécale est une boule noire, grouillante et bourdonnante.

La veuve a entendu une phrase qui fait maintenant le tour de Berlin : « Ils nous laissent crever de faim pour nous punir à cause de quelques loups-garous qui ont tiré sur les Russes ces derniers jours. » Moi, je n'en crois rien. Dans notre quartier, on ne voit plus de Russes du tout, aucune proie pour les loups-garous. J'ignore où les Ivan sont restés. La veuve prétend qu'une des deux sœurs bambocheuses, Ania, restée dans la maison, avec son mignon petit garçon, continue de recevoir la visite de Russes, qui continuent bien sagement à l'approvisionner. Qui sait comment ça va se terminer ? J'imagine parfois la blanche Ania gisant sur le sofa, la gorge tranchée.

(Griffonné dans la marge fin juin : pas Ania et pas de gorge tranchée, mais une certaine Inge, deux maisons plus loin, après une folle nuit passée à boire avec quatre inconnus, toujours introuvables à ce jour. Découverte le matin avec le crâne fracassé. Frappée à coups de bouteilles de bière — vides naturellement. Certainement pas par cruauté ou soif de sang, mais tout simplement comme ça, peut-être en se disputant l'ordre de passage. Ou alors Inge s'est moquée des visiteurs. Les Russes ivres sont dangereux, ils voient rouge, s'emportent contre eux-mêmes et contre tout le monde quand on les excite.)

Mercredi 13 juin 1945

Une nouvelle journée rien que pour moi. Suis allée cueillir des orties et de l'arroche avec la veuve. Nous avons flâné dans le jardin dévasté, saccagé, du professeur. Même si je recevais encore cette autorisation officielle d'entretenir les lieux... elle arriverait trop tard. Des mains étrangères ont déjà arraché des branches entières du cerisier et cueilli les cerises à peine mûres, encore toutes jaunes. Ici, plus rien ne poussera, ceux qui avaient faim ont déjà fait la récolte.

Froid, tempête et pluie. Le tramway s'est remis à rouler pour la première fois dans notre rue. J'ai voulu l'emprunter tout de suite, y suis montée juste pour le plaisir de rouler, mais, en chemin, je me suis dit que je ferais bien d'aller à l'hôtel de ville pour demander si nous allions vraiment recevoir un salaire pour le travail effectué au service des Russes, durant toute cette semaine passée sur le site de l'usine. Et en effet, j'ai pu lire mon nom sur une liste ; chaque journée de travail y était soigneusement consignée, pour moi comme pour les autres femmes. Ils avaient même déjà inscrit les montants à défalquer pour les impôts. Net, je recevrai 56 marks — mais seulement quand l'argent serait rentré dans les caisses de la ville. L'employé m'invita à revenir la semaine prochaine pour me renseigner. Quoi qu'il en soit, il y aura de nouveaux enregistrements, de nouvelles additions et de nouveaux encaissements, et je recevrai bien quelque chose. En attendant le tram sous la pluie et dans la tempête, j'ai parlé avec un couple de réfugiés. Mari et femme, partis de chez eux depuis dix-huit ans. Ils venaient de Tchécoslovaquie, racontaient des histoires pas très belles. « À la frontière, les Tchèques arrachent les chemises des Allemands et leur donnent des coups de fouet », dit l'homme. Et là-dessus, la femme, lasse : « Nous n'avons pas à nous plaindre. C'est nous qui l'avons cherché. » Il paraît qu'à l'ouest toutes les rues sont peuplées de réfugiés.

Sur le chemin du retour, j'ai vu des gens sortir d'un cinéma. Je suis aussitôt descendue du tram et entrée dans la salle aux trois quarts vide pour assister à la séance suivante. Un film russe, intitulé : *Six heures du soir, après la fin de la guerre*. Curieuse sensation que de se retrouver assise au cinéma pour voir se dérouler une histoire sur l'écran, quand on vient de vivre soi-même un vrai roman-feuilleton.

Dans le public, encore quelques soldats assis à côté de dizaines d'Allemands, pour la plupart des enfants. Presque aucune femme ; elles ont sans doute peur de se retrouver dans le noir au milieu de tous ces uniformes. D'ailleurs, aucun des hommes présents ne se souciait de nous, les civils, ils fixaient tous l'écran, riaient de bon cœur. J'ai dévoré le film. Il regorgeait de personnages débordant de vie : des filles bien solides, des hommes sains. Un film parlant, en russe, et comme l'histoire se passait dans un milieu simple, je comprenais presque tout. Le film se termina par un *happy end* en forme de feu d'artifice allumé par les vainqueurs au-dessus des tours de Moscou. Il aurait déjà été tourné en 1944. Nos messieurs à nous ne s'y sont pas risqués, en dépit de toutes les fanfares claironnant la victoire anticipée.

Me revoilà accablée par notre malheur, à nous, Allemands. Suis sortie triste à mourir du cinéma, et m'enfonce encore plus dans mon marasme en évoquant tout ce qui peut contribuer à miner ma pulsion vitale. Comme ce petit extrait de Shakespeare, que j'avais alors transcrit dans mon calepin parisien, quand j'ai découvert Oswald Spengler et que son *Déclin de l'Occident* m'avait tant affligée : « *A tale told by an idiot, full of sound and fury, and signifying nothing.* » Nous ne sommes pas près d'oublier nos deux défaites.

Jeudi 14 juin 1945

La machine à marcher s'est rendue une fois de plus à Charlottenburg. Je voudrais déjà que notre entreprise fonctionne, j'aurais alors droit à la carte de travailleur de rang II et à 500 grammes de pain par jour, ce qui me permettrait d'en mettre un peu de côté pour le soir. Maintenant, les six petits pains de seigle que je reçois chaque matin sont tous sacrifiés au petit déjeuner. C'est-à-dire que j'en emporte deux pour la route, et je les avale aux deux petites haltes que je m'octroie en chemin, et sans lesquelles j'arriverais exténuée. Même « sautées » dans de l'ersatz de café, les pommes de terre, avec leur goût de pourri, sont difficiles à ingurgiter. J'ai de nouveau dû en éliminer quelques-unes du tas qui diminue dangereusement à vue d'œil.

Aujourd'hui, dans le couloir chez l'ingénieur se trouvaient des dizaines d'appareils téléphoniques. On va les collecter dans toutes les maisons ; pour les Russes, à ce qu'on dit. Berlin sans fil ! Il semblerait donc que nous allons redevenir des hommes des cavernes.

Ce soir, quelque chose qui m'a fait plaisir : au magasin du coin, j'ai enfin reçu la ration de matière grasse qui suffira pour deux décades, vingt jours : 20 fois 7 égalent 140 grammes d'huile de tournesol. C'est avec recueillement que j'ai rapporté à la maison la fiole que j'avais trimballée vide toute la semaine. Maintenant, il règne dans ma cuisine un parfum de *stolovaïa*, le restaurant des gens simples.

Vendredi 15 juin 1945

Suis allée chercher mes six petits pains dès potron-minet. Ils sont humides et foncés, avant ça n'existait pas. Et je ne me risque pas à acheter un pain, j'entamerais prématurément la ration du lendemain.

Aujourd'hui, jour de l'effraction prévue dans la cave de mon ancien patron. Le Hongrois, l'ingénieur et moi nous sommes glissés par l'arrière de la maison et sommes entrés par la buanderie. Nous avions déjà forcé la caisse qui se trouvait intacte dans l'appentis, quand la femme de notre ancien fondé de pouvoir

— qui loge toujours ici — fit irruption au sommet de l'escalier de la cave. Je balbutiai une excuse, prétextant que nous cherchions des dossiers et autres papiers que j'aurais laissé traîner là. Les deux hommes se faisaient tout petits derrière la caisse. Ensuite, nous avons brisé les cadres, retiré les photos — qui portaient la signature de jeunes titulaires de la croix de chevalier — et empilé les plaques de verre. Nous avions emporté du papier d'emballage et de la ficelle. Nous parvînmes à nous éclipser par la porte de derrière sans être vus. Ça m'est égal que les gens découvrent la casse. Après tout, moi aussi j'avais perdu un appareil photo et tous ses accessoires dans le bombardement des locaux de l'entreprise, où le chef avait voulu que je laisse mon matériel. Que valent ces quelques feuilles de verre en comparaison ? Nous disparûmes aussi vite que nous pûmes avec notre butin. Chacun des deux hommes, chargé de son lourd paquet de vitres, me rejoignit là où ils avaient remisé les précieuses bicyclettes de la société. Je reçus une provision de deux vitres, que je pourrais très bien utiliser pour fermer une des fenêtres de ma mansarde, si j'avais du mastic.

Le soir, j'ai lu au hasard des volumes puisés dans la bibliothèque du propriétaire de l'appartement. Il s'y trouvait de tout. J'ai pris un Tolstoï intitulé *Polikei* et l'ai relu pour la énième fois. Puis, je me suis attaquée à un recueil de drames d'Eschyle et y découvris ses *Perses*. La longue plainte sur la misère des vaincus est à la mesure de notre défaite — et, d'un autre côté, elle ne l'est pas du tout. Notre triste sort d'Allemands a un arrière-goût de nausée, de maladie et de folie, il n'est comparable à aucun autre phénomène historique. À la radio, on vient encore d'entendre un reportage sur les camps de concentration. Ce qu'il y a de plus horrible dans tout cela, c'est l'esprit d'ordre et d'économie : des millions de gens utilisés comme engrais, rembourrage de matelas, savon mou, paillasses de feutre — et cela ne se trouvait pas chez Eschyle.

*De samedi 16 juin
au vendredi 22 juin 1945*

N'ai plus rien noté. Et je ne noterai plus rien, c'en est fini. C'est samedi. Vers 5 heures de l'après-midi, on a sonné à ma porte. « La veuve », pensai-je. Mais c'était Gerd, en civil, bronzé, les cheveux plus blonds que jamais. Pendant un long moment, nous ne nous sommes rien dit, nous nous regardions dans la pénombre du palier, comme deux fantômes.

« D'où viens-tu ? Tu es démobilisé ?

— Non, je suis passé à travers les mailles. Mais laisse-moi d'abord entrer. » Il tirait derrière lui un traîneau à patins recourbés, posé sur des roulettes, chargé d'une valise et d'un sac.

La joie me rendait fébrile. Non, Gerd ne venait pas du front de l'Ouest. À la dernière minute, son unité de défense anti-aérienne avait été expédiée à l'Est. Après la chute d'une bombe ennemie sur leurs positions, ils s'étaient éloignés à trois et étaient allés se planquer dans une villa abandonnée. Ils y avaient trouvé des vêtements, des chaussures, un ballot de tabac et des vivres en suffisance. Jusqu'à ce que ça sente le roussi, quand les autorités locales composées de Russes et de Polonais s'étaient mises à passer la population au peigne fin. Les trois hommes s'étaient alors joints à une troupe de Berlinois évacués et avaient fait route avec eux pour rentrer au pays. Gerd connaissait mon adresse actuelle parce qu'il avait reçu dans le dernier courrier militaire ma carte bordée de rouge, où je lui apprenais que j'avais été bombardée. Il est vrai qu'il croyait que mon nouveau logement aurait pu, lui aussi, être détruit et que je serais Dieu sait où. Il est très surpris de me trouver indemne. Il secoua la tête en apprenant que j'avais tant souffert de la faim ; m'assura qu'il me procurerait désormais le nécessaire. Dans son sac, il a rapporté des pommes de terre impeccables et un gros morceau de lard. Je me suis aussitôt mise à cuisiner, et j'ai invité la veuve à se joindre à nous. Elle connaît Gerd seulement de tout ce que je lui en ai dit, mais elle l'a salué et étreint avec effusion, lui qu'elle n'avait jamais vu auparavant ; dans la foulée de son déluge de paroles, elle lui a parlé de l'histoire du pouce et de l'index dessinant un rond : « Femme ukrainienne — comme ça, toi — comme ça. »

Je vis la gêne de Gerd. De phrase en phrase, je le voyais se renfrogner, donner des signes de fatigue. Nous esquivions nos regards et évitions de nous parler directement. Ce qui est ennuyeux, c'est que Gerd n'a rien à fumer. Il s'était imaginé que, chez nous, le marché noir était aussi florissant qu'avant.

Tout ce repas inhabituel contenant des matières grasses m'avait échauffée et mise en train. Et pourtant, la nuit, je me retrouvai comme un glaçon dans les bras de Gerd, lui fus reconnaissante de ne pas me toucher. Pour les hommes, c'est fichu, une bonne fois pour toutes.

Journées irrégulières, nuits mouvementées. Des tas de gens qui avaient fait route avec Gerd venaient nous rendre visite. De là, les constantes frictions. Gerd exigeait que les visiteurs soient bien nourris. Moi, je préférais mettre les pommes de terre et le lard de côté pour nous deux. Si je restais assise avec eux sans rien dire, il se fâchait. Si j'étais en verve et me mettais à parler de tout ce qui nous était arrivé d'impensable ces dernières semaines, ça finissait immanquablement par une dispute. Gerd : « Vous êtes devenues aussi impudiques que des chiennes, toutes autant que vous êtes dans cette maison. Vous ne vous en rendez donc pas compte ? » Et il affichait un air de dégoût : « C'est épouvantable d'avoir à vous fréquenter. Vous avez perdu tout sens des normes et des convenances. »

Que répondre à cela ? Je suis rentrée dans ma coquille, me suis renfrognée. Impossible de pleurer, tout me semblait tellement absurde, stupide.

Gerd, tu te rappelles ? C'était un mardi, fin août 1939, le matin, vers 10 heures, quand tu m'as appelée au bureau et m'a demandé de prendre congé pour le restant de la journée, oui, oui, absolument, pour faire une excursion avec toi. Interloquée, je t'ai demandé le pourquoi et le comment. Tu as bredouillé quelque chose du style de « Je vais devoir partir en voyage », et tu as encore insisté : « Viens, je t'en prie, viens. »

Ainsi, en plein jour, ai-je quitté le travail pour t'accompagner dans une randonnée à travers les forêts de pins de la Marche. Il faisait très chaud. Ça sentait la résine. Nous avons flâné autour d'un lac et nous nous sommes retrouvés dans des nuages entiers de papillons. Tu leur donnais des noms : lycène, papillon citrin, oiseau de feu, grand porte-queue, et bien d'autres épithètes hautes en couleur. Au beau milieu du chemin, un très grand papillon prenait un bain de soleil, les ailes écartées et légèrement frémissantes, tu me dis que c'était un morio — il avait les ailes brunes, bordées de bleu et de jaune. Et lorsqu'un peu plus tard, nous nous sommes reposés sur une souche d'arbre et que tu as doucement joué avec mes doigts sans rien dire, je t'ai demandé : « Tu as reçu ton appel sous les drapeaux ? Il est là, dans ta poche ? — Non, pas dans ma poche », as-tu répondu. Mais tu l'avais reçu le matin même, et nous nous doutions que la guerre se cachait là derrière. Nous avons passé la nuit dans un refuge à l'écart. Trois jours plus tard, tu étais parti, et nous avions la guerre. Nous y avons survécu tous les deux. Mais est-ce pour notre bonheur ?

Entre-temps, j'ai donné à Gerd les cahiers dans lesquels je tenais mon journal (au total trois cahiers pleins). Gerd s'y est plongé un moment, puis me les a rendus, expliquant qu'il ne s'y retrouvait pas dans tous ces gribouillis et tous ces bouts de papier intercalés, couverts de signes en sténo et d'abréviations.

« Par exemple, qu'est-ce que ça veut dire ? », me demanda-t-il en indiquant les lettres « *Schdg* ».

Je dus rire : « Eh bien, mais *Schändung* évidemment : Viol. » Il me regarda comme si j'étais folle, et se tut.

Il est reparti depuis hier. Avec un camarade de la défense aérienne, il a l'intention de rejoindre à pied les parents de son ami qui vivent en Poméranie. Il veut aller y chercher des vivres. J'ignore s'il reviendra jamais. C'est peut-être grave, mais je me sens soulagée, je ne pouvais plus supporter ce besoin constant et pressant d'alcool et de tabac.

À part cela ? Nos projets éditoriaux pataugent. Le Hongrois montre les premiers signes de lassitude, récemment il parlait d'un cabaret politique qu'il nous fallait absolument fonder maintenant. Nous n'avons pourtant pas baissé pavillon, continuons de travailler à nos projets et faisons ce que nous pouvons pour résister à la paralysie générale. Je suis convaincue qu'ici et là des petits groupes de gens se mettent aussi à bouger ; mais dans cette cité aux multiples îlots, nous ignorons tout les uns des autres.

Sur le plan politique, ça évolue lentement. Les anciens prisonniers de guerre rapatriés de Moscou refont surface et occupent les postes clés. Les journaux ne nous apprennent pas grand-chose — si tant est qu'on puisse en dégotter un exemplaire ; généralement, je lis la *Rundschau*, fixée avec des punaises sur le tableau noir à côté du cinéma, à l'intention de la population. Le programme de la nouvelle administration de la ville est curieux. Il semble s'écarter du système économique soviétique, se proclame démocratique et tente de rapprocher tous les « antifascistes ».

Depuis une semaine, le bruit court que les quartiers sud de Berlin seront occupés par les Américains, et les quartiers ouest par les Anglais. La veuve, qui le tient de M. Pauli, est d'avis que notre essor économique est imminent. Moi, je n'en sais rien ; je crains bien que, pour nous, cela ne fasse pas grande différence d'être occupés par celui-ci ou celui-là — puisque nos vainqueurs se sont si chaleureusement étreints sur les bords de l'Elbe. Attendons. Désormais, plus rien ne parvient à m'ébranler aussi facilement.

Parfois, je m'étonne moi-même que la brouille avec Gerd ne me fasse pas souffrir plus que ça. Lui qui auparavant signifiait tout pour moi ! Il se peut que la faim estompe les sentiments. J'ai tant à faire. Je dois m'occuper de trouver un briquet pour le gaz, car j'ai utilisé les dernières allumettes. Je dois essuyer les flaques de pluie dans l'appartement ; le toit est de nouveau percé, on n'a utilisé que de vieilles planches pour le réparer. Je dois me mettre en quête de verdure le long des rues, faire la queue pour le gruau. Je n'ai plus de temps à consacrer à ma vie intérieure.

Hier, j'ai vécu quelque chose de drôle : une charrette s'est arrêtée devant la maison, tirée par un vieux canasson, une bête en chair et en os. Lutz Lehmann, quatre ans, est arrivé derrière, tenant sa mère par la main, et a demandé d'une voix rêveuse : « Maman, on peut manger le cheval ? »

Dieu sait ce qu'on va encore devoir manger. Je n'ai pas encore atteint le point limite auquel ma vie serait menacée, j'ignore quelle distance m'en sépare encore. Je sais seulement que je veux survivre — à l'encontre de toute raison, absurdement, comme une bête.

Je me demande si Gerd pense encore à moi.

Peut-être nous retrouverons-nous un jour.

Postface de C. W. Ceram (Kurt W. Marek)
Août 1954

L'auteur, une Allemande alors âgée d'une trentaine d'années, commença à écrire ce journal le 20 avril 1945. Il s'agit d'un témoignage époustouflant. Dans l'introduction de ses *Confessions*, qui passaient à l'époque pour une auto-accusation des plus hardies, Jean-Jacques Rousseau écrit cette phrase : « Je forme une entreprise qui n'eut jamais d'exemple, et dont l'exécution n'aura point d'imitateur. » Aucune citation ne conviendrait mieux pour servir d'épigraphe à cet ouvrage.

Quand j'eus le manuscrit entre les mains, plusieurs comparaisons me vinrent aussitôt à l'esprit : avec d'autres journaux, d'autres confessions, d'autres grandes « mises à nu ». Dès les premières pages pourtant, plus rien à voir avec les exhibitionnismes libertins d'un Rousseau ; mais d'autres réminiscences émergeaient, comme *La Faim* du Norvégien Knut Hamsun ; ou bien des références bouleversantes au *Voyage au bout de la nuit* du Français Louis-Ferdinand Céline ; j'y lus aussi des passages qui reflétaient cette réalité pure dont rêvait Henry Miller ; et enfin, j'y découvris des similitudes avec les confessions de cet auteur norvégien malheureusement presque oublié aujourd'hui, Hans Jäger, dans *Amour malade*, un des livres les plus impudiques et désespérés qui soient.

Pourtant l'évocation de ces grands noms ne vise pas à situer l'ouvrage dans un certain contexte littéraire, elle cherche au contraire à mettre en évidence le caractère unique d'un livre né au cours de journées et de nuits terrifiantes — non pas comme littérature (à l'instar desdites *Confessions*), mais comme moyen de s'en sortir. En effet, il est des choses que l'on ne peut oublier qu'en les exprimant.

Comme il s'agit donc d'un document et non d'une création littéraire dont la rédaction aurait été entreprise pour un lectorat potentiel, il m'a semblé nécessaire de parler de son authenticité. Je connais l'auteur depuis de nombreuses années. Elle a grandi dans un milieu bourgeois où, un demi-siècle plus tôt, une jeune fille était promise au mariage et à rien d'autre. Elle reçut une excellente formation et manifesta bientôt des talents qui lui valurent une indépendance précoce. Elle parcourut une grande partie de l'Europe, du nord au sud et d'est en ouest, en dessinant, en photographiant ou en étudiant. Les expériences et les péripéties de sa vie la mirent à l'abri de tout contact avec les organisations du IIIᵉ Reich. Elle était entièrement libre de ses choix, mais l'acceptation d'un travail qu'on lui avait proposé au cours de la dernière année de la guerre allait lier son destin à celui de Berlin — jusqu'à ce qu'il soit trop tard pour fuir. Lorsque l'apocalypse rouge déferla sur la ville qui, malgré les évacuations massives, abritait encore quatre millions d'habitants, l'auteur se mit à rédiger ses notes. Du vendredi 20 avril au vendredi 22 juin 1945, elle transcrivit dans de vieux cahiers d'écolier et sur des feuilles volantes tout ce qui lui advint ainsi qu'aux habitants de la maison où elle avait trouvé refuge.

Au moment où j'écris ceci, j'ai les cahiers devant moi. La vivacité de l'écriture griffonnée à la hâte, la vie qui se dégage des pages où le trait de plume se déploie, le mélange de signes sténographiques, d'écriture normale et d'écriture codée (tenir un tel journal comportait des risques énormes), les sinistres abréviations (toujours ce VG, pour *Vergewaltigung*, viol), tout cela est malheureusement gommé par la neutralité du texte imprimé. Je crois cependant que cette perte est largement compensée par le ton enlevé de la langue.

Je connais la maison qui est décrite ici. J'ai vécu à proximité. J'ai donc eu l'occasion de connaître plus ou moins bien certains de ses résidents.

En 1946, je revins à Berlin pour retrouver la trace d'amis disparus. J'ai visité la maison. Dès l'escalier je fus assailli par une foule de récits. Ils me furent racontés non seulement par des hommes, mais aussi par des femmes et des jeunes filles, animés d'une telle soif de se confesser qu'il s'en est fallu de peu que je ne réagisse comme l'ami qui revient à la fin du journal — si je n'avais moi-même fait l'expérience d'événements semblables en d'autres lieux et en quantité suffisante pour comprendre la vertu libératrice de tels aveux.

Six mois plus tard, l'occasion me fut donnée de rencontrer l'auteur. Quelques allusions me donnèrent à entendre qu'elle avait tenu un journal. Je dus attendre six mois encore avant de pouvoir le lire ; et j'y trouvai maintes choses minutieusement décrites que je connaissais déjà pour les avoir entendues de la bouche des autres. J'y reconnus plusieurs personnes. Il me fallut cinq ans pour convaincre l'auteur de publier ce journal, qui était un témoignage unique.

Une évidence ressort de tout ce qui vient d'être dit : c'est la vérité et rien que la vérité qui est décrite dans ce livre. La phrase consacrée : « Les personnages et les événements de cet ouvrage sont fictifs et toute ressemblance avec des personnes vivantes ou décédées est purement fortuite », n'est donc pas pertinente dans ce cas-ci. Cependant, tous les noms et de nombreux détails ont été modifiés dans un souci de tact et pour des raisons politiques.

Il n'est guère nécessaire d'expliquer au lecteur le motif pour lequel l'auteur a préféré garder l'anonymat.

La lecture de ce texte éveille certes des sentiments contradictoires. Cela tient à la personnalité de l'auteur. Le plus terrifiant sans doute est la froideur avec laquelle elle consigne les événements ; jusqu'à ce que l'on comprenne que ce ton n'est pas dû à une volonté d'objectivation artificielle (comme c'est par exemple le cas pour l'invention littéraire de « l'œil-caméra » chez Dos Passos), mais que, si cette froideur sous-tend l'ensemble du texte, c'est parce que les sensations étaient « gelées » — glacées d'effroi. Et l'on ne peut qu'en être bouleversé. « Je crois que c'est le désespoir qui endurcissait mes nerfs », constate avec grande lucidité le capitaine rescapé du maelström dans le récit d'Edgar Allan Poe. Aussi, l'attitude de l'auteur ne doit-elle pas être qualifiée de fataliste, même si son caractère accuse certains traits indéniables de fatalisme. Mais il est une éventuelle question que je tiens à rejeter d'emblée en raison de ma connaissance du milieu : celle de savoir si l'auteur aurait pu se comporter autrement dans telle ou telle situation. Je me crois tenu de souligner ici ce que l'anonyme ne songe même pas à évoquer : ses connaissances de russe faisaient d'elle la seule et unique médiatrice de toute la maisonnée. Dans la guerre entre les peuples de l'Est et de l'Ouest, le drapeau blanc n'a jamais offert de protection véritable, et plus d'un homme volontairement disposé à parlementer est mort entre les fronts.

Et d'ailleurs, qui aurait le droit, face à un tel destin collectif, d'invoquer des critères de moralité qui ne peuvent s'appliquer qu'à l'individu ? Certainement aucun homme ! — car trop nombreux furent ceux qui, face à la mitraillette, se virent contraints et forcés de dire à la femme ou à la fille : « Allez, vas-y ! » Que celui qui ne s'est jamais trouvé face à un pistolet-mitrailleur se taise. Et certainement aucune femme non plus, si elle n'a pas été emportée, ne serait-ce qu'une seule fois, dans le tourbillon du destin collectif. Il est trop facile de jouer les juges quand on est soi-même en sécurité.

Ce qui déconcerte aussi, c'est que le livre ne contient aucune trace de haine. Mais il est vrai que là où tout sentiment est gelé, la haine elle non plus ne peut jaillir. Sigmund Freud nous a appris (gardons-nous cependant de nous faciliter la tâche en recourant, pour sonder les profondeurs, au vocabulaire galvaudé de la psychanalyse) que les pulsions peuvent dévier de leur trajectoire et « être remplacées par d'autres dès lors que l'énergie de l'une se déplace dans une autre ». Il n'échappera à aucun lecteur que chez les habitants de cette maison berlinoise une pulsion l'emportait sur toutes les autres : la faim. Pulsion de survie, à tout prix.

Ce qui me semble encore important, c'est ce que l'auteur me dit elle-même un jour, en 1947 : « Aucune victime n'a le droit de porter sa souffrance comme une couronne d'épines. Moi, en tout cas, j'avais le sentiment que ce qui m'arrivait là réglait un compte. » Parler de justice au beau milieu d'une situation tout bonnement inhumaine — voilà qui me semble être la qualité la plus remarquable de ce document, un document humain et non pas politique.

Ainsi l'auteur remportait-elle au sortir de ces tourbillons une victoire secrète : avoir pu remonter des profondeurs du maelström et refaire surface, non pas en vertu d'une loi physique, mais parce qu'elle ne s'est jamais abandonnée elle-même tout en étant contrainte de s'abandonner aux autres.

Composition Interligne.
Achevé d'imprimer
sur Roto-Page
par l'Imprimerie Floch
à Mayenne, le 16 janvier 2007.
Dépôt légal : janvier 2007.
1ᵉʳ dépôt légal : octobre 2006.
Numéro d'imprimeur : 67437.
ISBN 2-07-077182-2 / Imprimé en France.

150449